W0203128

Berühmte Paare der Weltgeschichte

50 LIEBEVOLLE EPISODEN

Berühmte Paare der Weltgeschichte

50 LIEBEVOLLE EPISODEN

CHRISTOPH NETTERSHEIM

BUCHER

Inhalt

Vorwort

Es ist die älteste Geschichte der Welt: Zwei Menschen verlieben sich ineinander und werden ein Paar. All die Varianten, wie eine Liebe entstehen, wie sie sich entwickeln und wohin sie führen kann, sind Millionen Mal gelebt und Tausende Male erzählt worden. Über die Liebe ist alles gesagt, sollte man meinen. Doch warum interessieren uns Liebesgeschichten trotzdem so sehr, warum sprechen sie uns so an? Darauf gibt es zwei einfache Antworten: Erstens: weil die Liebe ein schönes und starkes Gefühl ist und man vom Glanz dieses schönen und starken Gefühls etwas abbekommt (oder abzubekommen glaubt), wenn man eine Liebesgeschichte hört. Und zweitens: weil am Ende doch jede Liebe einzigartig ist.

Das gilt besonders für Liebespartner, die im Licht der Öffentlichkeit stehen. Die Liebesgeschichten berühmter Persönlichkeiten füllen die Klatschspalten, seit es Zeitungen gibt; der Blick durchs Schlüsselloch übt bei Prominenten einen doppelt großen Reiz aus. Das hat mit Voyeurismus zu tun, zweifellos, aber auch damit, dass Berühmtheiten oft zugleich Vorbilder sind und man sich im amourösen Verhalten des großen Staatsmanns, der berühmten Schauspielerin oder des verehrten Schriftstellers Orientierung für das eigene Liebesleben erhofft.

Im Fokus dieses Buches stehen Paare, bei denen beide Beteiligten unabhängig voneinander einen gewissen Grad an Berühmtheit erlangt haben, also nicht nur durch eben diese Beziehung zu Ruhm gekommen sind (womit beispielsweise Paare wie Goethe und Christiane Vulpius, Prinz Charles und Lady Di oder auch Helmut und Loki Schmidt ausscheiden). Eine Grenzziehung ist dabei zugegebenermaßen schwierig: Bei dem einen oder anderen Paar, John F. und Jackie Kennedy etwa, wurden in dieser Hinsicht ein bis zwei Augen zugedrückt. Doch in aller Regel sind es Paare, bei denen beide schon einen großen Namen hatten, als sie sich begegneten. Dieses Buch beschäftigt sich also nicht mit den berühmtesten Liebesgeschichten der Menschheit, sondern mit den Liebesgeschichten berühmter Menschen. Manchmal ist das deckungsgleich, oft aber auch nicht.

Dementsprechend taucht immer wieder wie ein Leitmotiv die Frage auf, die damit quasi den roten Faden dieses Buches bildet: Welche Wege nimmt die Liebe, wenn beide Beteiligten berühmt sind? Oder, zeitgemäßer gefragt: Wie gelingt es, zwei große Karrieren unter einen Hut zu bringen? Wie geht der eine, selbst erfolgsverwöhnt, mit dem Ruhm des anderen um? Wer steckt zurück, wenn Kinder auf die Welt kommen, wo doch beide Karrieren so vielversprechend sind, dass eigentlich keine eine Unterbrechung erlaubt? Das sind, wie man sehen wird, zeitlose Fragen, die berühmte Paare der Weltgeschichte in allen Jahrhunderten beschäftigt haben.

Bei unserer Betrachtung dieser 50 großen Paare liegt es in der Natur der Sache, dass es über glücklich und harmonisch verlaufende Jahre oft wenig mehr zu sagen gibt, als dass es eben glückliche und harmonische Jahre waren. Nicht bei allen Verbindungen wird daher der Verlauf der Beziehung minutiös nacherzählt; oft steht nur ein Ausschnitt im Fokus: Bei einigen ist das Kennenlernen spektakulär, bei anderen der Kampf gegen Widerstände, bei wieder anderen die Umstände der Trennung. Sortiert sind die Geschichten daher locker nach dem herausstechenden Wesensmerkmal der Beziehung – etwa große Verführung, verbotene Liebe, lebenslange Partnerschaft, stürmische Liebe mit Hochs und Tiefs oder kapitales Scheitern. Sowohl eine rein chronologische Sortierung als auch eine Zuordnung zu Sparten, also erst die Schauspieler, dann die Künstler und so fort, wären schlicht langweilig gewesen. Allzu akademisch darf man diese Ordnung freilich nicht sehen: Viele Geschichten hätten genauso gut unter einem anderen Schlagwort stehen können, und in der Liebe verbietet sich eigentlich ohnehin jede Kategorisierung.

Große Hoffnungen hatten sie alle, die 100 hier porträtierten Berühmtheiten, am Beginn ihrer Liebe. Viele Hoffnungen wurden erfüllt, einige übertroffen, noch mehr bitter enttäuscht – die Liebe ist nun mal ein Abenteuer, dessen Ausgang völlig ungewiss ist. Dass dies für große Staatenlenker, Künstler und Popstars genauso gilt wie für jeden von uns, davon zeugt jede einzelne dieser 50 Liebesgeschichten.

Nürnberg, im Februar 2012
Christoph Nettersheim

Verführt

Kalkulierte Verführung, unerwartete Liebe

Cäsar und Kleopatra

Als der 52-jährige Gaius Julius Cäsar am 2. Oktober des Jahres 48 v. Chr. mit einer kleinen Streitmacht in Ägypten landete, hatte er vermutlich vieles im Kopf, aber bestimmt keine Frau. Der ehrgeizige Machtpolitiker hatte in jungen Jahren große Erfolge als Feldherr erzielt und sich mithilfe strategischer Bündnisse, skrupelloser Intrigen und einer geschickten Heiratspolitik an die Herrschaft gebracht (er war inzwischen zum dritten Mal verheiratet, und alle drei Male war es mehr um den Schwiegervater als um die Frau gegangen); nach zehn Jahren als Konsul war die Opposition gegen ihn in ganz Rom und insbesondere im Senat dann aber derart gewachsen, dass er 49. v. Chr. keine andere Wahl mehr zu haben glaubte, als einen Staatsstreich anzuzetteln: Von Gallien aus überquerte er mit einer Legion den Grenzfluss Rubikon und marschierte gegen Rom. Fast mühelos eroberte er die Stadt, und auch seinen großen Widersacher Pompeius besiegte er im folgenden August. Als der vor ihm nach Ägypten floh, setzte Cäsar ihm nach.

Es waren also politisch-militärische Gründe, die Cäsar – nun faktisch Alleinherrscher des riesigen Römischen Reiches – Anfang Oktober 48 nach Ägypten führten. Vermutlich wollte er auch nicht allzu lange bleiben; Pompeius war wenige Tage vor Cäsars Ankunft getötet worden, und man kann annehmen, dass dieser so schnell wie möglich im Triumph nach Rom zurückzukehren gedachte.

Doch zunächst galt es die Machtverhältnisse in Ägypten zu ordnen: Nach dem Tod des Pharaos Ptolemaios XII. im März 51 hatten seine 18-jährige Tochter und sein zehnjähriger Sohn dem väterlichen Testament folgend gemeinsam den Thron bestiegen und einander zudem geheiratet – die Geschwisterehe war in der ptolemäischen Dynastie nicht ungewöhnlich. Jeweils mit machthungrigen »Beratern« an der Seite hatten beide bald um die Alleinherrschaft zu kämpfen begonnen. Als Cäsar Ägypten erreichte, war die inzwischen 21-jährige Pharaonin gerade von ihrem 13-jährigen Bruder und Ehemann abgesetzt und vertrieben worden – wohin sie geflohen war, wusste niemand. Ihr Name: Kleopatra VII.

Cäsar werden diese Ränke relativ egal gewesen sein, als er sich im Königspalast von Alexandria einquartierte: Er wollte nur, dass Ruhe herrschte in Ägypten, das er als eine Art römisches Protektorat betrachtete und mit dessen Reichtümern er seine teuren Feldzüge zu finanzieren gedachte. Wie der Herrscher hieß und was er angestellt hatte, um an die Macht zu kommen, dürfte ihn kaum interessiert haben.

Doch eines Abends wurde ihm ein Geschenk gebracht, angeblich ein kostbarer Teppich. Das schwere Bündel wurde an allen Wachen vorbei in den Palast getragen. Als Cäsar den Sack mit dem vermeintlichen Teppich öffnete, wird er nicht schlecht gestaunt haben: Ihm entstieg eine junge Frau, die sich als Kleopatra vorstellte, abgesetzte Schwestergemahlin des jungen Ptolemaios XIII.

Ein Auftritt wie aus der Torte. Cäsar muss fasziniert gewesen sein: Die 31 Jahre jüngere Kleopatra war strahlend schön (auch wenn ihr Gesicht nicht im klassischen Sinne ebenmäßig war, doch die leicht gebogene Nase und die vollen Lippen verliehen ihrem Aussehen gerade den besonderen Reiz), sie war betörend geschminkt, frisiert und gekleidet, und sie war klug, selbstbewusst und redegewandt. Dies alles, zusammen mit der Kühnheit, mit der sie sich Zutritt zu seinen Gemächern verschafft hatte, begeisterte Cäsar offenkundig: Der an sich eher kühl-beherrschte Römer verfiel der jungen Kleopatra. Sie durfte fortan bei ihm im Palast wohnen (zwar in einem anderen Flügel, doch faktisch lebten sie zusammen), sie feierten rauschende, ausschweifende Orgien, und er blieb entgegen seinen ursprünglichen Plänen fast ein Dreivierteljahr in Alexandria.

Während man davon ausgehen kann, dass Cäsar wirklich verliebt war, sieht die Sache aus Kleopatras Perspektive anders aus. Dass sie Cäsar aufsuchte, war berechnendes Kalkül, und dass sie sich ihm hingab, wahrscheinlich auch. Sie wollte etwas, sie setzte sich und ihren Körper dafür ein, und sie bekam es: Cäsar ergriff im Machtkampf um den Pharaonenthron Partei für sie, führte seine Truppen sogar gegen die ihres jungen Brudergemahls und besiegte diesen im sogenannten

Alexandrinischen Krieg. Ptolemaios XIII. ertrank auf der Flucht vor Cäsars Soldaten im Nil, und Kleopatra wurde wieder als Herrscherin über Ägypten eingesetzt.

Mission erfüllt, sollte man meinen. Doch Kleopatra, machtpolitisch am Ziel, zog sich nun nicht von Cäsar zurück, sondern tat das Gegenteil: Sie lud ihn zu einer mehrwöchigen Nil-Kreuzfahrt auf ihrem über hundert Meter langen, überaus prunkvollen Schiff ein, machte die Beziehung also öffentlich – in den Augen der Ägypter eine Art Hochzeitsreise, natürlich keine echte (Cäsar war ja in Rom verheiratet), aber doch eine symbolische.

Hatte Kleopatra sich nun also auch in Cäsar verliebt? Darüber streiten sich die Gelehrten. Die einen sagen klar: Ja. Die anderen sagen: Mag sein, dass auch Liebe im Spiel war, aber hauptsächlich entsprang die Fortsetzung und Zurschaustellung ihrer Beziehung zu Cäsar wiederum politischem Kalkül – denn Kleopatra war schwanger. Und Cäsar hatte kein Kind. (Seine erste Ehefrau hatte ihm zwar eine Tochter geboren, doch die – übrigens 14 Jahre älter als Kleopatra – war gestorben.) Würde Cäsar also ihr gemeinsames Kind anerkennen, wäre es Herrscher nicht nur über Ägypten, sondern über das gesamte römische Imperium. Ein guter Grund, bei Cäsar zu bleiben.

Die Nil-Reise musste abgebrochen werden: Viel zu lange schon war Cäsar nicht in Rom gewesen, und auch in Kleinasien war seine Anwesenheit dringend erforderlich. Ende Mai oder Anfang Juni 47 brach Cäsar nach acht Monaten an Kleopatras Seite Richtung Syrien auf, er hatte eine Schlacht zu schlagen. Wenige Wochen später gebar Kleopatra einen Sohn. Er wurde Caesarion genannt, »kleiner Cäsar«.

Als Cäsar im Jahr 46 nach Rom zurückkehrte, war seine Machtposition stärker denn je: Der Senat ernannte ihn zum Diktator auf Lebenszeit (und schaffte sich damit quasi selbst ab). Fast gleichzeitig mit ihm kam auch Kleopatra nach Rom, das (mit ziemlicher Sicherheit gemeinsame) Baby auf dem Arm. Cäsar hatte sie eingeladen und brachte sie in einer fürstlichen Villa unter, es fehlte ihr an nichts. Doch die Unbeschwertheit, die die beiden ein Jahr zuvor in Alexandria verspürt hatten, stellte sich nicht mehr ein: Die ägyptische Königin wurde von der römischen Aristokratie als unerwünschter Eindringling behandelt, Cäsars Ehefrau Calpurnia tat ein Übriges, um es der Rivalin in Rom ungemütlich zu machen, und zu allem Überfluss war Cäsar teilweise monatelang von Rom abwesend. Trotzdem harrte Kleopatra aus, vielleicht aus echter Liebe, sicher jedoch, weil sie erreichen wollte, dass Cäsar den kleinen Caesarion als leiblichen Sohn und damit Erben anerkannte.

20 Monate lang hielt Kleopatra es in Rom aus. Ihr Ziel erreichte sie nicht: Cäsar verleugnete die Vaterschaft zwar nie, erkannte sie aber auch nicht an, und als er seinen Neffen Oktavian (den späteren Kaiser Augustus) an Sohnes statt adoptierte, war dies ein deutliches Signal: Er, nicht Caesarion, sollte Cäsar nachfolgen.

Als Cäsar am 15. März 44 von einer Gruppe von Verschwörern ermordet wurde, wusste Kleopatra, dass sie in Rom nichts mehr verloren hatte. Sie verließ die Stadt umgehend und kehrte mit Caesarion nach Alexandria zurück. Acht Monate in Ägypten und 20 Monate in Italien (von denen Cäsar einen Großteil nicht einmal vor Ort war) hatten die ägyptische Pharaonin und der römische Diktator nur zusammen gehabt. Das ist nicht viel, und doch sind Kleopatra und Cäsar eines der berühmtesten Paare der Weltgeschichte. Zusammengekommen sind die beiden zwar aus Kalkül, haben sich am Ende aller Wahrscheinlichkeit nach aber wirklich geliebt.

Rund fünf Jahre später würde Kleopatra erneut den mächtigsten Staatsmann des römischen Weltreichs zu ihrem Geliebten machen, den Feldherrn Mark Anton – eine Verbindung, die deutlich dauerhafter war als die zu Cäsar und die bis zu ihrem Tod im Jahr 30 anhielt. Aber das ist eine andere Geschichte.

Die selbsterfüllende Prophezeiung

Ludwig XV. und Madame de Pompadour

In den Geschichtsbüchern ist umstritten, ob ihrer Mutter von einer Wahrsagerin prophezeit wurde, sie werde »eine Königin gebären«, oder ob ihr selbst als jungem Mädchen dies gewahrsagt wurde; letztlich macht das aber auch keinen Unterschied. So oder so: Die 1721 in Paris geborene Händlerstochter Jeanne-Antoinette Poisson wuchs in dem Glauben auf, vom Schicksal für einen Platz am französischen Hofe vorgesehen zu sein. Und sie setzte alles daran, dem Schicksal auf die Sprünge zu helfen.

Dass es als Bürgerliche für sie vollkommen ausgeschlossen war, Königin zu werden, wusste sie natürlich. Aber Mätresse könnte sie doch werden, vielleicht ja sogar *maîtresse en titre* (so der höfische Titel für die offizielle Mätresse) – auch dieser Posten war zwar bislang ausschließlich adeligen Frauen vorbehalten, aber was nicht ist, konnte ja noch werden. Jeanne-Antoinette hatte einen Lebensplan.

Mit 19 wurde sie erst einmal von ihrem Vormund mit einem äußerlich zwar abstoßenden, aber sehr wohlhabenden Mann verheiratet. Man sollte meinen, dass sie sich gegen diese Heirat gewehrt hätte, doch im Gegenteil: Erst der gesellschaftliche Aufstieg, der mit dieser Ehe verbunden war, ermöglichte es ihr, überhaupt in die Nähe des Königs zu gelangen. Ihr Plan war simpel: Wann immer die königliche Jagdgesellschaft in der Nähe ihres Landsitzes zugange war, streifte sie durch die Wälder und versuchte, dem König »zufällig« zu begegnen. Dies gelang, sogar mehr als ein Mal: Der 34-jährige absolutistische Herrscher Frankreichs, Ludwig XV., fand Gefallen an der jungen Frau, die da mehrmals so unvermittelt seinen Weg kreuzte. Doch dummerweise war er nicht nur verheiratet (das wäre kein Hindernis gewesen), sondern hatte auch eine *maîtresse en titre*, die eifersüchtig über sein Liebesleben wachte und Jeanne-Antoinette umgehend verbot, bei den königlichen Jagden zu erscheinen. Ein Rückschlag, wo sie sich dem Ziel doch bereits nahe wähnte.

Aber das Schicksal meinte es gut mit ihr, und es muss ihr wie eine Bestätigung vorgekommen sein, dass ihr der prophezeite Weg tatsächlich vorbestimmt war: Die offizielle Mätresse des Königs starb Ende 1744 an einer Lungenentzündung. Jeanne-Antoinette wusste: jetzt oder nie. Als der König im Februar 1745 einen Maskenball ausrichtete, verschaffte sich die 23-Jährige, die eigentlich nicht geladen war, Zutritt (ein Maskenball – wie günstig!) und umgarnte Ludwig zielstrebig. Mit Erfolg: Der Herrscher Frankreichs machte sie tatsächlich wenig später als erste Bürgerliche überhaupt zu seiner *maîtresse en titre.* Der Hof tobte über diese Ungeheuerlichkeit, zahllose Intrigen (für die Versailles ja ohnehin berüchtigt war) wurden gesponnen, um diese unwürdige Frau wieder zu vertreiben, doch Ludwig XV. und seine neue Favoritin trotzten all dem. Im Frühjahr zog Jeanne-Antoinette offiziell in Versailles ein, im Juli erhob der König sie zur Marquise de Pompadour, im September wurde sie von ihrem Mann geschieden. Die Prophezeiung der Wahrsagerin hatte sich tatsächlich erfüllt: Die Bürgerstochter Jeanne-Antoinette Poisson war zwar nicht zur Königin, aber zur Geliebten des Königs geworden.

Mehr noch: Madame de Pompadour, wie sie nun offiziell hieß, teilte nicht nur das Bett mit dem Regenten (wie so viele junge Frauen vor und nach ihr), sondern sie wurde zu seiner engsten Vertrauten – zwischen den beiden entstand eine Innigkeit, wie Ludwig XV. sie zu keiner seiner Mätressen und auch nicht zu seiner Frau, Königin Maria, die er mit 15 hatte heiraten müssen, je empfunden hatte. Selbst in den geheimsten Regierungsangelegenheiten besprach sich der König bald mit seiner Mätresse, und während ihre Stellung in Ludwigs Bett vor allem die weibliche Hälfte des Versailler Hofstaates empörte, missfiel den Männern der wachsende politische Einfluss dieser Frau zutiefst.

Anfang der 1750er-Jahre musste Madame de Pompadour zur Kenntnis nehmen, dass der sexuell unersättliche Ludwig ihr immer seltener beiwohnte: Nach sechs Jahren als *maîtresse en titre* war offenbar der Lack ab; mehrere Fehlgeburten hatten zudem sowohl ihre körperlichen Reize als auch ihre eigene sexuelle Leidenschaft nicht gerade positiv beeinflusst, was die Begierde des Königs zusätzlich dämpfte. Doch das besondere Vertrauensverhältnis zwischen ihnen beiden bestand nach

Porträt der Madame Pompadour von François Boucher, 1756

wie vor; auch wenn er nachts nicht mehr zu ihr kam, verbrachte Ludwig doch jeden Tag mehrere Stunden mit ihr. Und so gelang dieser erstaunlichen Frau etwas, das vielleicht noch unglaublicher ist als die Tatsache, dass sie als Bürgerliche seine Mätresse wurde: Sie blieb seine offizielle Mätresse, auch wenn er längst nicht mehr mit ihr schlief. Die kluge Madame de Pompadour organisierte regelrecht sein Liebesleben, sie sorgte dafür, dass ihm ständig willige junge Frauen zur Verfügung standen, und achtete dabei sorgfältig darauf, dass keine dieser Damen zu einer Rivalin wurde.

Und so war Madame de Pompadour bald eine Instanz in Versailles, politisch und gesellschaftlich. Ihr Einfluss auf die Ausbreitung aufklärerischen Gedankenguts ist unbestritten (sie förderte unter anderem Voltaire, Diderot, d'Alembert und Rousseau), ebenso der auf die Außenpolitik Ludwigs (man kann sagen, dass sie im Vorfeld und während des gesamten Siebenjährigen Krieges, der Frankreich vor viele diplomatische und bündnisstrategische Herausforderungen stellte, seine federführende Beraterin war). Versuche, sie vom Sockel zu stoßen, scheiterten stets aufs Neue; wer auch immer eine Intrige gegen sie initiierte, zog den Kürzeren, wie hochrangig er auch war. Diese Erfahrung machten sowohl der Staatssekretär Comte de Maurepas, der sich nach 15 Dienstjahren und einer engen Freundschaft mit der Königin für unersetzlich hielt und nach dauerhaften Sticheleien gegen Madame de Pompadour vom König doch in die Verbannung geschickt wurde, als auch der Kriegsminister Comte d'Argenson, der dem König eine Mätresse zuführte, die Ludwig im Liebestaumel das Versprechen abnahm, die Pompadour vom Hofe zu entfernen – die Verschwörung flog auf, und die 18-Jährige musste ebenso das Schloss verlassen wie der Graf und alle anderen beteiligten Höflinge.

Im Februar 1764, nach bemerkenswerten 20 Jahren als offizielle Mätresse Ludwigs XV., erkrankte Madame de Pompadour an einer fiebrigen Erkältung. Wenige Wochen später, am 15. April, starb die 43-Jährige in Versailles: Ironischerweise wurde sie, die sie aus einfachen Verhältnissen gekommen war und sich durch Zielstrebigkeit, Geschick und Verführungskunst an die Seite des Königs und an die Spitze des französischen Staates gekämpft hatte, von der Armeleutekrankheit Tuberkulose dahingerafft.

Der Wahrsagerin übrigens, die ihr diesen steilen Aufstieg prophezeit hatte, hatte Madame de Pompadour noch zu Lebzeiten eine großzügige Leibrente ausgesetzt. Sie wusste wohl, was sie dieser Frau verdankte.

Der Feminine und die Maskuline

Frédéric Chopin und George Sand

Als der 26-jährige Komponist Frédéric Chopin im Jahr 1836 der sechs Jahre älteren und in Frankreich äußerst populären Schriftstellerin George Sand zum ersten Mal begegnete, war er, um es höflich auszudrücken, wenig angetan: »Ihr Gesicht ist mir nicht sympathisch, eigentlich hat sie mir überhaupt nicht gefallen. Es ist an ihr sogar etwas, was mich abstößt ...« Und an anderer Stelle äußerte er: »Was für eine unsympathische Frau sie doch ist! Ist's denn wirklich eine Frau?« Dass er sich alles andere als zu ihr hingezogen fühlte, verwundert nicht: Gegensätzlicher konnten zwei Menschen kaum sein. Chopin war feinfühlig, introvertiert, scheu, zart und etwas weltfremd; Sand hingegen war zupackend, laut, burschikos und egozentrisch. Er war darauf bedacht, immer korrekt gekleidet zu sein und nicht unangenehm aufzufallen; sie rauchte Zigarren und trug häufig Männerkleider. Zwei Antipoden.

Zwei Jahre später sah alles ganz anders aus. George Sand hatte in der Zwischenzeit endlich die Scheidung von ihrem Mann erreicht (von dem sie zwei Kinder hatte) und sich danach in ein wildes, von stürmischen Auseinandersetzungen, Trennungen und Versöhnungen geprägtes Liebesverhältnis mit dem um zehn Jahre jüngeren Weltschmerz-Dichter Alfred de Musset gestürzt; diese in den Pariser Salons mit begeistertem Interesse verfolgte Affäre war gerade zu Ende gegangen. Da erinnerte sich die Erfolgsschriftstellerin des jungen polnischen Komponisten, und was eine George Sand sich in den Kopf setzte, bekam sie auch: Sie näherte sich Chopin in unzweideutiger Absicht, und er – wegen einer unglücklichen Liebe zu einer 18-Jährigen gerade in einer emotionalen Krise – fühlte sich verstanden von dieser Frau, die ihn zwei Jahre zuvor noch abgestoßen hatte. Frédéric Chopin und George Sand wurden ein Paar. Die Pariser Gesellschaft war begeistert über diese Liaison, da hatte man wieder etwas zum Tuscheln. Die beiden waren *das* Gesprächsthema der Saison.

Die selbstbewusste und (auch finanziell) unabhängige George Sand störte sich wenig an dieser Tratscherei über das empörende »Konkubinat« – so nannten die französischen Sittenwächter damals außereheliche Affären, Chopin brachte das Gerede schon eher aus der Fassung. So war er froh, als Sand ihn aufforderte, mit ihr und ihren beiden Kindern (dem 15-jährigen Maurice und der zehnjährigen Solange) den Winter 1838/39 auf Mallorca zu verbringen. Die Reise war lange geplant, da Maurice unter einer Rheumaerkrankung litt und man sich von dem milden Klima Linderung erhoffte. Chopin, der zeitlebens unter einer Tuberkulose litt, versprach sich ebenfalls positive Auswirkungen auf seinen Gesundheitszustand; dies und die Aussicht, einige Monate mit seiner Geliebten in relativer Abgeschiedenheit fernab von den spitzmäuligen Pariser Salondamen verbringen zu können, ließen ihn freudig zusagen.

Doch der Mallorca-Aufenthalt wurde ein Debakel – wir wissen so viel darüber, weil George Sand ein herrlich polemisches, ja wütendes Buch darüber geschrieben hat, *Ein Winter auf Mallorca*, bis heute ihr meistgelesenes Werk. Zum einen hielt das Wetter nicht, was es versprochen hatte; die karge Unterkunft der vier im Kartäuserkloster in Valldemossa war feucht, zugig und kalt, und der nicht enden wollende unbarmherzige Winterregen tat ein Übriges. Zum anderen entpuppten sich die Mallorquiner als mindestens genauso intolerant wie die Pariser: Dass Chopin und Sand vor den Augen der armen Kinder im »Konkubinat« lebten, dass Sand in Männerkleidern über die Insel stapfte und nicht zuletzt dass keiner der vier je in die Kirche ging, machte sie bald zu regelrecht unerwünschten Personen. Im Februar 1839 reisten sie früher als geplant wieder ab; Chopin, bei dem mittlerweile die Schwindsucht diagnostiziert worden war und der auf der Überfahrt nach Barcelona ein ums andere Mal Blut spuckte, kam nur knapp mit dem Leben davon.

So hatten sie sich das nicht vorgestellt. Doch immerhin: Nach ihrer Rückkehr stellten sie fest, dass sich das Interesse der feinen Pariser Gesellschaft anderen Themen (oder besser: Opfern) zugewandt hatte; man ließ sie weitgehend in Ruhe. Chopin erholte sich wieder,

Das Gemälde von Maria Wodzinka zeigt Frédéric Chopin, 1836

und die nächsten sieben, acht Jahre verbrachte das Paar in einem angenehm geregelten Rhythmus: In der kalten Jahreszeit wohnten sie (in getrennten, doch nah benachbarten Wohnungen) in Paris, wo sie am gesellschaftlichen und kulturellen Leben teilnahmen und wo Chopin Klavierunterricht sowie gelegentlich auch Konzerte gab; die Frühlings- und Sommermonate verbrachten sie auf George Sands Landgut Nohant in relativer Ruhe und Abgeschiedenheit. Hier fanden sie beide die Muße und Inspiration zum Arbeiten: Chopin komponierte in diesen Jahren etwa 30 Werke; die arbeitswütige Sand veröffentlichte in derselben Zeit mehr als 25 Bücher (also im Schnitt drei pro Jahr!), die meisten davon Romane. Es war für beide die produktivste Zeit ihres ganzen Lebens.

Warum die Beziehung nach insgesamt neun Jahren 1847 zu Ende ging, ist nicht bekannt; beide schwiegen sich zeitlebens beharrlich darüber aus. Innerfamiliäre Konflikte hatte es in der letzten Zeit vor der Trennung einige gegeben, die meisten drehten sich um George Sands mittlerweile erwachsene Kinder und ihr Liebesleben. Ob hier wirklich der Grund für das Zerwürfnis zu suchen ist, ist fraglich. Spekulationen in diese Richtung gibt es einige, etwa die, dass Sands nunmehr 18-jährige Tochter Solange etwas mit Chopin hatte, oder die, dass Solange sich heimlich mit einem mittellosen Bildhauer verlobt habe, weshalb sie aus dem Haus geworfen wurde, und Sand es Chopin zutiefst übelnahm, dass er trotzdem noch freundschaftlich mit Solange verkehrte. Es wurde auch vermutet, dass Sands 23-jähriger Sohn Maurice eine Affäre mit seiner Adoptivschwester angefangen habe (George Sand hatte 1845 die Tochter einer entfernten Cousine adoptiert), Chopin sich über dieses ihm inzestuös erscheinende Verhältnis empört und Maurice dann seine Mutter vor die Wahl gestellt habe, sich zwischen ihm und Chopin zu entscheiden. Alles möglich, aber eben alles nur Spekulation. Wir wissen es einfach nicht.

Wir wissen nur, und das ist ein trauriges Wissen, dass es mit der Gesundheit des gerade einmal 37-jährigen Frédéric Chopin unmittelbar nach der Trennung von George Sand rapide bergab ging. Es blieben ihm nur noch zwei Jahre, bis ihn die Tuberkulose endgültig dahinraffte, und es waren zwei mühselige und schmerzvolle Jahre. Als Chopin im Oktober 1849 im Sterben lag, war unter den Freunden, die an seinem Lager wachten und ihn in seinen letzten Stunden begleiteten, auch George Sands Tochter Solange, der er fast ein Jahrzehnt lang so etwas wie ein Vater gewesen war. George Sand selbst hatte sich zu diesem Zeitpunkt bereits einem anderen Mann zugewandt.

Die schnellste Verlobung aller Zeiten

Kurt Weill und Lotte Lenya

Als der 24 Jahre junge Komponist Kurt Weill an einem Sommertag des Jahres 1924 in das schicke Sommerhaus des zu dieser Zeit überaus populären Bühnenschriftstellers Georg Kaiser am Möllensee einige Kilometer außerhalb Berlins eingeladen wurde, erwartete er vermutlich eine berufliche Besprechung, vielleicht auch ein paar entspannte Stunden. Was er sicher nicht erwartete, war, dass er verlobt sein würde, noch bevor er das Sommerhaus erreicht hatte.

Am Ufer traf er auf eine junge Frau, ein paar Monate älter als er, die ihn mit dem Boot zu Kaisers Haus am anderen Ende des Möllensees hinüberrudern wollte. Sie hieß Lotte Lenya – ein Pseudonym –, war Schauspielerin und versuchte genau wie er in Berlin Fuß zu fassen, was ihnen beiden nicht gerade leichtfiel. Zwei Jahre zuvor waren sie sich schon einmal kurz begegnet, als Lenya für eine Tanzrolle in einer Kinderpantomime vorsprach, für die Weill die Musik komponiert hatte, seine erste Arbeit für die Bühne. Lenya hatte die Rolle nicht bekommen, die Dauer der Begegnung ließ sich in Minuten messen, der Erinnerungswert hielt sich sicher für beide in Grenzen.

Doch nun saßen sie sich in diesem kleinen Ruderboot gegenüber: der kleine, schüchterne und höfliche Möchtegern-Komponist mit der dicken Brille und dem trotz seines jungen Alters schon schütteren Haar, der sich als Synagogen-Organist seine Brötchen verdiente, da seine Werke noch kaum etwas einbrachten, und die Möchtegern-Schauspielerin mit dem eher knabenhaften Körper, aber einer ungeheuer sinnlich-erotischen Ausstrahlung, derer sich Georg Kaiser angenommen hatte (aus welchen Motiven auch immer) und die, seit sie bei Kaiser untergekommen war, nicht mehr als Tänzerin in mehr oder minder zwielichtigen Etablissements auftreten musste. Was sie an Weill anziehend fand, ist ein Rätsel; sonderlich attraktiv war er nicht, ein Draufgänger oder Charmeur sowieso nicht, und Zeit für ein Gespräch war ja kaum. Wie auch immer: Lotte Lenya verführte Kurt

Lotta Lenya und Kurt Weill, im Jahr ihrer Hochzeit

Weill nach allen Regeln der Kunst. Ohne die Details ausschmücken zu wollen, lassen sich drei Dinge über diese ominöse Bootsfahrt festhalten. Erstens: Sie dauerte deutlich länger, als man normalerweise zum Übersetzen ans andere Ufer brauchte. Zweitens: Kurt Weills Brille fiel im Eifer des Gefechts in den Möllensee. Drittens: Weill machte Lotte Lenya im Überschwang der Gefühle einen Heiratsantrag, und sie sagte Ja.

Was für ein Auftakt! Das war so schnell gegangen, dass man diese Verlobung auf situationsbedingt temporäre Blutarmut im Gehirn zurückführen und nicht ganz ernst hätte nehmen können, aber Pustekuchen: Den beiden war es ernst, und am 28. Januar 1928 wurde Hochzeit gefeiert.

Sie waren ein ungleiches Paar, in punkto Temperament, in punkto Sex-Appeal, in punkto Lebenseinstellung, eigentlich in so ziemlich jedem Punkt. Er war ein ernsthafter, ehrgeiziger Komponist, und sie war genau so, wie man sich eine Tänzerin im Berlin der Goldenen

1920er-Jahre vorstellt. Ihren beruflichen Durchbruch hatten sie beide kurz vor der Hochzeit geschafft, und zwar ausgerechnet bei einer Zusammenarbeit: Der umstrittene avantgardistische Dramatiker Bertolt Brecht hatte gemeinsam mit Kurt Weill das Singspiel *Aufstieg und Fall der Stadt Mahagonny* geschrieben, und bei der Uraufführung 1927 übernahm Lotte Lenya eine Hauptrolle. Die Inszenierung wurde für alle drei ein großer Erfolg (und war, nebenbei bemerkt, die Geburtsstunde von Brechts berühmtem Epischen Theater). Im August 1928, ein halbes Jahr nach Lenyas und Weills Hochzeit, kam das zweite Brecht/Weill-Stück auf die Bühne, das zu einem Welterfolg wurde: *Die Dreigroschenoper*. Lotte Lenya spielte und sang die Seeräuber-Jenny und hinterließ dabei einen so bleibenden Eindruck, dass ihr diese Rolle auch 1931 in der Verfilmung des Stücks übertragen wurde. Es war die Rolle ihres Lebens.

Nun waren sie also beide Stars in ihrem jeweiligen Beruf. Zu den Stars kommen die Fans, und speziell Lotte Lenya nutzte das aus: Sie hatte mehrere Affären und verheimlichte das mehr schlecht als recht vor ihrem Mann. Gerade einmal 15 Monate nach ihrer Hochzeit nahm Weill an der Umfrage einer Illustrierten unter Promis zum Thema Ehefrauen teil, und seine halb ironische, halb bissige Antwort las sich folgendermaßen: »Sie hat stets einige Freunde, was sie damit begründet, dass sie sich mit Frauen schlecht verträgt. (Vielleicht verträgt sie sich aber auch mit Frauen darum so schlecht, weil sie stets einige Freunde hat.) Sie hat mich geheiratet, weil sie gern das Gruseln lernen wollte, und sie behauptet, dieser Wunsch sei ihr in ausreichendem Maß in Erfüllung gegangen.«

Das klang, bei aller Flapsigkeit, nicht gut, und das war auch nicht gut. Lotte Lenya und Kurt Weill arbeiteten weiterhin an dem einen oder anderen Projekt zusammen, aber die Ehe war, kaum dass sie recht angefangen hatte, schon wieder zu Ende. Anfang der 1930er-Jahre ließen sie sich scheiden.

Dann übernahmen die Nazis in Deutschland die Macht und trieben beide 1933 in die Emigration. Weill floh nach Paris, wo er seine Karriere fast nahtlos fortführen konnte, Lenya fast zeitgleich zusammen mit ihrem aktuellen Liebhaber, dem Wiener Tenor Otto von Pasetti, an die Côte d'Azur. Das Paar versuchte sich durch Glücksspiel in den Kasinos über Wasser zu halten, aber das misslang gründlich: Bald waren sie pleite, und Pasetti kehrte nach Wien zurück. Lotte Lenya ging nach Paris und traf – Kurt Weill.

Vielleicht war es die Erfahrung des Lebens in der Fremde, die beide wieder zusammenbrachte, genau wissen wir es nicht. Jedenfalls versöhnten sie sich, gingen 1935 gemeinsam nach London und wanderten kurz darauf in die USA aus. 1937 kaufte Kurt Weill zum zweiten Mal in seinem Leben Eheringe (nun in einer New Yorker Woolworth-Filiale zum exorbitanten Preis von 50 Cent), und elf Jahre nach ihrem ersten Versuch gaben die beiden sich zum zweiten Mal das Jawort.

Dieses Mal war es für immer. 13 Jahre hatte Kurt Weill noch zu leben (er starb 1950 mit nur 50 Jahren an den Folgen eines Herzinfarkts), und in diesen 13 Jahren führten sie eine deutlich ruhigere und harmonischere Ehe als im ersten Anlauf. Beruflich konnte nur Weill an seine große Zeit anknüpfen; er erarbeitete Musicals unter anderem mit Maxwell Anderson und Ira Gershwin und feierte einige Erfolge am Broadway, während seine Frau mit ihrem fremdsprachigen Akzent kaum Chancen auf Engagements als Schauspielerin hatte und in Nachtclubs sang.

Lotte Lenyas weiterer Weg nach dem Tod ihres Mannes, den sie um mehr als 31 Jahre überlebte, war turbulent: Sie heiratete noch dreimal (mit 53, 64 und 73), legte mit über 60 noch eine respektable Hollywood-Karriere inklusive Oscar-Nominierung hin (unter anderem spielte sie neben Sean Connery im James-Bond-Film *Liebesgrüße aus Moskau*) und ließ sich, so heißt es, mit über 80 Jahren noch einmal den Busen liften. Den Durchbruch zu dieser zweiten, späten Schauspielkarriere in den USA hatte sie übrigens einem Broadway-Stück zu verdanken, in dem sie ab 1954 mitwirkte und das zum Dauerbrenner wurde, mit über 2700 Aufführungen in sieben Jahren. Es war – die *Dreigroschenoper*. Lenya gab natürlich, obwohl sie mit Mitte 50 nicht mehr wirklich der Rolle entsprach, die Seeräuber-Jenny. Wie gesagt, die Rolle ihres Lebens.

Zwei entzückte Kätzchen

Humphrey Bogart und Lauren Bacall

Als der 43-jährige Humphrey Bogart im Jahr 1944 bei Dreharbeiten der 19-jährigen Lauren Bacall über den Weg lief, hat wohl niemand geahnt, dass aus den beiden ein Paar werden würde: Nicht nur, dass Bogart bereits ein großer Star des Hollywood-Kinos war und Bacall quasi noch ein Niemand, sondern der verheiratete Bogart galt auch als wenig kontaktfreudig und denkbar solide – kaum ein Hollywoodstar jener Ära hatte weniger Schlagzeilen über Seitensprünge, Affären, Liebschaften vorzuweisen als er. Und doch: Es geschah.

Bogart befand sich zu diesem Zeitpunkt im (vielleicht ja zu Recht »verflixt« genannten) siebten Jahr seiner Ehe. Es war nicht seine erste; zwei Scheidungen hatte er schon hinter sich: Die erste Ehe war ein einjähriges Missverständnis in jüngeren Jahren gewesen, die zweite, mit einer Bühnenschauspielerin, war nach zehn Jahren zerbrochen, da seine Frau nach Bogarts ersten Filmerfolgen nicht mit ihm nach Hollywood zu gehen bereit war – das hätte ihre Broadway-Karriere beendet. Seit 1938 war Bogart nun mit Mayo Methot verheiratet, ebenfalls einer Kollegin, die allerdings mit seiner zunehmenden Berühmtheit immer streitsüchtiger wurde und immer öfter zur Flasche griff, zumal ihr selbst eine nennenswerte Filmkarriere versagt blieb. Nach Hause zu kommen war in diesem Jahr 1944 für Bogart daher vermutlich nicht das reinste Vergnügen. Aber dass der distinguierte Mittvierziger, der sich auf der Höhe seines Ruhmes befand (mit *Die Spur des Falken* war er zwei Jahre zuvor zum Weltstar geworden, und für *Casablanca* hatte er soeben eine Oscar-Nominierung erhalten), am Filmset eine Affäre mit einer 19-Jährigen anfangen würde, war trotzdem nahezu undenkbar.

Doch diese 19-jährige Lauren Bacall verdrehte ihm, dem sich in Drehpausen am liebsten allein in seine Garderobe zurückziehenden Star, den Kopf. Regisseur Howard Hawks hatte sie entdeckt, auf dem Cover einer Modezeitschrift, für das sie als Fotomodel posiert hatte, und wollte ihr, die noch nie einen Film gedreht hatte, die weibliche

Hauptrolle an der Seite von Humphrey Bogart in *Haben und Nichthaben* überlassen: ein Liebesfilm, in dem ein rauer Seemann sich auf Martinique in eine dort gestrandete junge Amerikanerin verliebt. Bogart war eigentlich auf finstere Gangster- und kompromisslose Detektiv-Rollen abonniert, aber nach dem Überraschungserfolg von *Casablanca* wollte Hawks ihn in einer weiteren romantischen Rolle besetzen.

Überraschend für alle Beteiligten entbrannte nun nicht nur vor, sondern auch hinter der Kamera zwischen den beiden Filmpartnern, die immerhin 25 Lebensjahre trennten, die Leidenschaft. Regisseur Hawks wird das mit gemischten Gefühlen betrachtet haben; dem Film tat das »echte« Knistern zwischen den beiden Hauptdarstellern natürlich gut, doch Hawks hatte sich, wie es heißt, selbst in die junge Schönheit verguckt. Chancen hatte er keine: Bacall und Bogart verfielen einander.

Doch Bogart war hin und her gerissen: Sollte er, der Gentleman, wirklich seine Frau verlassen? Er zögerte. Die Affäre mit Bacall verlief zuerst im Geheimen, die Kollegen am Set hielten dicht, erstaunlicherweise auch die Presse. Als dann doch Gerüchte zu seiner Frau durchdrangen, kehrte er reumütig zu ihr zurück – nur um kurz danach wieder zu Bacall zu flüchten. Ein Hin und Her, vermutlich keine leichte Zeit, für alle drei nicht. Am Ende entschied sich Bogart für die Liebe – Anfang 1945 ließ er sich von Mayo Methot scheiden und heiratete im Mai Lauren Bacall. Hollywood hatte ein neues Traumpaar.

Noch im Jahr zuvor hatte die Produktionsfirma Warner Bros., bei der beide unter Vertrag standen, beschlossen, nach dem Kassenerfolg *Haben und Nichthaben* einen weiteren Film mit Hawks als Regisseur und Bogart und Bacall in den Hauptrollen zu drehen: die Raymond-Chandler-Verfilmung *The Big Sleep (Tote schlafen fest)*, in der Bogart eine seiner berühmtesten Rollen verkörpern sollte, den Privatdetektiv Philip Marlowe. Die Dreharbeiten gestalteten sich jedoch schwierig, denn zu diesem Zeitpunkt war die Beziehung der beiden Schauspieler noch geheim, was die Zusammenarbeit verkrampft machte und die Produktion mehrfach verzögerte. Als der Film fertiggestellt war und Probevorführungen stattfanden, war die Beziehung der beiden Stars jedoch öffentlich geworden – und prompt mokierten sich die Testzuschauer

Lauren Bacall und Humphrey Bogart in »Haben und Nichthaben« von 1944

darüber, dass es zu wenig gemeinsame Szenen der beiden gebe. Warner reagierte mit einer ungewöhnlichen Maßnahme: Das Drehbuch wurde nachträglich umgeschrieben, es wurden neue Szenen gedreht und in die ursprüngliche Fassung hineingeschnitten. *Tote schlafen fest*, ab August 1946 in den Kinos, wurde ein Welterfolg.

Beruflich lief es fortan blendend, für beide. Bogart wurde einer der bestbezahlten Schauspieler Hollywoods, bekam für *African Queen* den Oscar als bester Hauptdarsteller und ließ Blockbuster wie *Die Caine war ihr Schicksal* folgen. Bacall trat neben so ziemlich allen Größen ihrer Zeit auf, von Kirk Douglas über Gary Cooper bis zu Marilyn Monroe. Die beiden wurden ein Vorzeige-Ehepaar – äußerst erfolgreich im Beruf, offensichtlich glücklich miteinander und ohne schlagzeilenträchtige Affären im Privaten.

Es war ein glückliches Jahrzehnt, von Mitte der 1940er- bis Mitte der 1950er-Jahre. Gekrönt wurde es durch die Geburten zweier Kinder: Sohn Stephen kam 1949 zur Welt, Tochter Leslie 1952. Die Karriere der Mutter, die jeweils für ein paar Monate kürzer trat, schränkten die Kinder in keiner Weise ein, die des Vaters sowieso nicht. Eine perfekte Familie. Natürlich gab es hier und da Streit, aber an die Substanz ging das nie. Katharine Hepburn, Bogarts Filmpartnerin in *African Queen*, formulierte es sehr treffend: »... und wenn sie sich zankten, taten sie es mit der unerschütterlichen Zuversicht zweier Katzen, die zu ihrem Entzücken in denselben Käfig gesperrt sind.«

Doch die glücklichen Zeiten endeten jäh. Mitte der 1950er-Jahre wurde bei dem Kettenraucher Bogart – die Zigarette im Mundwinkel war sein Markenzeichen, es gibt kaum einen Film ohne dieses Accessoire – Kehlkopfkrebs festgestellt. Eine schwere Operation im Januar 1956 schenkte ihm noch ein paar zusätzliche Monate, geheilt werden konnte er nicht mehr. Humphrey Bogart starb am 14. Januar 1957, gut zwei Wochen nach seinem 57. Geburtstag.

In *Haben und Nichthaben*, dem Film, bei dessen Dreharbeiten sie sich begegnet waren, lautete eine Zeile von Bacalls Text: »Wenn du was brauchst, pfeif einfach!« In Anspielung auf diese berühmte Szene hatte Bacall Bogart noch vor ihrer Hochzeit eine kleine goldene Pfeife geschenkt – Symbol ihrer Liebe. Dieses Pfeifchen wurde nach Humphrey Bogarts Tod gemeinsam mit seiner Asche beigesetzt.

Lauren Bacall, Witwe mit 32 Jahren und alleinerziehende Mutter eines acht- und eines vierjährigen Kindes, zog zwei Jahre nach dem Tod ihres Mannes aus Hollywood weg und ging zurück nach New York. Sie startete eine zweite erfolgreiche Karriere am Broadway; auf der Kinoleinwand war sie fast 20 Jahre lang nur sporadisch zu sehen. Erst seit Mitte der 1970er-Jahre trat sie wieder regelmäßig in Kinofilmen auf – und tut dies bis heute. 2009 erhielt sie den Ehren-Oscar für ihr Lebenswerk; im selben Jahr wurde Humphrey Bogart vom American Film Institute zum größten männlichen Star aller Zeiten gewählt. Große Auszeichnungen für zwei Kinolegenden der 1940er- und 1950er-Jahre – und für zwei Menschen, die im jeweils anderen die große Liebe ihres Lebens gefunden hatten, auch wenn dem Paar letztlich nur zwölf gemeinsame Jahre vergönnt waren. Aber was heißt »nur« – in Hollywood sind zwölf Jahre eine halbe Ewigkeit.

Vorzeigemann plus Vorzeigefrau gleich Vorzeigeehe

Erich Maria Remarque und Paulette Goddard

Ausgetobt hatten sie sich beide in ihrem Leben, als sie sich im April 1951 zufällig beim Einkaufen auf der Fifth Avenue in New York über den Weg liefen: Der 52-jährige Erfolgsschriftsteller Erich Maria Remarque hatte gut 20 Jahre zuvor mit dem Antikriegsroman *Im Westen nichts Neues* den größten Bestseller der Weimarer Republik gelandet. Seitdem lebte er in Saus und Braus. Remarque war zwar auf dem Papier verheiratet (mit der Tänzerin Ilse Jutta Zambona, die von 1925 bis 1930 schon einmal seine Ehefrau gewesen war und die er acht Jahre nach der Scheidung zum zweiten Mal geheiratet hatte – keine gute Entscheidung, wie sich zeigen sollte), taumelte aber in einer Mischung aus zu Kopf gestiegenem Ruhm, Promiskuität und innerer Ziellosigkeit von einer Affäre oder Beziehung in die nächste – Fotomodelle und andere Schönheiten zählten ebenso zu seinen Eroberungen wie die Weltstars Marlene Dietrich und Greta Garbo. Die 40-jährige Schauspielerin Paulette Goddard stand dem in nichts nach; sie hatte bereits drei Ehen hinter sich (die zweite, mit niemand Geringerem als Charlie Chaplin, hatte sie berühmt gemacht und ihrer Hollywood-Karriere den nötigen Schub verliehen), und in der Schlange ihrer Verehrer (oder Liebhaber, das weiß man nicht so genau) standen neben vielen anderen Männern der Schriftsteller John Steinbeck, der Regisseur John Huston und nicht zuletzt ihr Kollege Clark Gable. Man kann knapp sagen: Remarque und Goddard hatten gelebt.

Sie waren sich auch schon ein paar Mal begegnet: auf einigen dieser vielen Partys hauptsächlich, wo Stars nun einmal zusammentreffen, zuletzt Ende 1949 auf einer Silvesterfeier in New York. Wie das dort so lief: Man kannte sich, nahm sich zur Kenntnis, wechselte vielleicht ein paar flüchtige Worte, fertig.

Doch nun, in einem teuren Geschäft auf der Fifth Avenue, folgte Remarque einer Eingebung und lud die zwölf Jahre jüngere Schau-

Paulette Goddard in »Ein idealer Ehemann« aus dem Jahr 1948

Erich Maria Remarque und Paulette Goddard, New York 1959

spielerin zum Abendessen ein. Sie verbrachten einen netten Abend, weitere Verabredungen folgten, bald fast täglich. Paulette Goddard bezircte Remarque; er ließ es amüsiert geschehen und konstatierte mit leichter Verwunderung, wie gut ihm, dem eher zu Schwermut neigenden Schriftsteller, diese lebendige, heitere, unkomplizierte Amerikanerin tat. Bestimmt entsprangen Goddards Umgarnungen auch praktischem Kalkül (mit ihrer einst strahlenden Karriere, die ihr sogar eine Oscar-Nominierung eingebracht hatte, ging es nun, mit 40, sichtlich bergab, und Pauline Goddard liebte den Luxus zu sehr, um sich mit dem schmaler werdenden eigenen Einkommen zu bescheiden), doch wer ihr nur kühle Taktik unterstellt, tut ihr Unrecht: Man kann wohl davon ausgehen, dass sie Remarque von ganzem Herzen liebte – vielleicht nicht gleich von Anfang an, als sie ihn zu umgarnen begann, aber mit der Zeit ganz sicher.

Er war aber auch ein Mann, der gut zu ihr passte: Er hatte Geld, lebte verschwenderisch und besaß das selbstsichere Auftreten desjenigen, der es geschafft hat; er sah gut aus – jedenfalls nicht schlecht –, war klug, witzig und (im Gegensatz zu ihr) nach wie vor erfolgreich: An *Im Westen nichts Neues* kam er zwar mit keinem seiner folgenden Romane mehr heran, aber das ging ja auch kaum, und in die Bestsellerlisten schossen seine Bücher dennoch fast automatisch. Ein Mann zum Vorzeigen. Und sie war nach wie vor eine Frau, nach der sich die Männer umdrehten – eine andere Begleiterin wäre für Remarque auch nicht in Frage gekommen. Nach außen hin bot also jeder dem anderen genau das, was dieser brauchte: Er bekam die deutlich jüngere, schöne Schauspielerin mit Starappeal, sie den spendablen, erfolgreichen Mann von Welt. Eine Win-win-Situation.

Doch auch nach innen passten die beiden hervorragend zusammen: Sie waren beide nach wilden Jahren auf der Suche nach ruhigerem Fahrwasser, ohne dies der Öffentlichkeit gegenüber preisgeben zu wollen (man hatte ja einen Ruf zu verlieren), und sie fanden genau das im anderen: Beständigkeit und Ruhe. Für Remarque, dem das Schreiben nie leichtfiel, der immer kämpfte mit seinen Texten, sollten die Jahre mit Paulette seine produktivsten sein. Und für Goddard, die aus beruflichen Gründen immer noch viel unterwegs war (es war ja nicht so, dass sie gar keine Arbeit mehr hatte, nur wurden die Rollen immer kleiner und die Filme immer unbedeutender), war er der Ruhepol, der Heimathafen, in den sie zurückkehrte.

Remarque, der Deutschland in kluger Voraussicht ja schon einige Monate vor der Machtergreifung Hitlers verlassen hatte, besaß seitdem eine Villa am Lago Maggiore in der Schweiz. Dieses Haus im Tessin wurde nun zur Fluchtburg für die beiden, in die sie sich zurückzogen und kaum einen Besucher ließen. War Goddard unterwegs, dann schrieben sie sich verliebte Briefe, vermissten einander offenbar ehrlich und freuten sich voller Sehnsucht aufs Wiedersehen – und Remarque konnte arbeiten wie nie zuvor, mit einem Seelenfrieden, den er bis dahin nie besessen hatte. War sie wieder da, genossen sie einander – und wenn auch er Zeit hatte, unternahmen sie, oft ganz spontan, Reisen. Sie waren mehrfach in den USA, natürlich, aber auch immer wieder in den Hauptstädten Europa unterwegs.

Geheiratet haben sie erst nach sieben Jahren, was aber nicht daran lag, dass einer von ihnen gezögert hätte, sondern daran, dass sich Remarques zweitmalige Scheidung von Ilse Jutta Zambona so hinzog. 1957 war diese endlich vollzogen, und am 25. Februar 1958 konnten sich der 59-jährige Erich Maria Remarque und die 47-jährige Paulette Goddard das Jawort geben. Es war seine dritte Ehe, ihre vierte – für beide die letzte.

Bis zu Remarques Tod sollte die Verbindung halten, fast 20 Jahre lang. Es war in der Summe sicher eine glückliche Zeit, auch wenn mit den Jahren Schwierigkeiten auftraten: Remarque war nicht mehr gesund, erlitt mehrere Schlaganfälle, büßte schrittweise seine Lebensenergie ein. Manche Paare schweißt so etwas zusammen, dieses nicht: Ohne einen vitalen, lebensfrohen Mann an ihrer Seite begann Paulette sich zu langweilen. Natürlich durfte es traute Stunden zu Hause geben, keine Frage, aber im Prinzip sollte ihr Mann einer sein, mit dem man sich amüsierte, Urlaube machte, in schicken Restaurants aß – und nicht einer, der kränklich im Bett lag. Soweit man weiß, haben sich ihrer beider zärtliche Gefühle füreinander nie geändert, und das ist ja schon mal mehr, als so manch anderes Paar von sich sagen kann. Trotzdem hat Paulette Goddard es einfach nicht mehr ausgehalten in der Villa im Tessin, die zunehmend einem Krankenlager glich. Sie flog immer öfter nach Amerika und zog die Dauer ihrer Abwesenheit immer mehr in die Länge. Pathetisch könnte man formulieren: Gerade weil sie die Liebe zu ihrem Mann nicht aufs Spiel setzen wollte, war sie immer öfter weg.

Als Remarque am 25. September 1970 im Alter von 72 Jahren in einem Krankenhaus in Locarno an einem Aortenaneurysma starb, war Goddard aber bei ihm. Sie war 60, als sie ihn zu Grabe trug. Um 20 Jahre überlebte sie ihn, war weiterhin viel unterwegs, fast ruhelos zwischen New York und dem Tessin hin und her reisend. Vielleicht resultierte diese innere Unruhe, die Paulette Goddard in den letzten Jahren umtrieb, auch daraus, dass es nach Remarques Tod kein echtes Nachhausekommen mehr war, wenn sie am Lago Maggiore ankam.

Gemeinsame Mission

»Ein großes Ding«

Martin Luther und Katharina von Bora

Im Jahr 1523 befand sich der 40-jährige Martin Luther auf der Höhe seines Schaffens und seines Ruhmes: Er hatte seine berüchtigten 95 Thesen ans Portal der Schlosskirche von Wittenberg genagelt und damit die Reformation ausgelöst; er war auf dem Reichstag von Worms exkommuniziert und für vogelfrei erklärt worden (jedermann hätte ihn straffrei töten dürfen); er hatte als »Junker Jörg« auf der Wartburg das Neue Testament ins Deutsche übersetzt; und er produzierte von Wittenberg aus eine kirchenkritische Schrift nach der anderen, in denen er unter anderem die herrschende Gottesdienstordnung angriff, den Ablasshandel der katholischen Kirche anprangerte und sich für eine Abschaffung der Klöster aussprach. Diese Schriften fanden – obwohl sie unter Androhung hoher Strafen weder gedruckt noch gelesen werden durften – reißenden Absatz, sie wurden heimlich vervielfältigt, gelesen und weitergereicht.

Auch im Zisterzienserinnenkloster Nimbschen in der Nähe von Leipzig kursierten unter der Hand die Schriften des Martin Luther. Es war ein strenger Orden, die 40 Nonnen lebten hier in strikter Klausur und hatten sich nicht nur zur Ehelosigkeit, sondern auch zu bedingungslosem Gehorsam und einem Leben in Armut verpflichtet. Und das selten freiwillig: Wie die meisten Nonnenklöster zu dieser Zeit war auch das in Nimbschen voll von Frauen, die als Mädchen von ihren Eltern gegen ihren Willen dorthin gebracht worden waren, meist aus dem einfachen Grund, dass sie ihnen nicht mehr auf der Tasche lagen.

Eine dieser jungen Nonnen in Nimbschen war Katharina von Bora. Sie entstammte einer verarmten Adelsfamilie und war von ihren Eltern bereits als Sechsjährige ins Kloster gesteckt worden; mit 16 wurde sie als Nonne eingesegnet. Es muss ein tristes, entbehrungsreiches Leben gewesen sein; der Tag begann früh um vier, war mit harter Arbeit und endlosen Gebeten gefüllt, und vor allem war alles verboten, was Spaß hätte machen können: Müßiggang, Geschwätzigkeit, Lachen. In einem freud- und liebloseren Umfeld kann ein Mädchen kaum aufwachsen.

Katharina muss daher elektrisiert gewesen sein, als sie mit Anfang 20 heimlich die Flugblätter des Martin Luther las, in denen er nicht nur behauptete, die Ehe sei kein Sakrament, sondern auch noch die Abschaffung der Ehelosigkeit von Mönchen und Nonnen sowie die Auflösung der Klöster forderte. Im besagten Jahr 1523 nun, sie war 24 Jahre alt, fasste sie gemeinsam mit acht Mitschwestern einen folgenschweren Entschluss: Die Nonnen wandten sich heimlich an Luther (Wittenberg war nicht allzu weit) und baten ihn, ihnen bei der Flucht aus dem Kloster zu helfen – ein Vergehen, das bei Entdeckung mit der Todesstrafe geahndet worden wäre.

Ob Luther froh war, tatkräftig helfen zu können, oder ob er es eher unangenehm fand, seinen theoretischen Pamphleten konkrete Taten folgen lassen zu müssen, und sich durch das Ansinnen in die Ecke gedrängt fühlte, wissen wir nicht. Jedenfalls schickte er an Ostern 1523 einen Wagen ins Kloster Nimbschen, auf dem die neun Nonnen hinter Heringsfässern verborgen fliehen konnten. Zu ihren Eltern konnten sie aufgrund der drohenden Todesstrafe nicht zurückkehren, also musste Luther sie irgendwie in Wittenberg unterbringen. Es wurde versucht, für die jungen Frauen Ehemänner zu finden; wo das nicht auf Anhieb klappte, verschaffte man ihnen erst einmal eine Anstellung. So auch bei Katharina von Bora: Sie wurde Magd im großen Haushalt des berühmten Malers Lukas Cranach dem Älteren und seiner Frau Barbara, die mit Luther gut befreundet waren.

Während ihre ehemaligen Mitschwestern nach und nach Ehemänner fanden, blieb Katharina allein: Die Allerhübscheste war sie nicht; arm war sie sowieso; der einzige junge Mann, der sie interessierte, durfte sie nach einem Einspruch seines Vaters nicht heiraten; andere Kandidaten, die ihr zugeführt wurden, lehnte sie eigensinnig ab. Sie war, wenn man so will, schwer vermittelbar. Doch dann ließ sie irgendwann die Bemerkung fallen, »den Herrn Luther würde ich gern zum Mann nehmen«.

Selbst zu heiraten, hatte Martin Luther eigentlich gar nicht unbedingt vorgesehen, dafür fehlte ihm schlicht die Zeit; zudem war er

Martin Luther und Katharina von Bora, Ölgemälde von Lucas Cranach d. Ä., 1529

ein oft gereizt-aufbrausender, oft still-schwermütiger, immer höchst egoistischer Einzelgänger. Doch er fühlte sich verantwortlich für »seine« neun Ex-Nonnen, insbesondere für das Sorgenkind Katharina; außerdem war es natürlich eine großartige Manifestation seiner Anschauungen, wenn ein ehemaliger Mönch und eine ehemalige Nonne sich vermählten. Wirkungsvoller ließe es sich wahrlich kaum demonstrieren, dass man die Ehe nicht für ein Sakrament hielt. Also – warum eigentlich nicht?

Als der 42-jährige Martin Luther und die 26-jährige Katharina von Bora am 13. Juni 1525 heirateten, konnte man das nur Zweck- oder Vernunftehe nennen. Ob auf Seiten Katharinas ein Gefühl wie Liebe im Spiel war, ist schwer zu beurteilen, auf Seiten Luthers war es auf jeden Fall nur eine Mischung aus Pflichtgefühl und Mitleid. »Denn ich empfinde nicht hitzige Liebe oder Leidenschaft für meine Frau, aber ich habe sie sehr gern«, schrieb er acht Tage nach der Hochzeit an einen seiner Freunde.

Doch erstaunlicherweise machte sich ihm Katharina nicht nur in der Haushaltsführung unentbehrlich (seiner Popularität zum Trotz lebte Luther in bescheidenen, fast ärmlichen Verhältnissen, und erst seine tatkräftige Gattin sorgte dafür, dass aus seiner heruntergekommenen Behausung ein wohnliches Heim wurde), sondern zwischen den beiden entwickelte sich eine aufrichtige Liebe. »Mein Liebchen«, nannte er sie oft in seinen Briefen, wenn er unterwegs war; unterschrieben waren sie mit »Dein Herzliebchen« oder Ähnlichem. 20 Jahre währte die Ehe, sechs Kinder wurden geboren (von denen vier das Erwachsenenalter erreichten). Der große, umtriebige Martin Luther hatte endlich einen Ruhepol gefunden, eine Heimat, ein Zentrum. Der streitbare Reformator, der Weltgeschichte schrieb – zu Hause ließ er sich fallen, versorgen, pflegen, und er muss schnell begriffen, akzeptiert und wohl auch genossen haben, dass Katharina in vielerlei Hinsicht die Stärkere von ihnen beiden war.

Erst Luthers Tod 1546 brachte ihn und seine »Käthe«, wie er sie nannte, auseinander. Dass er in seiner starrsinnigen Verachtung für die Juristerei ein ungültiges Testament aufgesetzt hatte, wodurch er die verwitwete Katharina in arge Not brachte, da sie nun einem Vormund unterstellt und ihr die Verfügungsgewalt über die unmündigen Kinder entzogen wurde, ist typisch für Luther, war aber sicher nicht beabsichtigt. Die beiden verband echte Liebe, und Katharina überlebte ihren Mann nur um sechs Jahre.

Der große Luther, der in der Zeit vor seiner Verheiratung so viel über die Ehe theoretisiert hatte und dabei kein allzu positives Frauenbild erkennen ließ, er war in der Praxis eines Besseren belehrt worden. Eine seiner wenigen schriftlichen Äußerungen über die Ehe aus den Jahren nach seiner Hochzeit lautet: »Es ist ein großes Ding um die Gemeinschaft zwischen Mann und Weib.« Um ihm zu dieser Einsicht zu verhelfen, musste erst Katharina von Bora in sein Leben treten.

Ein romantisches Paar

Achim und Bettina von Arnim

Bettina von Brentano war ein Mädchen, das wir heute überspannt oder einfach nur anstrengend nennen würden. 1785 geboren, wuchs sie nach dem Tod ihrer Eltern ab ihrem zwölften Lebensjahr bei ihrer freigeistigen Großmutter Sophie von La Roche auf, einer der bedeutendsten Schriftstellerinnen ihrer Zeit, die mit Wieland ebenso gut befreundet war wie mit Goethe. Ein englischer Besucher beschrieb die 16-jährige Bettina einmal als die »am wenigsten angenehme Enkelin der Frau von La Roche. Sie wurde stets als ein grillenhaftes, unbehandelbares Geschöpf angesehen. Ich erinnere mich, dass sie auf Apfelbäumen herumkletterte und eine gewaltige Schwätzerin war.« Mit 22 begann sie den um 36 Jahre älteren Goethe zu umgarnen, schrieb ihm leidenschaftliche Briefe, belästigte ihn regelrecht mit ihrer verklärten Schwärmerei – wie gesagt, eine anstrengende junge Frau.

Dabei aber auch eine junge Frau mit großen literarischen Ambitionen, und eine junge Frau, die eine klare Vorstellung von ihrem zukünftigen Leben hatte: Was die Schriftsteller der gerade aufkommenden literarischen Strömung der Romantik in ihren Romanen und Erzählungen als Ideal propagierten, das wollte Bettina in ihrem eigenen Leben tatsächlich verwirklichen, nämlich eine Symbiose von Liebe und Leidenschaft mit Ehe und Alltäglichkeit. Also kein Vom-Vater-verheiratetwerden, keine Suche nach der »guten Partie«, keine Versorgungsehe, bei der Liebe keine Rolle spielte, aber auch keine vom Alltag abgekoppelte verklärte Liebschaft, die reiner Selbstzweck war und zu nichts führen konnte. Bettina wollte beides miteinander vereinen, das Romantische mit dem Praktischen, und sie suchte einen Mann, der diese Programmatik mit ihr teilte.

Sie fand ihn in dem vier Jahre älteren Achim von Arnim, einem ausgesprochen gut aussehenden Kerl, der der beste Freund ihres Bruders Clemens von Brentano war. Die beiden jungen Männer bildeten bald eine enge Arbeitsgemeinschaft, und als Bettina und Achim sich 1802

Bettina von Arnim, Radierung von Ludwig Emil Grimm, 1809

kennenlernten (sie war 17, er 21), hatte er gerade seinen ersten Roman veröffentlicht, was ihr mächtig imponierte; auf seine Avancen ging sie dennoch nicht ein. In den folgenden Jahren war er viel unterwegs und hatte mehrere Affären, aber immer, wenn er die Schwester seines Freunds Clemens traf, warb er leidenschaftlich um sie.

Ende 1810 erhörte sie ihn – sie war 25, da wurde es höchste Zeit, und Achim war der ideale Kandidat. Wie sie träumte auch er von einer Ehe, die sowohl ein sicherer Hafen als auch die Erfüllung leidenschaftlicher Liebe war; die beiden teilten, wenn man das so sagen kann, ein gemeinsames – eben das romantische – Liebeskonzept. Inwieweit Bettina ihren Achim wirklich von innen heraus liebte, ist sehr schwer zu beurteilen; man kann interpretieren, dass sie ihn unbedingt lieben *wollte* und ihn sich in ihrer überdrehten Art daher als ihren »göttlichen Achim«, wie sie ihn nannte, zurechtschwärmte. Wie auch immer, übermütig beschlossen die beiden, dass ihre Hochzeit einen »poetischen Zauber« besitzen müsse und daher heimlich zu erfolgen habe, und am 11. März 1811 heirateten sie tatsächlich, ohne es jemandem zu verraten. Bettina lebte zu dieser Zeit bei ihrer Schwester Kunigunde und deren Mann, dem bedeutenden Rechtsgelehrten Friedrich Karl von Savigny, in Berlin; dass sich Achim in der Hochzeitsnacht heimlich in ihre Kammer schleichen musste, amüsierte die beiden königlich. Erst ein paar Tage später offenbarten sie ihr Geheimnis.

Nun offiziell ein Ehepaar, ließen Achim und Bettina sich auf dem in der Uckermark gelegenen Arnim'schen Landgut Wiepersdorf nieder, das Achim jedoch nie wirklich besaß, sondern nur verwaltete (seine Großmutter hatte ihren Land- und Gutsbesitz nicht ihren Kindern oder Enkeln, sondern schrulligerweise dem zum Zeitpunkt ihres Todes noch nicht geborenen ersten Urenkel vermacht). Hier wollten sie das Gut bewirtschaften und von den Erträgen leben, gleichzeitig ihren literarischen Neigungen nachgehen, lesen und selbst schreiben – ein romantisches Idyll.

Doch wie das oft (vielleicht sogar immer) so ist mit Träumen von einem idealisierten Leben – sie zerplatzten an den harten Stacheln der Wirklichkeit. Das Landgut warf bei Weitem nicht so viel ab wie erhofft, sodass Achim viel mehr Zeit und Energie in seine Gutsverwaltertätigkeit stecken musste, als er sich das ausgemalt hatte, und es dennoch oft nur fürs Allernötigste reichte. In einem Jahr war nicht einmal genug Geld für Weihnachtsgeschenke da. Und Bettina? Sie wurde schier aufgefressen von ihrem Dasein als Hausfrau und Mutter. Sechs Kinder gebar sie in den ersten acht Jahren ihrer Ehe (ein siebtes würde mit siebenjährigem Abstand folgen – da war Bettina bereits 42), und es waren anstrengende Kinder, oft krank, fast immer alle Kraft der Mutter fordernd. »Arm und Beine müde, die Augen voll Schlaf, die Kehle voll Wiegenlieder«, so beschrieb sie in einem Brief einmal ihr Dasein, und es war kein Ausnahme-, sondern ein Dauerzustand. Briefe waren überhaupt das Einzige, was zu schreiben sie schaffte: In den kompletten

20 Jahren ihrer Ehe trat sie, die einst so ambitioniert gewesen war, als Schriftstellerin kein einziges Mal in Erscheinung. Ihre literarische Karriere würde erst nach ihrem 50. Geburtstag beginnen.

Doch was die Ehe, die mit so viel Hoffnungen und »poetischem Zauber« begonnen hatte, viel stärker belastete als Achims Schinderei als Gutsverwalter und Bettinas Schinderei als Mutter, war die Tatsache, dass Bettina sich auf Gut Wiepersdorf zu langweilen begann. So bestand sie schon nach Kurzem auf einer Wohnung in Berlin, die sie als eine Art Zweitwohnsitz würden nutzen können – in der Realität sah es dann aber zumeist so aus, dass Achim allein auf Wiepersdorf blieb, weil er dort unabkömmlich war, während Bettina mit der wachsenden Kinderschar in Berlin lebte, wo sie sich von ihren anstrengenden Mutterpflichten wenigstens ab und zu durch das, was eine Großstadt an Zerstreuungen zu bieten hatte, erholen konnte. 20 Jahre dauerte die Ehe von Achim und Bettina von Arnim, und mehr als die Hälfte dieser Zeitspanne lebten die Ehepartner getrennt voneinander.

Das soll nicht heißen, dass die Freundschaft und Vertrautheit zwischen ihnen nachgelassen hätte – sie waren einander trotz allem gute und sich vermutlich sehr wertschätzende Partner. Nur ihre gemeinsame romantische Vorstellung, wie das Eheleben auszusehen habe, die wurde vom Alltag mit seinen vielen kleinen Fährnissen, Nöten und Uneinigkeiten zurechtgestutzt.

1831 starb Achim von Arnim überraschend, fünf Tage vor seinem 50. Geburtstag. 28 Jahre blieben Bettina noch zu leben, und in dieser Zeit veröffentlichte sie nicht nur den Nachlass ihres Mannes, wodurch sie zu seinem Nachruhm erheblich beitrug, sondern trat auch selbst mit großem Erfolg ins Licht der literarischen Öffentlichkeit. Es wurde das Leben, das sie sich eigentlich für die Zeit ihrer Ehe vorgestellt hatte, das dort aber zwischen harter Arbeit, wirtschaftlicher Not und dem Aufreiben für die sieben Kinder schlicht nicht zu verwirklichen gewesen war. Die von den Romantikern besungene Vereinbarkeit von großen Gefühlen und banalem Alltag, sie funktionierte in Büchern eben doch besser als im echten Leben. Aber immerhin hatten Achim und Bettina es versucht.

Der Pakt

Eleonora Duse und Gabriele D'Annunzio

Angeblich haben sie sich im September 1895 in tiefster Nacht in Venedig kennengelernt: die große italienische Schauspielerin Eleonora Duse, die unter Schlafstörungen litt und daher des Öfteren nächtliche Spaziergänge unternahm, und der talentierte Schriftsteller Gabriele D'Annunzio, der meist erst am späten Abend zu schreiben begann und nach getaner Arbeit, häufig im Morgengrauen, noch einmal frische Luft schöpfen ging. Ob ihr Aufeinandertreffen wirklich vor der romantischen Kulisse des nachtschlafenden Venedig stattfand – Zweifel sind angebracht – oder nicht: Irgendwann im September 1895 wurden sie ein Paar, und sie blieben es etwa sechs Jahre lang. Die Beziehung gibt der Nachwelt Rätsel auf: Für die einen war es die ganz große Liebe, für die anderen entsprang sie beiderseitigem Kalkül.

Eleonora Duse, in diesem September 1895 36 Jahre alt, befand sich auf der Höhe ihres Ruhmes. Die Tochter von Wanderschauspielern kannte nichts anderes, als auf der Bühne zu stehen; seit ihrem vierten Lebensjahr war sie Schauspielerin und führte ein von Tourneen diktiertes Reiseleben. In den 1880er-Jahren wurde sie zum Weltstar und galt als einzige europäische Schauspielerin, die es mit der großen Sarah Bernhardt aufnehmen konnte, wobei sie deren theatralischem, überbetontem Spiel eine ganz neue, subtil-natürliche Spielweise entgegensetzte, die wegweisend für das Theater der Moderne wurde. Doch nun, nach einem guten Jahrzehnt, in dem sie zwar auf den größten Bühnen der Welt gespielt und überall mit Lobeshymnen überschüttet worden war, aber immer wieder dieselben Stücke hatte spielen müssen (vor allem die *Kameliendame* von Alexandre Dumas d. J., ihre Paraderolle), wurde sie dieser immergleichen Theaterabende zunehmend überdrüssig. Sie träumte von einem Dramatiker, der mit ihr ein neues Theater erfinden, der ihr Stücke auf den Leib schreiben würde – da kam ihr der fünf Jahre jüngere, schon einigermaßen bekannte, auf den großen Durchbruch aber noch wartende Gabriele D'Annunzio gerade recht.

D'Annunzio hatte mit 16 erste Gedichte veröffentlicht, war dafür von der Kritik bejubelt worden und hatte seitdem eine fast unüberschaubare Menge an Lyrik und Prosa produziert (im Lauf seines Dichterlebens würde er auf beeindruckende 21 Millionen Zeilen kommen, die er penibel durchnummerierte), doch so richtig durchgestartet war er seit seinen »Wunderkind«-Anfängen noch nicht. Er war ein extrovertierter Lebemann, liebte Luxus, Ruhm und Rummel, und wenn er eine Chance sah, seine Berühmtheit als Schriftsteller zu steigern, ergriff er sie. Zwar hatte er noch keine Zeile fürs Theater geschrieben, doch das würde er schon hinbekommen, glaubte er – würden seine Verse erst einmal von der wohl größten lebenden Schauspielerin deklamiert, würde ihn das ganz nach oben katapultieren. Eleonora Duse kam ihm da nun gerade recht.

Über das Maß ihrer Verliebtheit und die Tiefe ihrer Liebe ist viel spekuliert worden. Gesichertes lässt sich letztlich nichts sagen. Beide waren verheiratet, beide hatten Kinder (er vier, sie eines), beide lebten von ihrem Ehepartner getrennt (an Scheidung war im erzkatholischen Italien nicht zu denken), hatten seit der Trennung verschiedene Liebhaber gehabt und lebten zum Zeitpunkt ihres Aufeinandertreffens in einer neuen, einigermaßen festen Beziehung. Die jeweiligen Partner – bei ihr der 16 Jahre ältere Schriftsteller und Verdi-Librettist Arrigo Boito, bei ihm eine junge Prinzessin – wurden abserviert; der Dichter und die Schauspielerin waren jetzt ein Paar. Sie zogen in nebeneinander liegende Häuser in der Nähe von Florenz, bezeichnenderweise sie in eine schlichte Bauernkate und er in eine pompöse Villa. Die Presse nahm regen Anteil.

Wie viel Liebe auch immer im Spiel war – fast entscheidender war die berufliche Win-win-Situation, die sie beide für sich sahen. Es war eine Art Pakt: D'Annunzio würde Theaterstücke verfassen, die Duse sie auf die Bühne bringen. Ihn würde das endlich in die erste Reihe der italienischen Literaten bringen, sie könnte moderne, ganz auf sie zugeschnittene Dramen spielen statt der angestaubten französischen Salonstücke. Beiden ging es dabei nicht nur um die eigene Karriere, sondern sie verfolgten eine Mission: Sie würden dem seit langem daniederliegenden ita-

Eleonora Duse zu Beginn des 20. Jahrhunderts

lienischen Theater zur Wiedergeburt verhelfen, würden es in die Moderne führen – ja, sie träumten sogar davon, ein italienisches Nationaltheater zu begründen: Ein »italienisches Bayreuth« sollte entstehen, ein von ihnen geleitetes, ganz der wahren Dichtung gewidmetes Theater.

Hochfliegende Pläne, doch die Realität sah anders aus. Zum einen begann D'Annunzio sehr bald fremdzugehen und gab sich dabei nicht einmal viel Mühe, seine Liebschaften vor Duse geheim zu halten. Zum anderen war er schlicht und ergreifend ein miserabler Bühnenschriftsteller. So gut Gabriele D'Annunzio als Lyriker und Romancier auch sein mochte, für das Theater fehlte ihm der Sinn. Seine Stücke waren schwülstig und geschwätzig; eine Handlung gab es nur in dem Sinne, dass die Figuren darüber redeten – auf der Bühne wurde viel deklamiert, aber es passierte wenig bis nichts. D'Annunzios Stücke kamen, trotz der großen Duse in den Hauptrollen, beim Publikum nicht gut an.

Das Tragische daran war, dass Eleonora Duse trotzdem kompromisslos an die gemeinsame Mission glaubte und alles daransetzte, sie Wirklichkeit werden zu lassen: 1896 absolvierte sie noch eine große Amerika-Tournee mit dem altbekannten Repertoire, danach trat sie fast nur noch in D'Annunzio-Stücken auf, wobei ihr die meisten Rollen nicht einmal lagen. Sie opferte buchstäblich ihre Karriere für ihn – und nicht nur das, sondern auch ihr ganzes Geld, denn die Inszenierungen wurden fast ausschließlich von ihr finanziert. Ihre in einem ganzen erfolgreichen Schauspielerleben angesammelten Ersparnisse gingen drauf.

Gabriele D'Annunzio dankte es ihr nicht. Im Gegenteil: Er provozierte die Trennung auf eine nicht sehr galante Art, nämlich indem er einen Roman schrieb, der sichtlich von ihrer Beziehung handelte, voller kompromittierender privater Details steckte und in dem am Ende die alternde Diva einer jüngeren Rivalin weichen muss. *Il Fuoco (Das Feuer)*, im Jahre 1900 veröffentlicht, wurde eines seiner erfolgreichsten Werke; für Eleonora Duse muss es ein Schlag ins Gesicht und ein überdeutlicher Wink mit dem Zaunpfahl gewesen sein: So würde das nach seiner Vorstellung also enden mit ihr und ihm.

Gabriele D'Annunzio im Porträt

Und so endete es auch, wenige Monate später. Sie schrieben sich unmissverständliche Briefe, dann war es einfach aus. Eleonora Duse erholte sich bald von dem Karriereknick, den ihr ihre D'Annunzio-Besessenheit beschert hatte, und knüpfte fast nahtlos an frühere Erfolge an; mit 50 Jahren gab sie als gefeierte Diva ihren Abschied vom Theater bekannt. Mit 62 kehrte sie aus finanziellen Gründen auf die Bühne zurück, drei Jahre später erlag sie in Pittsburgh einer Lungenentzündung. Sie starb, wie sie geboren wurde: auf einer Theatertournee. Gabriele D'Annunzio überlebte sie um 14 Jahre, er festigte seinen Ruf als bedeutender Schriftsteller des Symbolismus und machte am Ende noch eine zweite Karriere als Vordenker des italienischen Faschismus und Mentor Benito Mussolinis. Er starb 1938, ein Jahr vor Kriegsausbruch; zu seiner Beerdigung kamen mehr Militärs als Schriftstellerkollegen.

Sex & Crime

Bonnie & Clyde

Er hatte sie gewarnt: An seiner Seite würde sie ständig auf der Flucht vor der Polizei sein, und sie würde früher oder später eines gewaltsamen Todes sterben. Clyde Barrow war gerade auf Bewährung aus dem Gefängnis entlassen worden, als er dies zu seiner Freundin Bonnie Parker sagte, die zwei Jahre auf ihn gewartet hatte, und er meinte es ernst. Als sie antwortete, sie würde ihn niemals verlassen, was auch immer kommen möge, meinte sie es auch ernst. Ein Treueschwur, den sie halten würde: Bonnie und Clyde blieben unzertrennlich, bis sie 1934 gemeinsam im Kugelhagel der Polizei ihr Ende fanden.

Die 1910 geborene Bonnie stammte aus sehr bescheidenen Verhältnissen, war aber offensichtlich gewillt, die wenigen Chancen, die das Leben ihr bot, zu nutzen. Sie war fleißig, vielseitig interessiert, musisch begabt, eine leidenschaftliche Gedichteschreiberin und eine schlagfertige Rednerin, die die Leute bei improvisierten Auftritten zum Lachen brachte. Ein intelligentes, charmantes, witziges und (trotz ihrer geringen Körpergröße von nur 147 Zentimetern) auch noch blendend aussehendes Mädchen.

Doch ein Junge brachte sie dazu, alles aufzugeben: Auf der Highschool in Dallas verliebte Bonnie sich in einen Klassenkameraden von der Sorte cooler, verwegener James-Dean-Typ. Die Verliebtheit war groß, Bonnie ließ sich »Roy and Bonnie« über ihr rechtes Knie tätowieren, brach die Schule ab und heiratete den Kerl 1926 – da war sie noch nicht einmal 16. Der Überschwang und die Absolutheit, mit der sie sich diesem Roy verschrieben hatte, waren typisch für Bonnie und sollten in der späteren Beziehung mit Clyde noch ganz andere Ausmaße annehmen.

Ihr junger Gatte Roy war selten zu Hause und entpuppte sich als Krimineller. Nicht einmal drei Jahre hielt die Ehe, doch noch bevor sich die beiden mit deren Abwicklung hätten auseinandersetzen müssen, schuf der Staat Texas Fakten: Roy wurde 1929 wegen Mordes verurteilt und ins Gefängnis gesteckt. Geschieden wurde die Ehe nie (bei ihrem Tod trug Bonnie sogar noch den Ehering), doch nach seiner Inhaftierung haben sich die beiden nie mehr gesehen.

Im Januar 1930, da war Bonnie 19, lernte sie auf einer Party einen anderthalb Jahre älteren, nur unwesentlich größeren jungen Mann kennen, in den sie sich Hals über Kopf verliebte. Er hieß Clyde Barrow und hatte mit seinen 20 Jahren schon ein ordentliches Vorstrafenregister und einige Haftstrafen wegen Autodiebstählen, Safeknackereien und Raubüberfällen vorzuweisen. Dem Paar blieben allerdings nur gut zwei Monate, bis Clyde im April 1930 schon wieder ins Gefängnis sollte, und zwar für 14 Jahre – doch diese zwei Monate reichten, um die beiden so fest zusammenzuschweißen, dass sie unzertrennlich wurden.

Bonnie muss gewusst haben, dass sie an Clydes Seite ein von Kriminalität und Angst vor der Polizei geprägtes Leben führen würde. Vermutlich machte sie sich romantische Vorstellungen von den Abenteuern, die ein solches Leben als Gangsterbraut bieten würde. Das Erste, was sie tat, nachdem Clyde ins Gefängnis gewandert war, belegt diese Vermutung: Bonnie, die bis dahin noch nichts Gesetzwidriges getan hatte, besorgte sich eine Pistole, schmuggelte sie an den Aufsehern vorbei ins Gefängnis und verhalf Clyde zum Ausbruch.

Bonnie und Clyde waren wieder vereint, und sie waren auf der Flucht. Nach nur einer Woche wurde Clyde in Ohio allerdings wieder gefasst – das Abenteuer hatte nicht lange gedauert. Doch man kann davon ausgehen, dass diese eine Woche Bonnies Beschluss zementierte: Dies war das Leben, das sie führen wollte. Sie würde geduldig warten, bis man Clyde entließ. Und dann würde sie eine Gangsterbraut sein.

Im Februar 1932 wurde Clyde Barrow nach nur zwei Jahren auf Bewährung entlassen – die Gefängnisse in Texas waren hoffnungslos überfüllt, weshalb die wenigsten Verbrecher ihre Strafen voll verbüßen mussten. Doch Clyde hatte sich verändert: Der hübsche junge Mann war im Gefängnis vielfach misshandelt worden; einen Zellengenossen, der sich oft brutal an ihm vergangen hatte, hatte er erschlagen. Als Bonnie ihn am Tor der Haftanstalt abholte, war er nicht mehr der lässig-gewitzte Gauner, der aus Abenteuerlust und jugendlichem

Überschwang Betrügereien beging. Er war ein Schwerkrimineller, und wenn er eines wusste, dann dies: Er würde unter keinen Umständen wieder ins Gefängnis gehen.

Bonnie störte das nicht, und die Warnung, welches Leben sie erwarten würde, wenn sie bei ihm blieb, schlug sie in den Wind. Was auch immer Clyde vorhatte – Bonnie würde dabei sein. Und so begannen im März 1932 die zwei Jahre, die Bonnie und Clyde zur Legende werden ließen.

Das Paar fuhr durch die Gegend und beging kleinere Raubüberfälle: Tankstellen, Lebensmittelgeschäfte und Drogerien waren ihre hauptsächlichen Ziele, ab und zu auch mal eine Bank in irgendeiner Kleinstadt. Sie stürmten rein, zwangen den Ladenbesitzer mit vorgehaltener Waffe, das Geld aus der Kasse herauszurücken, und verschwanden wieder. Und wenn der Geschäftsinhaber oder der Schalterbeamte sich wehrte, wurde er erschossen.

Bonnie und Clyde standen bald weit oben auf den Fahndungslisten der Polizei. Das ging mit der entsprechenden Berühmtheit einher, dafür sorgten die sensationsgierigen Zeitungen – und die beiden selbst: Immer wieder schickten sie Fotos von sich in Gangsterposen an die Zeitungen; Bonnie legte gelegentlich sogar selbstverfasste Gedichte bei. Alle sollten wissen: Wer sich uns in den Weg stellt, muss das mit dem Leben bezahlen. Die Zeitungen fraßen den Köder begierig. Sie inszenierten die beiden Verbrecher zum Inbegriff des sich intensiv liebenden und zugleich Angst und Schrecken verbreitenden Gangsterpärchens, zum Inbegriff der sich um keine Gesetze, keine Autoritäten und keine moralischen Grenzen scherenden puren Lust am Leben, zum Inbegriff der Symbiose von Sex und Crime. Besonders Bonnie genoss diese Publicity außerordentlich.

Nachdem Clyde im August 1932 einen Polizisten erschossen hatte, wurden Bonnie Parker und Clyde Barrow in den USA zu »Public Enemies« erklärt, zu Staatsfeinden. Das FBI schaltete sich in die Fahndung ein. Doch Bonnie und Clyde waren noch lange nicht am Ende: Mindestens 13 Morde gingen bis Anfang 1934 auf ihr Konto, neun der Opfer waren Polizisten.

Aber die Schlinge zog sich unerbittlich zu. Mehrere Male konnten die Cops das Gangsterpärchen stellen, doch sie schossen sich den Weg stets wieder frei, wussten sie doch, dass sie im Falle einer Festnahme unweigerlich auf dem elektrischen Stuhl landen würden. Sie hatten nichts mehr zu verlieren. Sie befanden sich auf einem Weg, von dem es kein Zurück geben konnte und dessen Ende ihnen klar vor Augen gestanden haben muss.

Am 23. Mai 1934 war es so weit: Auf einer verlassenen Landstraße in Louisiana lockten sechs Polizisten, die die beiden seit Wochen gejagt hatten, das Paar in einen Hinterhalt. Als Bonnie und Clyde gegen 9.15 Uhr am Morgen mit ihrem Ford V-8 auf der Straße entlanggefahren kamen, eröffneten die hinter Büschen verborgenen Polizisten mit ihren automatischen Waffen das Feuer. Die 23-jährige Bonnie und der 25-jährige Clyde wurden jeweils von rund 50 Kugeln durchsiebt; am Auto wurden hinterher 167 Einschusslöcher gezählt. Das war keine versuchte Festnahme, das war eine Hinrichtung.

Zwei Jahre zuvor hatten sich Bonnie und Clyde versprochen, ihr Leben lang zusammenzubleiben, und sie hatten das Versprechen gehalten. Doch im Tod wurde das unzertrennliche Paar doch noch auseinandergerissen: Ihrem Wunsch, gemeinsam in einem Grab beerdigt zu werden, kamen die Familien nicht nach. Beide wurden in ihrer Heimatstadt Dallas bestattet, aber auf verschiedenen Friedhöfen.

Give Peace A Chance!

John Lennon und Yoko Ono

Heute würden wir es Stalking nennen: Nachdem die 33-jährige japanische Konzeptkünstlerin Yoko Ono 1966 auf ihrer eigenen Kunstausstellung in London dem 25-jährigen Superstar John Lennon begegnet war, dem kreativen Kopf der zu dieser Zeit erfolgreichsten Rockband der Welt, der Beatles, stellte sie ihm richtiggehend nach. Sie rief ihn pausenlos an, schrieb ihm lange Briefe, wartete auch noch bei widrigstem Wetter gemeinsam mit vielen anderen weiblichen Anhängern vor seiner Villa auf ihn. Diesen jungen Mann würde sie sich schnappen, mit aller Beharrlichkeit, die sie aufbringen konnte.

Für John Lennon war sie freilich viel mehr als nur ein anonymer Fan: Er fand Yoko Onos avantgardistische, sperrige Fluxus-Kunst großartig, und auch die Künstlerin selbst mit ihrem subversiven Humor hatte es ihm angetan. Wäre er nicht verheiratet (was Ono übrigens auch war) und würde er nicht täglich mit unzähligen Avancen williger Frauen bombardiert (was Onos Nachstellungen in seiner Wahrnehmung etwas relativierte), hätte er ihrem Drängen vielleicht eher nachgegeben. So aber musste sie fast zwei Jahre entschlossen um ihn werben, bis er sie im Mai 1968 (seine Frau Cynthia war nach Indien in den Urlaub gereist) endlich in sein Haus einlud. Es wurde ihre erste gemeinsame Nacht. Am nächsten Morgen bat er einen Freund, ein neues Haus zu suchen, in dem Yoko und er leben könnten.

Die Würfel waren also gefallen, beide ließen sich im Lauf der nächsten Monate scheiden, und am 20. März 1969 wurde in Gibraltar Hochzeit gefeiert. Kurz zuvor hatten sie bereits eine gemeinsame LP aufgenommen, *Two Virgins*, auf deren Cover sie beide nackt zu sehen waren (was genau den Skandal provozierte, den sie beabsichtigt hatten); nun trieben sie die Vermengung von Privatleben und Aktionskunst auf die Spitze und gestalteten die Flitterwochen als Happening: In Amsterdam und Toronto präsentierten sich die Frischvermählten jeweils mehrere Tage lang allen Freunden, prominenten Gästen und vor allem zahllosen Journalisten nur mit Pyjamas bekleidet im Bett; diese von ihnen »Bed-In« genannten Pressekonferenzen wurden unter dem Slogan »Make love, not war« zu einem Symbol für ihren friedlichen Kampf gegen Krieg und Unterdrückung. Die während eines dieser Bed-Ins aufgenommene Hymne »Give Peace A Chance« sowie Lennons Song »The Ballad of John And Yoko«, in dem er die Bed-Ins besang, sind bleibende Zeugnisse dieser grandiosen Happenings.

In Yoko Ono hatte John Lennon eine Seelenverwandte gefunden, mit der er in der nächsten Zeit nicht nur gemeinsame Kunstwerke schuf – abstruse Fluxus-Projekte ebenso wie experimentelle Musik –, sondern auch diverse politische Kampagnen unterstützte: Auf Demonstrationen, mit Benefizkonzerten oder in Happenings kämpften sie als prominente Aushängeschilder der Friedensbewegung Seite an Seite gegen Krieg und für die Rechte von Minderheiten. Da hatten sich zwei gefunden, die nicht nur verliebt waren, sondern ganz offensichtlich auch zusammenpassten, zwingend zusammengehörten, die nicht nur eine Lebenspartnerschaft, sondern auch die gleichen Ansichten über Kunst und Politik teilten. Ein Paar, das nun immer zusammen war, bei dem keiner einen Schritt ohne den anderen machte, und beide waren damit glücklich.

Schön für sie, aber schlecht für die Beatles und ihre Millionen von Anhängern. Aus ihrer Sicht trieb Yoko Ono einen Keil zwischen John Lennon und seine Band, jenen Keil, der ein Jahr nach der Hochzeit zur Auflösung der Beatles führen würde. Ono mischte sich nicht nur in die Belange der Band ein (schon auf dem *Weißen Album* von 1968 war ihr musikalischer Einfluss kaum zu überhören), sondern zog Lennon von den Beatles weg, indem sie ihm mit ihren eigenen Projekten eine neue künstlerische Heimat bot – so zumindest interpretierten es die Fans. Dass Lennon schon vor seiner Beziehung zu Ono mit Gedanken über einen Rückzug aus der Band gespielt hatte, wurde ebenso ignoriert wie die Tatsache, dass es am 10. April 1970 Paul McCartney war und nicht Lennon, der die Auflösung der Beatles Wirklichkeit werden ließ. Das alles war egal; für die Fans – und wohl auch die übrigen Bandmitglieder – war Yoko Ono die »Hexe«, die die Trennung der Beatles herbeigeführt hatte. Bis heute sind nicht wenige eingefleischte Beatles-Fans der bitterbösen Ansicht, Yoko Ono werde der Welt nicht für die Kunst in Erinnerung bleiben, die sie schuf, sondern für die Kunst, die ihretwegen nicht geschaffen wurde.

Durch dieses Fegefeuer der von allen Seiten auf sie einprasselnden Schmähungen mussten sie hindurch. Lennon und Ono reagierten, indem sie 1971 England verließen und nach New York zogen. Es folgte eine wilde Zeit, beherrscht von Besäufnissen, Drogenexzessen und auch Affären. Als es Ono im Oktober 1973 zu bunt wurde, warf sie Lennon aus dem gemeinsamen Luxusapartment im Dakota Building – nach gerade einmal fünf Jahren schien die große Liebe der beiden Seelengeschwister und Weggefährten schon am Ende. Lennon zog nach Los Angeles und trieb es über ein Jahr lang noch wilder und exzessiver, doch offenbar konnten sie einfach nicht ohneeinander. Im Januar 1975 waren sie wieder ein Paar. Lennon erklärte die 15 Monate Trennung nachher lapidar zu einem »lost weekend«, einem verlorenen Wochenende.

Kurz darauf wurde Yoko Ono schwanger, und am 9. Oktober 1975 – Lennons 35. Geburtstag – kam der gemeinsame Sohn Sean Ono Lennon zur Welt. Für John Lennon war das der Beginn eines ganz neuen Lebens: Während sich Yoko Ono um die geschäftlichen Angelegenheiten des »Unternehmens Lennon/Ono« kümmerte, was insbesondere die Verwaltung der Rechte an alten Werken umfasste, widmete Lennon sich vollständig seinem Sohn. Fünf Jahre lang machte er so gut wie keine Musik, trat kaum in der Öffentlichkeit auf, war nur Hausmann und Vater. Und er genoss es.

1980 hatten John Lennon und Yoko Ono gerade beschlossen, ein Comeback zu wagen und wieder eine gemeinsame Platte aufzunehmen, als alle weiteren Pläne von einem geistig verwirrten Mann zerstört wurden: Am 8. Dezember ließ sich Mark D. Chapman von John Lennon eine LP signieren, als dieser das Dakota Building verließ; als Lennon einige Zeit später nach Hause zurückkam, erschoss Chapman den 40-jährigen Musiker ohne erkennbaren Grund. Es war das schicksalhafte Ende eines großen Lebens und einer großen Beziehung, die – wie auch immer man dazu stehen mag – Musikgeschichte schrieb.

Heiratspolitik

Die Ehe, die die Kirche spaltete

Heinrich VIII. und Anne Boleyn

Die Geschichte von Heinrich VIII. von England, der so unbedingt einen männlichen Thronfolger benötigte und dabei sechs Ehefrauen verschliss, ist Legende – eine beispiellose Vermengung von kalkulierter Heiratspolitik und erbarmungsloser Grausamkeit. Auch wenn Heinrich später immer wieder betonte, seine dritte Gattin Jane Seymour sei es gewesen, die er von allen Frauen am meisten geliebt habe, so war es doch deren Vorgängerin Anne Boleyn, für deren Eroberung er am meisten in Bewegung setzte: Um die schöne Hofdame für sich zu gewinnen, nahm er sogar eine Spaltung der katholischen Kirche in Kauf.

Seine erste Frau hatte er sich nicht einmal selbst ausgesucht, sondern sie sozusagen geerbt. Sein Vater, Heinrich VII., hatte die Herrschaft des Hauses Tudor begründet; sein Thronanspruch stand allerdings auf recht wackligen Füßen, weshalb er seinen erstgeborenen Sohn Arthur zum Zweck der Bündnisbildung mit der spanischen Prinzessin Katharina von Aragón verheiratete. 1501 wurde die Ehe des 14-jährigen englischen Thronfolgers Arthur Tudor mit der 16-jährigen spanischen Thronerbin Katharina geschlossen. Doch Arthur, Heinrichs älterer Bruder, starb vier Monate später – plötzlich war Heinrich, zu diesem Zeitpunkt erst zwölf Jahre alt, der neue Thronfolger. Als sein Vater 1509 im Sterben lag, bat er seinen Sohn, die Witwe seines Bruders zu ehelichen – ein Bündnis mit Spanien war nach wie vor höchst erstrebenswert.

Am 21. April 1509, dem Todestag seines Vaters, bestieg Heinrich VIII. 17-jährig den Thron von England, und drei Monate später heiratete er Katharina. Die Bibel verbietet es einem Mann eigentlich, die Witwe seines Bruders zu heiraten, doch im Zurechtbiegen solcher Regeln waren die Herrschenden schon immer gut: Die Hofdamen sowie Katharina selbst bezeugten, dass die viermonatige Ehe mit Arthur nie vollzogen worden sei, und so konnte sie durch päpstlichen Erlass annulliert werden. Heinrich VIII. Tudor, König von England, war zum ersten Mal verheiratet.

Die Ehe funktionierte überraschend gut. Einzig: Es stellte sich kein männlicher Thronfolger ein. Katharina gebar ein totes Mädchen, dann einen Jungen, der nach 52 Tagen starb. Nach einer weiteren Fehlgeburt gebar sie wieder einen Jungen, der ebenfalls nach kürzester Zeit tot war. Mit ihrer fünften Schwangerschaft brachte sie endlich ein gesundes Kind zur Welt, doch es war »nur« ein Mädchen, Mary (die spätere Königin Maria I.). Es folgten eine weitere Totgeburt und die Erkenntnis, dass Katharina wohl keinem Sohn mehr das Leben schenken würde. Heinrich, der den männlichen Thronerben so dringend brauchte, war frustriert, und nach zehn Ehejahren verschlechterte sich das Verhältnis zu seiner Frau rapide. Spätestens in den 1520er-Jahren unterhielt Heinrich VIII. mehrere Verhältnisse zu Mätressen.

Eine, bei der er es ab 1526 auch versuchte, war Anne Boleyn, eine junge adelige Hofdame der Königin. Doch Anne war nicht nur ausnehmend hübsch, sondern auch klug, weltgewandt und vor allem sehr ehrgeizig. Sie hatte aus nächster Nähe gesehen, wie der König eine Mätresse nach der anderen konsumierte und dann wieder verstieß – dieses Schicksal war sie keinesfalls gewillt zu teilen. Und so tat sie etwas fast Ungehöriges: Sie widersetzte sich den zudringlichen Avancen Heinrichs. Den machte das umso wilder (Männer sind ja so berechenbar!), und er versprach ihr nach langen Monaten vergeblicher Liebesmüh den Thron – genau darauf hatte sie hingearbeitet, und prompt gab sie seinem Werben nach.

Fortan hatte Anne Boleyn – obwohl Katharina von Aragón nach wie vor Königin und Heinrichs Ehefrau war – die beherrschende Stellung am Hofe inne. Sie wurde von Heinrich mit Geld und Adelstiteln ausgestattet, war bei Jagden und Festen an seiner Seite, und anlässlich eines Staatsbesuchs in Frankreich, bei dem sie ihn begleitete, durfte sie sogar die Kronjuwelen tragen, die eigentlich Katharina gehörten. Nur sie auf den Thron zu hieven, sie also zu heiraten, erwies sich für Heinrich als nicht gerade einfach: Die Ehe zu Katharina konnte nicht annulliert werden – es waren Kinder geboren worden, da konnte man schlecht auf Nichtvollzug plädieren –, und Heinrichs Anstrengungen, den Papst mit anderen Begründungen zur Auflösung der Ehe zu bringen, scheiterten an dessen Widerstand: Die Kurie war schlichtweg nicht bereit, einer Scheidung zuzustimmen.

Doch Heinrich VIII. hatte sich in den Kopf gesetzt, Anne Boleyn zu heiraten – nicht nur weil sie ihn so liebestoll gemacht hatte, sondern auch weil er sich von ihr den Thronerben erhoffte, den seine gegenwärtige Frau ja offenbar nicht mehr hervorbringen würde. Und so geschah das Ungeheuerliche, ja Undenkbare: 1533 erklärte Heinrich seine erste Ehe für annulliert, heiratete ohne päpstliche Erlaubnis Anne Boleyn, setzte einen neuen Erzbischof von Canterbury ein und ließ sich von diesem die Gültigkeit der neuen Ehe bescheinigen. Rom blieb angesichts dieser Anmaßung gar keine andere Wahl, als sowohl Heinrich und Anne als auch den Erzbischof zu exkommunizieren, woraufhin Heinrich das Parlament nötigte, den englischen König anstatt des Papstes als höchstes Oberhaupt der Kirche von England anzuerkennen. Fortan hatte England seine eigene Kirche, mit dem König als Oberhaupt – wegen einer Frau, der ehemaligen Hofdame Anne Boleyn, hatte sich die anglikanische Kirche gebildet und von der römisch-katholischen abgespalten.

Dass Heinrich VIII. die Hochzeit mit Anne Boleyn letztlich relativ überstürzt vorantrieb, hatte auch einen ganz praktischen Grund: Anne war im fünften Monat schwanger. Als sie im September 1533 niederkam und eine Tochter gebar, war Heinrichs Enttäuschung riesengroß: Zwar erkannte er die neugeborene Elisabeth als legitim an und erklärte gleichzeitig seine Tochter Mary aus erster Ehe für illegitim (tatsächlich würde Elisabeth 1558 als letzte Tudor den Thron besteigen), doch allein durch diese Enttäuschung bekam die Beziehung zu Anne Boleyn einen nicht mehr zu kittenden Knacks.

1534 und 1536 erlitt sie zudem noch zwei Fehlgeburten (die erste ist nicht gesichert; es kann auch sein, dass Anne den Abortus nur vortäuschte, um über das Ausbleiben einer Schwangerschaft hinwegzutäuschen), und spätestens mit der zweiten – es wäre ein Sohn gewesen – fiel die Königin nach nur drei Ehejahren endgültig in Ungnade. Heinrich hatte auch schon die nächste Heiratskandidatin im Visier: Jane Seymour, ihrerseits Hofdame bei Anne.

Porträt Anne Boleyns, unbekannter Künstler, Ende des 16. Jahrhunderts

Ironischerweise war die Tatsache, dass Katharina von Aragón noch lebte, für Anne Boleyn die Garantie dafür, auf dem Thron zu bleiben, denn der König fürchtete, dass die erste Ehe sozusagen »automatisch« wieder Gültigkeit bekäme, wenn er nun die zweite Ehe auflöste. Doch

1936 starb Katharina – und prompt setzte Heinrich alle Hebel in Bewegung, um Anne Boleyn loszuwerden. Ungeduldig ob des ausbleibenden Thronfolgers und verbittert über die vielen Tot- und Fehlgeburten, fiel seine Maßnahme deutlich grausamer aus, als es eine politische Lösung, etwa die Annullierung der Ehe, gewesen wäre: Heinrich fackelte nicht lange und ließ seine Frau wegen Ehebruchs, inzestuöser Beziehung zu ihrem Bruder und Verschwörung mit dem Ziel seiner Ermordung anklagen. Obwohl die Anschuldigungen haltlos waren (lediglich dass sie Ehebruch beging, wird nach heutigem Forschungsstand für möglich gehalten – eben weil sie so dringend schwanger werden musste), wurde Anne Boleyn wegen Hochverrats zum Tode verurteilt. Am 19. Mai 1536 wurde sie vor dem Londoner Tower hingerichtet. Sie musste mit erhobenem Kopf knien und wurde durch einen horizontalen Schlag mit dem Schwert enthauptet. Nur elf Tage später heiratete Heinrich VIII. Jane Seymour.

Der Rest ist Geschichte: Jane gebar Heinrich nach 15 Monaten Ehe den erhofften Thronerben, den späteren Eduard VI., sie selbst starb im Kindbett. Seine vierte Ehe mit der Düsseldorferin Anna von Kleve ließ Heinrich nach nur sechs Monaten für ungültig erklären. Ehefrau Nummer fünf, Katharina Howard, wurde nach zwei Jahren Ehe ebenfalls wegen Hochverrats enthauptet. Die sechste Ehe des bereits kränklichen Königs schließlich, mit der bereits zweimal verwitweten Lady Katharine Parr, hielt fünf Jahre lang, bis zu seinem Tod.

Und so war rückblickend Anne Boleyn nur eine von sechsen, und es war weder die längste der sechs Ehen (das war die erste) noch die glücklichste (das war die dritte). Doch es war die Ehe, für die Heinrich VIII. – zumindest die Engländer werden es so empfunden haben – die Weltordnung aufs Spiel setzte. Wegen Anne Boleyn nahm der König seine Exkommunizierung in Kauf und spaltete die komplette Kirche seines Reiches von Rom ab – für welche Frau hat ein Mann je solch ein Opfer gebracht?

Märchen ohne Happy End

Schah Mohammed Reza Pahlavi und Soraya Esfandiary

Eine junge Frau, fast noch ein Mädchen, wird von einem Prinzen auserwählt. Die beiden heiraten binnen weniger Wochen; es wird eine Traumhochzeit, an der die ganze Welt Anteil nimmt. Und die beiden lieben sich aufrichtig.

Was klingt wie ein Märchen, war Realität. Es widerfuhr Anfang der 1950er-Jahre der 18-jährigen Soraya Esfandiary, einer jungen Iranerin aus einem modernen, wohlhabenden und einflussreichen persischen Elternhaus, die weite Teile ihrer Jugend in Berlin und in Schweizer Höhere-Töchter-Pensionaten verbracht hatte und deren Mutter eine Deutsche war (weshalb die deutsche Boulevardpresse Soraya gerne als »deutsche Prinzessin« titulierte und besonders regen Anteil an ihrem Schicksal nahm). Soraya weilte gerade in London, als sie im Sommer 1950 einen Eilbrief ihres Vaters erhielt: Er werde sie in Kürze mit nach Teheran nehmen, um sie am Hofe vorzustellen. Der regierende Schah Mohammed Reza Pahlavi war auf der Suche nach einer Ehefrau, hatte Fotos von Soraya vorgelegt bekommen und wünschte, sie kennenzulernen. Soraya folgte der Aufforderung.

Der Mann, der sich anhand eines Fotos für sie entschieden hatte (wie ein kleines Kind soll er auf das Bild gezeigt und »die will ich haben« gesagt haben), stand unter Druck: Er musste einen männlichen Thronfolger produzieren. 19-jährig hatte der Schah die 17-jährige Prinzessin Fawzia geheiratet, die Schwester des ägyptischen Königs Faruk (eine von seinem Vater arrangierte Ehe; vor der Verlobung war er der Braut nie begegnet), doch Fawzia gebar ihm »nur« eine Tochter. Die Ehe scheiterte und wurde 1948 geschieden; der Schah war zu diesem Zeitpunkt bereits 29 Jahre alt und musste sich nun ranhalten. Unzählige junge Frauen der besseren Gesellschaft wurden ihm in der Folge vorgeführt, doch der Schah konnte sich nicht entscheiden. Nachdem er 1949 ein Attentat überlebt hatte, wurde der öffentliche Druck noch größer: Der Schah war der letzte männliche Nachkomme der Pahlaviten; starb er ohne Thronfolger, würde mit ihm die Pahlavi-Dynastie untergehen. Soraya kam also wie gerufen, und nachdem Mohammed Reza auf ihr Foto getippt hatte, wurde der 18-Jährigen durch ihren Vater klargemacht, dass der Schah sie als potenzielle Kaiserin auserwählt hatte. Sie muss furchtbar aufgeregt gewesen sein, denn einerseits war Schah Mohammed Reza der begehrteste Junggeselle des Iran und somit eine denkbar gute Partie (trotz aller modernen Ansätze hatte ihre Erziehung klar das Ziel, sie vorteilhaft zu verheiraten – wir befinden uns in den frühen 1950-Jahren), andererseits war sie emanzipiert genug, nicht in eine komplett arrangierte Ehe einzuwilligen. Also stimmte sie dem Treffen unter der Bedingung zu, dass sie sich frei entscheiden könne, ob sie den Schah heiraten wolle oder nicht.

Am 7. Oktober 1950 trafen Soraya Esfandiary und der Schah von Persien im Haus der Kaiserinmutter erstmals aufeinander. Und das Unwahrscheinliche geschah: Sie verliebten sich auf den ersten Blick ineinander, zumindest bekundeten sie das beide später immer wieder. So froh das die junge Frau gemacht haben musste – dass Soraya noch am selben Abend Bescheid erhielt, der Schah wünsche sie zu heiraten und sie müsse sich sofort entscheiden, da man am nächsten Tag die Verlobung bekannt geben wolle, wird sie überfordert haben.

Soraya sagte zu. Die Verlobung wurde angekündigt, die Hochzeit auf den 27. Dezember festgelegt. Es sollte eine Märchenhochzeit werden, und die Weltöffentlichkeit, die sich nach dem Krieg und der vielerorts harten Nachkriegszeit nach ein wenig Glamour sehnte, nahm regen Anteil am Schicksal des Traumpaares. Als Soraya Ende Oktober schwer an Typhus erkrankte, hielt die Welt den Atem an. Sie überlebte – denkbar knapp, wie es heißt –, doch die Hochzeit musste verschoben werden. Der neue Hochzeitstermin war der 12. Februar 1951, das letztmögliche Datum vor einer muslimischen Trauerzeit, in der nicht geheiratet werden durfte und die die Kaiserfamilie keinesfalls auch noch zu »verschenken« gewillt war.

An diesem 12. Februar war Soraya erst seit drei Tagen wieder auf den Beinen. Sie vermochte das schwere Hochzeitskleid kaum vorwärtszubewegen, so schwach war sie, also wurde kurzerhand die zehn Meter lange Schleppe abgeschnitten. Mit Riechsalz und Tabletten ausgerüstet und dicken, unter dem Kleid verborgenen Wollsocken an den Füßen, zog sie die Hochzeitszeremonie durch: Soraya Esfandiary war Kaiserin von Persien.

Nachdem die Märchenhochzeit unter dem Jubel der Welt über die Bühne gegangen war, kehrte Alltag ein ins Leben des Kaiserpaares. Die Beziehung verlief durchaus harmonisch, doch die Intrigen und Machtkämpfe am Hof machten Soraya, die sich bald wie in einem goldenen Käfig eingesperrt fühlte, zu schaffen; zudem fanden im Land politische Umwälzungen statt, die den Pfauenthron zum Wackeln brachten und denen der Schah weitgehend machtlos gegenüberstand. Der neue Premierminister Mossadegh, der die iranische Ölindustrie verstaatlichen wollte, setzte ihn immer mehr unter Druck und zwang das Kaiserpaar im August 1953 sogar zur Flucht. Das Exil dauerte nur wenige Tage, Mossadegh wurde verhaftet und der Schah und Soraya kehrten nach Teheran zurück. Doch nun wehte ein anderer Wind: Schah Mohammed Reza war wild entschlossen, seine Macht zu verteidigen, und griff zunehmend zu diktatorischen Mitteln.

Soraya blieb auch nach der schweren Staatskrise loyal und treu an der Seite ihres Mannes. Ab 1954 unternahm das Kaiserpaar ausgedehnte Auslandsreisen und wurde überall von den Menschen jubelnd und von den Staatsoberhäuptern freundlich empfangen: in Deutschland, England und den USA ebenso wie in Indien und der Sowjetunion. In der Wahrnehmung der Weltöffentlichkeit stieg Soraya – lange vor Jackie Kennedy und Lady Di – sogar zur Stilikone auf, deren Kleider und Frisuren nachgeahmt wurden.

Das Paar war augenscheinlich verliebt und in der Öffentlichkeit beliebt – und doch geriet die Ehe in Gefahr: Soraya wurde und wurde einfach nicht schwanger, und letztlich war dies, zumindest in den Augen vieler Iraner, ihre einzige Aufgabe. Den (für persische Verhältnisse nicht abwegigen) Vorschlag, der Schah solle eine Zweitfrau nehmen, die ihm hoffentlich einen Sohn schenken würde, welcher dann durch Soraya aufzuziehen wäre, lehnte sie entrüstet ab.

Im Lauf des Jahres 1957 wurde die Luft für das Kaiserpaar immer dünner, und exakt an ihrem siebten Hochzeitstag, dem 12. Februar

Der Schah und Soraya bei ihrer Hochzeit in Teheran, 1951

1958, gab der Schah dem Druck nach. An diesem Tag setzte er weinend seine Frau in ein Flugzeug, das sie zum »Skiurlaub« in die Schweiz bringen sollte. Die beiden haben sich nie wieder gesehen.

Vier Wochen später verkündete der Schah im Radio die Scheidung. Die halb arrangierte Ehe, die überraschenderweise in inniger Liebe und Harmonie verlaufen war, war aus politischen Gründen wieder beendet worden. Das Märchen hatte kein glückliches Ende gefunden.

Vergessen haben sich die beiden nie. Soraya bekam eine üppige Abfindung in Höhe von 17 Millionen DM und eine Leibrente; die 25-Jährige, die nun den Titel »Kaiserliche Prinzessin Esfandiary« tragen durfte, hatte zwar ausgesorgt, wusste aber überhaupt nicht, wohin mit sich. Als Frau, die trotz Schönheit und Reichtum ein trauriges Schicksal hinter sich hatte, war sie ein gefundenes Fressen für die Medien, die sie teilweise hetzten wie ein Vierteljahrhundert später Lady Di. Soraya stürzte sich ins Jet-Set-Leben, versuchte sich erfolglos als Schauspielerin und hatte zahllose Affären, unter anderem mit dem Playboy Gunter Sachs und dem Schauspieler Maximilian Schell. Vorübergehend zur Ruhe kam sie in einer langen Beziehung mit einem italienischen Regisseur, doch nachdem dieser 1972 bei einem Flugzeugabsturz zu Tode gekommen war, nahm sie ihr Partyleben zwischen Monaco und Marbella wieder auf. 2001 starb sie 69-jährig in Paris. Ihre Luxuswohnung war voll von Andenken an die Zeit, als sie Kaiserin von Persien war.

Und der Schah? Der machte sich nach der Scheidung von Soraya umgehend auf die Suche nach einer neuen Braut und wurde auch bald fündig: Im Dezember 1959 heiratete der 40-Jährige die 21-jährige Farah Diba. Bereits zwei Monate nach der Hochzeit wurde die neue Kaiserin schwanger und schenkte ihm im Oktober 1960 den langersehnten Sohn.

Ironie der Geschichte: Nach Ausrufung der Islamischen Revolution durch Ayatollah Khomeini wurde Mohammed Reza Pahlavi Anfang 1979 gestürzt. Er sollte der letzte Schah auf dem Pfauenthron gewesen sein. Der Schah hatte 20 Jahre zuvor die Frau verstoßen, die er liebte, weil sie ihm keinen Thronfolger gebar; nun hatte er einen Thronfolger, aber keinen Thron mehr. Er verließ, schon schwer krebskrank, fluchtartig sein Land und unterzog sich in den folgenden eineinhalb Jahren in verschiedenen Ländern Operationen, die jedoch keine Besserung seines Zustands mehr herbeiführten. Kurz vor der letzten Operation äußerte er den Wunsch, Soraya noch einmal zu sehen. Doch dazu kam es nicht mehr: Am 27. Juli 1980 starb der letzte Schah von Persien in einem Kairoer Krankenhaus.

Das ideale Paar?

John F. und Jackie Kennedy

Als sich der 34-jährige Abgeordnete im US-Repräsentantenhaus John F. Kennedy und die 22-jährige Fotoreporterin Jacqueline Bouvier im Mai 1952 auf einer Dinnerparty begegneten, haben sie sich ganz sicher nicht auf den ersten Blick ineinander verliebt – dass sie je wirklich tiefe Liebe füreinander empfanden, wird ohnehin bis heute bezweifelt. Aber sie sahen etwas im jeweils anderen, das ihnen beiden das Gefühl gab: »Das ist der/die Richtige! Der/die ist genau das, wonach ich gesucht habe. Mit der/dem komme ich ans Ziel.« Es war der Anfang einer der berühmtesten Ehen des 20. Jahrhunderts.

John F. Kennedy war reich, gutaussehend und aufstrebend. Er hatte nichts weniger als die Wahl zum Präsidenten der Vereinigten Staaten zum Ziel und kämpfte auf diesem Weg gerade um den Posten des Senators von Massachusetts. Eigentlich war er ein Frauenheld mit einer Menge Kerben im Bettpfosten, den die Eroberung einer schönen Frau mehr interessierte als eine dauerhafte Beziehung. Doch ihm war klar: Unverheiratet würde er nie die Präsidentschaft erringen können. Kennedy brauchte eine Frau, die sich zur First Lady eignete – jünger als er, aus gutem Hause, schön, intelligent und kultiviert musste sie sein. All das war Jackie. Sie war ein Volltreffer.

Während Kennedys Familie zwar überaus wohlhabend, ehrgeizig und einflussreich war, dabei aber eine gewisse Ungehobeltheit an den Tag legte – typisch irischstämmig, wie es gerne hieß –, war Jackie Bouviers familiärer Hintergrund das genaue Gegenteil: Sie entstammte der noblen, gebildeten Oberschicht, wo Manieren eine Selbstverständlichkeit waren. Jackie hatte eine typische Weiße-Kniestrümpfe-Kindheit hinter sich, wohlbehütet, mit eigenem Pferd und Personal; sie hatte die besten Privatschulen besucht, fließend Französisch zu sprechen gelernt und später sogar ein paar Semester an der Sorbonne studiert. Ihr Job als Fotoreporterin war eher eine Alibi-Tätigkeit; eigentlich tat sie das, was man mit Anfang 20 in ihren Kreisen tat: Sie suchte nach einem adäquaten Mann. Da kam ihr der charmante John, offensichtlich ein aufgehender Stern am Firmament der amerikanischen Politik, gerade recht. Er war ein Volltreffer.

Selbstbewusst polternde Neureiche hier, dezent noble Alteingesessene da. Hier das Geld und die Macht, dort der hohe gesellschaftliche Status. Das passte. So verabredeten sie sich zu Rendezvous, fanden Gefallen aneinander, kamen sich näher. Jackie war eigentlich verlobt, doch diese Bindung wurde schnell wieder aufgelöst – John war eindeutig die bessere Partie, da war man nicht zimperlich. Im Juni 1953, gut ein Jahr nach ihrem ersten Treffen, verlobte sich das Paar, drei Monate später wurde Hochzeit gefeiert. Heute ist klarer denn je, dass es eher eine Vernunftehe denn eine Liebeshochzeit war, doch damals sah man das nicht oder wollte es nicht sehen: Zu gut waren beide im Schauspielen, im So-tun-als-ob (ihr war das reflexhaft-automatische Auflegen einer lächelnden Maske von Kindheit an eingeimpft worden, und er hatte es im Lauf seiner politischen Karriere gelernt); zudem waren sie auch einfach ein zu schönes Paar. Die amerikanischen Medien hatten ein Traumpaar gefunden, und da das gerade in der Politik eher selten der Fall ist, entstand um den jungen Senator und seine bildhübsche Gattin bald ein enormer Hype.

Dass John F. Kennedy auch als verheirateter Mann weiterhin Affären hatte (unter anderem, auch wenn das bis heute als unbewiesen gilt, mit Marilyn Monroe), ertrug Jackie mit Gleichmut – wahrscheinlich hatte sie mit nichts anderem gerechnet. Nachdem die erste Schwangerschaft 1956 mit einer Totgeburt geendet hatte, bekam das Paar zwei Kinder, Caroline (*1957) und John Fitzgerald junior (*1960). Eine perfekte Familie, so sollte es aussehen, und so sah es auch aus. Dass dem jungenhaften John F. Kennedy seine zauberhafte Frau und dieses Familienidyll im Präsidentschaftswahlkampf 1960 bei den Wählern enorm nutzten, ist unbestritten; einige sagen, dass ihm das die Wahl gewann.

1961 waren sie am Ziel: Er war Präsident der Vereinigten Staaten, sie die First Lady. Da hatten sie beide hingewollt, jetzt waren sie da. Jackie widmete sich zwei Projekten: Zum einen mistete sie das Weiße Haus aus und richtete es repräsentativ und glanzvoll neu ein (ihre entsprechenden Kauforgien zur Ausstattung der rund 150 Zimmer wurden später oft küchenpsychologisch als Kompensation im Hinblick auf die eheliche Untreue ihres Mannes gedeutet). Zum anderen arbeitete sie daran, eine Stilikone zu werden. Bereits 1960 war sie zur »bestgekleideten Frau der Welt« gekürt worden, und als First Lady setzte sie mit perfekt geschneiderten Kostümen in Verbindung mit kecken Pillbox-Hütchen erst recht Modetrends. Die Amerikaner liebten sie, Mädchen und Frauen in aller Welt imitierten sie, »Jack und Jackie« waren beinahe Popstars.

Die Präsidentschaft verlief derweil nicht allzu glücklich. Kennedy konnte zwar den einen oder anderen politischen Erfolg verbuchen, doch die Kubakrise mit dem Schweinebucht-Desaster, der aus dem Ruder laufende Vietnamkrieg und die Massenaufstände der schwarzen Bevölkerung im eigenen Land machten ihm zu schaffen. Zudem war Kennedy ein kranker Mann (was der Öffentlichkeit verheimlicht wurde): Er litt unter einer ihn stark einschränkenden Funktionsstörung der Nebennierenrinde und einem Rückenschaden, der ihm fast permanente Schmerzen verursachte und seine Bewegungsfreiheit einengte – Kennedy ging, wenn er unbeobachtet war, buchstäblich am Stock.

Im August 1963, Kennedy war seit zweieinhalb Jahren Präsident der USA, bekam das Paar ein drittes Kind, Patrick. Doch das um einige Wochen zu früh geborene Baby starb nach zwei Tagen. John F. Kennedy blieb wenig Zeit zu trauern, er hatte einen Job zu erledigen und tat seine Pflicht. Jackie hingegen verkraftete diesen Schicksalsschlag nur schwer und zog sich für einige Wochen komplett aus dem Licht der Öffentlichkeit zurück.

Ihr erster Auftritt nach dieser Zeit der Trauer sollte zugleich ihr letzter als First Lady werden: Am 22. November 1963 saß sie lächelnd und freundlich in die Menschenmenge winkend neben ihrem Mann auf der Rückbank der offenen Limousine, die sie im Rahmen einer Wahlkampftour durch die Straßen von Dallas kutschierte, als von einem Attentäter mehrere Schüsse auf den Präsidenten abgegeben wurden. In der gigantischen Panik um sie herum wich Jackie nicht von der Seite ihres sterbenden Mannes; mit seinem Blut und seiner Hirnmasse bespritzt, hielt sie den ganzen Weg ins Krankenhaus über seinen Kopf. John F. Kennedy, einer der beliebtesten Präsidenten, den die USA je hatten, war ermordet worden, und damit war auch der nach außen so glänzenden Ehe dieses Traumpaares ein jähes Ende bereitet worden. Die Welt stand still.

Der Rest ist Geschichte. Fünf Jahre nach dem Attentat heiratete Jackie den griechischen Reeder Aristoteles Onassis, einen undurchsichtigen, fast dubiosen Geschäftsmann, der nicht nur Milliardär, sondern auch noch mehr als zwei Jahrzehnte älter war als sie – deutlicher konnte sie kaum zum Ausdruck bringen, dass es ihr ums Geld ging, jedenfalls wirkte es so. Diese Ehe »besudelte« nachträglich auch ihre Verbindung zu Kennedy – sollte es ihr da etwa auch mehr um die Position ihres Mannes gegangen sein als um reine Liebe? Das verziehen ihr die Amerikaner nie. »Amerika hat eine Heilige verloren«, titelte damals die *Bild*, und ein amerikanischer Journalist bezeichnete ihren Schritt als »die schwerste Beleidigung amerikanischer Männer seit Pearl Harbor«. »Jackie O.«, wie sie jetzt fast herablassend genannt wurde, war von einem Tag auf den anderen von einer bemitleideten Ikone zu einer unerwünschten Person geworden, über die man die Nase rümpfte.

Auch wenn sie nach Onassis' Tod 1975 in die USA zurückkehrte und in den 20 Jahren, die sie dann noch lebte, allmählich die Herzen vieler Landsleute zurückgewann – los wurde sie den Onassis-Makel nicht mehr. John F. Kennedy und sie waren das strahlende Paar gewesen, das die Amerikaner in ihnen sehen wollten, und sie hatte diese Rolle perfekt ausgefüllt. Dass ihre Glaubwürdigkeit und die Reinheit ihrer Gefühle nachträglich Risse bekommen hatten – so ganz verwand Amerika das nie.

»Ich werde lernen, ihn zu lieben«

Rainier III. von Monaco und Grace Kelly

Eigentlich hatte Grace Kelly überhaupt keine Lust, den Fürsten von Monaco kennenzulernen. Sie war 25 Jahre alt, befand sich auf der Höhe ihres Ruhmes als Filmschauspielerin – gerade hatte sie einen Oscar gewonnen – und war in diesem Mai 1955 zu den Filmfestspielen von Cannes gereist, um dort für einen Film zu werben. Das von einer Boulevardzeitschrift arrangierte Treffen, bei dem der Fürst ihr sein Schloss und seinen Privatzoo zeigen sollte, war ein reiner PR-Termin, bei dem es nur um ein paar hübsche Fotoaufnahmen ging. Für die Schauspielerin wäre es eine Titelstory, für das winzige Fürstentum wäre die Begegnung des Monarchen mit einem Hollywoodstar willkommene Werbung (man kann es sich heute kaum vorstellen, aber damals befand sich Monaco in punkto medialer Aufmerksamkeit noch in tiefstem Dornröschchenschlaf) – ein beruflicher Termin, für Grace Kelly ebenso wie für Rainier, mehr nicht. Und so führte der Fürst die schöne Schauspielerin eine Stunde lang artig durch seinen Palastgarten und machte Konversation. Sie fanden sich sympathisch, doch sympathischen Menschen begegneten beide oft genug – weder für Grace noch für Rainier dürfte der Termin mit bleibenden Erinnerungen verknüpft gewesen sein.

Aber sie hatten die Rechnung ohne die Presse gemacht. Fürst Rainier von Monaco, immerhin schon 32 Jahre alt, war offiziell auf der Suche nach einer Ehefrau, um den Fortbestand der Grimaldi-Sippe zu sichern, und wann immer er sich in der Öffentlichkeit mit einer jungen Frau zeigte, riefen die Gazetten diese schon zur potenziellen Verlobten aus. So auch hier: Die inszenierte Fotostory der beiden, die sich gerade einmal eine Stunde lang getroffen hatten, wurde zu einer sich anbahnenden Liebesaffäre aufgebauscht. Jetzt geschah das Erstaunliche: Diese in den Boulevardzeitungen verbreiteten Gerüchte über eine angebliche Beziehung lösten dies- und jenseits des Atlantik – nicht nur bei den beiden Protagonisten, sondern auch bei ihren Familien – eine Rückkopplung aus, ein »Warum eigentlich nicht?«. Aus der Sicht des monegassischen Herrscherhauses wäre eine Fürstin, die den Glamour einer Hollywooddiva mitbrachte, höchst willkommen, und auch Grace Kelly war bei allem Erfolg als Schauspielerin mit einer gewissen Dringlichkeit auf der Suche nach einem Ehemann, denn als alte Jungfer wollte sie keinesfalls enden, und mit 25 lief ihr – nach damaligen Maßstäben – allmählich die Zeit davon.

Also wechselten Grace und Rainier – vermutlich ermutigt durch ihre Familien und Berater – ein paar Briefe, telefonierten einige Male, und im Dezember 1955 reiste Rainier zum ersten Mal in seinem Leben in die USA. Am ersten Weihnachtsfeiertag war er bei Familie Kelly in Philadelphia eingeladen, es war die zweite Begegnung zwischen Rainier und Grace. Am nächsten Tag verkündete Grace ihrer erstaunten Familie: »Ich werde heiraten.«

Für Rainier und Monaco war Grace Kelly eine perfekte Wahl. Sie brachte den Glanz der großen weiten Welt in das verschlafene Fürstentum, war jung, schön, gebildet, eloquent, aus gutem Elternhaus und – sehr wichtig! – katholisch. Und sie war reich, was insofern nicht unbedeutend war, als Rainier, der alten europäischen Tradition folgend, auf einer angemessenen Mitgift bestand. Vater Kelly fand dies zwar absurd und wetterte über den »dahergelaufenen bankrotten Fürsten«, doch man einigte sich tatsächlich nach langen Verhandlungen auf stattliche zwei Millionen Dollar (von denen Grace angeblich die Hälfte aus eigener Tasche bezahlte).

Was umgekehrt die von Verehrern umschwärmte Grace dazu bewog, ausgerechnet einem europäischen Fürsten das Jawort zu versprechen, der – das machte er von Anfang an unmissverständlich klar – auch noch darauf bestand, dass sie als seine Frau ihre Karriere aufgeben müsse, ist schwerer zu verstehen. Natürlich war es – zumal für eine Amerikanerin – eine verlockende, romantische Vorstellung, eine Fürstin zu sein, in einem echten Schloss zu wohnen und über leibhaftige Untertanen zu herrschen. Und natürlich wollte Grace Kelly heiraten und Kinder bekommen. Doch warum diesen Mann, den sie erst zweimal getroffen hatte? Sicher hatte familiärer Druck eine Rolle gespielt; die Eltern Kelly erhofften sich durch diese Verbindung den Aufstieg in die High Society Philadelphias (Mutter Kelly stellte später allerdings ernüchtert fest, dass sie Monaco mit Marokko verwechselt hatte, und war enttäuscht, wie winzig dieses künftige Reich ihrer Tochter in Wirklichkeit war). Aber war das eine hinreichende Begründung für eine Heirat? Liebte sie diesen Mann? »Ich werde lernen, ihn zu lieben«, sagte Grace Kelly dazu nur.

Und so drehte Grace Kelly ihren letzten Film ab (der ironischerweise *Die oberen Zehntausend* hieß) und beendete dann nach nur fünf Jahren und elf Filmen ihre glänzende Hollywoodkarriere. Im April 1956 bestieg sie in New York gemeinsam mit 70 Familienmitgliedern und Freunden (sowie mit 100 Journalisten!) einen Ozeandampfer und reiste nach Europa, ihrer Hochzeit entgegen. 20 000 Schaulustige (etwa genau so viele Einwohner hatte das Fürstentum) und die unglaubliche Zahl von 1600 Journalisten erwarteten sie in Monaco. Die »Märchenhochzeit« würde ein Medienereignis werden. Am 18. April 1956 fand die standesamtliche Hochzeit statt, am Tag danach die kirchliche Trauung, live verfolgt von mehr als 30 Millionen Fernsehzuschauern weltweit (und es gab in jenen Jahren noch nicht allzu viele Fernsehgeräte!). Die Hollywoodschauspielerin Grace Kelly war jetzt Fürstin Gracia Patricia de Monaco.

Sie tat sich schwer, sich in ihr neues Leben einzugewöhnen. Im Fürstenpalast fühlte sie sich von Anfang an nicht wohl; das Gebäude war zwar riesig (220 Zimmer), aber marode und kalt, und die paar Räume, die Rainier und sie sich im Souterrain als Wohnung einrichteten, konnten mit ihrem Apartment in der New Yorker Fifth Avenue nicht mithalten. Zudem sprach Gracia Patricia nur schlecht Französisch und hielt sich daher bei offiziellen Anlässen im Hintergrund, was ihr die Monegassen als Hochmut auslegten – es würde Jahre dauern, bis sie für ihre Untertanen nicht mehr nur die »amerikanische Prinzessin«, sondern eine echte Landesmutter war. Doch am gravierendsten war wohl, dass Rainier und sie sich kaum kannten und nicht wirklich zusammenpassten. Weder hatten sie gemeinsame Interessen (sie ging gern ins Theater und in die Oper, während er sich für Motorsport und die Jagd begeisterte), noch schaffte Rainier es, Gracia als gleichwertige Partnerin zu betrachten: Er war es schlicht nicht gewohnt, dass ihm widersprochen wurde, und führte sich auch privat als Alleinherrscher auf. »Der katholische Glaube war ein sehr starkes Band unserer Ehe«, gestand Gracia Jahre später ein, »abgesehen davon hatten wir nicht allzu viel gemeinsam.«

Erst mit der Geburt der Kinder entspannte sich die Situation etwas, sowohl im Verhältnis der beiden Ehepartner zueinander als auch in dem der Monegassen zu ihrer Fürstin. 1957 kam Prinzessin Caroline auf die Welt, ein Jahr später folgte mit Prinz Albert der ersehnte männliche Erbe. Über die aufrichtige Liebe zu ihren Kindern kamen die Eltern sich endlich näher; man kann zugespitzt sagen, dass ihre Kinder ihre erste echte Gemeinsamkeit waren.

Doch das reichte – zumindest für die Fürstin – noch lange nicht zu einem erfüllten Leben. Zu sehr fühlte Gracia sich nach wie vor in einen goldenen Käfig eingesperrt und instrumentalisiert: Rainier verkaufte permanent Fotos und Homevideos der »glücklichen Familie« an die Boulevardmedien, was nicht nur direkte Einnahmen brachte, sondern, weit wichtiger, den weltweiten Bekanntheitsgrad von Monaco steigerte, das der Fürst als Luxusrefugium für die High Society ähnlich St. Moritz oder Marbella aufzubauen versuchte – eine PR-Strategie, die voll aufging: Ende der 1960er-Jahre hatten sich die Einnahmen aus dem Tourismus im Vergleich zu der Zeit vor der Hochzeit verzehnfacht. Gracia fiel es jedoch zunehmend schwer, heile Welt zu spielen, und sie war trotz der entzückenden Kinder sichtlich unglücklich. Als dann eines Tages Alfred Hitchcock anrief und Gracia die Hauptrolle in einem Film namens *Marnie* anbot, den er 1962 drehen wollte, war Rainier klug genug, seiner Frau dies zu gestatten. Aber das monegassische Volk protestierte, befeuert durch eine Art Medienkampagne, lautstark dagegen, dass die Fürstin als Schauspielerin tätig würde (und zudem noch auf der Leinwand einen anderen Mann küsste), sodass Gracia die Pläne für ein Hollywood-Comeback, in das sie so große Hoffnungen gesteckt hatte, resigniert begrub. Ihre Beziehung zu Monaco und zu ihrem Mann war auf dem Tiefpunkt angelangt. Angeblich trug sie sich mit Scheidungsgedanken, nahm davon jedoch wieder Abstand, weil der Ehevertrag klipp und klar festlegte, dass die Kinder bei Rainier bleiben würden. Gracia Patricia war eine Gefangene.

An diesem Punkt beschloss die Fürstin, sich ins Unvermeidliche zu fügen und das Beste daraus zu machen. Aktiv bemühte sie sich nun um ein gutes Verhältnis zu ihren Untertanen, wurde karitativ tätig und fand endlich in die Rolle der Landesmutter hinein. Die Geburt des dritten Kindes, Stéphanie, gab zudem ihrer Bindung zu Rainier wieder Halt. Dass sie wirklich ihren Frieden machte mit dem Verlauf, den ihr Leben genommen hatte, darf bezweifelt werden, doch sie kämpfte nicht mehr gegen dieses Leben an, sondern arrangierte sich. Die letzten beiden Jahre ihrer Ehe, so die allgemeine Ansicht, waren wohl die besten.

Am 13. September 1982 fuhr Gracia mit ihrem Rover vom Landsitz der Grimaldis nach Monte Carlo zurück. Neben ihr saß ihre Tochter Stéphanie, auf der Rückbank ausgebreitet lag ein Dior-Ballkleid – deshalb war für den Chauffeur kein Platz mehr, sodass sie sich selbst ans Steuer gesetzt hatte. Die 52-jährige Gracia war eine schlechte Autofahrerin, aber die acht Kilometer lange Strecke hatte sie hunderte Male absolviert. Und doch durchbrach der Wagen an diesem Morgen in einer Haarnadelkurve ungebremst die Leitplanke und stürzte 40 Meter in die Tiefe. Stéphanie kam, erstaunlich genug, mit dem Schrecken davon, ihre Mutter jedoch zog sich schwerste Verletzungen zu und fiel im Krankenhaus in ein irreversibles Koma. Am folgenden Tag wurden die lebenserhaltenden Geräte abgeschaltet. Fürstin Gracia Patricia de Monaco war tot.

Bei der Trauerfeier, die von 100 Millionen Fernsehzuschauern verfolgt wurde, und in den Wochen und Monaten danach wurde eines ganz deutlich: Fürst Rainer hatte eine Frau und die Monegassen hatten eine Landesmutter verloren, die sie zuletzt innig geliebt hatten.

Ein Leben lang

Füreinander bestimmt

Friedrich und Dorothea Schlegel

Brendel Veit besuchte gern den Salon ihrer Freundin Henriette Herz. Die Gesellschaften hatten zwar nicht ganz den Glamour des Salons von Rahel Varnhagen, die die unangefochtene Nummer eins in den aufgeklärten Berliner Gelehrtenzirkeln des ausgehenden 18. Jahrhunderts war, aber man traf dort trotzdem immer sehr interessante, anregende Menschen. Und Brendel hatte ja sonst nicht viel Grund zur Freude: Sie war 33 Jahre alt und hatte ihr Leben bisher so geführt, wie es die Gesellschaft und insbesondere ihr berühmter, übermächtiger Vater, der große jüdische Gelehrte Moses Mendelssohn, von ihr erwarteten. Mit 14 war sie mit dem zehn Jahre älteren Textilkaufmann Simon Veit verlobt worden, mit 18 hatte sie diesen kreuzbraven, aber, wie sie fand, sterbenslangweiligen Mann geheiratet, der sie zwar gut versorgte, ihr aber geistig nicht gewachsen war und ihre literarischen Interessen nicht teilte. Zwei wohlgeratene Söhne hatte sie ihm geboren, es war eine solide Partnerschaft – alles war, wie es sich gehörte. Nur Liebe fehlte, die hatte sie für ihren Mann nie verspürt, und nach 14 Ehejahren hatte sie sich damit abgefunden, dass sie dieses Gefühl auch nicht mehr kennenlernen würde.

Doch dann, eines Sommerabends im Jahr 1797, brachte der Komponist Johann Friedrich Reichardt den erst vor kurzem aus Jena zugezogenen 25-jährigen Schriftsteller Friedrich Schlegel mit in Henriette Herzens Salon. Brendel war hingerissen von der Originalität, der Klugheit und der geistvollen Beredsamkeit des jungen Mannes; er war etwas Außergewöhnliches, und genau das zog sie, die sie sich ihr Leben lang mit der gewöhnlichsten Mittelmäßigkeit hatte zufriedengeben müssen, wie magisch an. Brendel Veit war zum ersten Mal in ihrem Leben verliebt. Und auch Schlegel fand sofort Gefallen an der acht Jahre älteren Frau. Sie war zwar keine Schönheit im klassischen Sinn – ihre Gesichtszüge waren eher männlich –, doch das störte ihn überhaupt nicht, im Gegenteil: Hübsch-naive Püppchen interessierten ihn nicht, er suchte eine Frau mit starker Persönlichkeit und unabhängigem Geist – genau das war Brendel, und ihre harten Züge spiegelten diese Charakterfestigkeit. Friedrich und Dorothea (so nannte sie sich von einem Tag auf den anderen, wie um der Welt zu zeigen, dass sie ein neues Leben führte, eine neue Frau war) entdeckten, dass sie wie geschaffen waren füreinander, und sie wurden ein Paar.

Diskrete Affären waren in den intellektuellen aufgeklärten Kreisen jener Zeit nicht ungewöhnlich, man war ja modern. Doch Dorothea und Friedrich wollten mehr. Sie wollten keine Heimlichtuerei, kein Versteckspiel. Sie wollten der Welt zeigen, dass sie zusammengehörten, wollten gemeinsam leben, wollten heiraten.

Das war einer verheirateten orthodoxen Jüdin, wie Dorothea eine war, schlicht nicht möglich. Doch was tun, wenn einem das Herz etwas vorgibt? Muss man in einer Ehe bleiben, die nicht aus Liebe geschlossen wurde, oder darf man dem Herzen folgen? Dorothea machte sich die Entscheidung nicht leicht, ein Jahr trug sie schwer an ihr. Doch im Sommer 1798 beschloss sie: Sie würde sich scheiden lassen, auch wenn das einen Skandal hervorrufen, einen Bruch mit ihrer Mutter bedeuten und sie vielleicht sogar die Kinder kosten würde.

Und so wurde Dorotheas Ehe ein halbes Jahr später, im Januar 1799, vom Berliner Rabbinatsgericht geschieden. Die beiden Söhne wurden, wie nicht anders zu erwarten, ihrem Mann zugesprochen, doch der brave Simon Veit, der ihr nichts Böses wollte und nur bestürzt und beschämt über die Entwicklung war, überließ ihr entgegen den Konventionen der Zeit den jüngeren, erst fünfjährigen Sohn Philip – unter der Bedingung, dass sie sich nicht wiederverheiratete, sich nicht taufen ließ (Schlegel war Protestant) und den Sohn nicht christlich erzog. Dorothea war einverstanden. Sie durfte Friedrich zwar nicht heiraten, aber sie war eine freie Frau.

Die aus großbürgerlichem Hause stammende und auch aus der Zeit ihrer Ehe gehobene Verhältnisse gewöhnte Dorothea zog mit ihrem Sohn Philip in die kleine, karg eingerichtete Wohnung ihres zwar genialen, aber bettelarmen Geliebten Friedrich Schlegel am Berliner Stadtrand. Endlich war das Paar vereint – doch die Freude währte nur kurz: Unbedarft, unbedacht oder rücksichtslos (darüber streitet sich die Fachwelt), veröffentlichte Schlegel im Mai 1799 seinen Roman *Lucinde*, der nicht nur sein poetologisches Konzept umsetzte, sondern vor allem auf recht freizügige Art die sinnlich geprägte Liebesbeziehung eines unverheirateten Paares schilderte. Selbstredend wurde das Buch autobiografisch gelesen – es war autobiografisch –, und das potenzierte noch den Skandal, der um Dorotheas Scheidung entstanden war: Dieser junge Autor beschrieb da tatsächlich ganz unverblümt sein außereheliches erotisches Verhältnis zu der Jüdin Veit, Tochter des altehrwürdigen Moses Mendelssohn! Hatte man so etwas schon mal erlebt?! Dorothea stand am Pranger.

Im Herbst floh das Paar regelrecht aus Berlin. Sie zogen nach Jena, ins Haus von Friedrichs Bruder August Wilhelm Schlegel und dessen Frau Caroline. Diese Wohngemeinschaft wurde zum literaturgeschichtlich bedeutsamen Zentrum der Frühromantik, hier entwickelten die Schlegel-Brüder gemeinsam mit Novalis, Tieck und Schelling das literarische Konzept, aus dem die Romantik entstehen würde. Dorothea fühlte sich in Jena um einiges freier als in Berlin, war glücklich, den gelehrten Gesprächen der jungen Kulturaufrührer beiwohnen zu können, und schrieb sogar selbst einen Roman. Es waren schöne Zeiten.

1801 löste sich die Wohn- und Arbeitsgemeinschaft auf. Schlegel und Dorothea gingen nach Paris, und hier, fern der Heimat, wagte sie endlich den Schritt, zu dem ihr ihre Freunde schon lange geraten hatten, zu dem sie sich nur noch nicht hatte durchringen können: Die Abmachung mit ihrem ersten Mann brechend, trat sie zum Protestantismus über und heiratete anschließend ihren Friedrich. Das Bett teilten sie, soweit man weiß, zu dieser Zeit schon nicht mehr oder nur noch höchst sporadisch; die körperliche Leidenschaft hatte nur drei, vier Jahre angehalten. Doch Friedrich Schlegel war der Mann, der ihr vom Schicksal vorgesehen war, für den sie so vieles aufgegeben und ertragen hatte – dass sie nun bei ihm bleiben würde, war eine Selbstverständlichkeit.

Und so lebten die beiden, endlich verheiratet, noch 25 Jahre bis zu Schlegels Tod zusammen, als Freunde, Vertraute, Lebensgefährten.

Leicht war es sicher nicht für Dorothea, denn Friedrich war ein unsteter Geist, kam nie wirklich zu Geld und erwartete von ihr, dass sie ihm überallhin folgte: erst nach Paris, dann nach Köln, nach Wien, nach Frankfurt und schließlich wieder nach Wien. Sie kam immer mit ihm, sie hatte auch kein Problem damit, sich und ihren notorisch klammen Mann durch ihre eigene Arbeit zu ernähren (sie arbeitete als Kopistin und insbesondere als Übersetzerin aus dem Französischen), und es störte sie überhaupt nicht, dass sie trotz dieser zum Teil bedeutsamen literarischen Leistungen (ihr größter Erfolg als Übersetzerin war Madame de Staëls Roman *Corinne*) im Schatten ihres Mannes blieb. Friedrich Schlegel war der Dichter, Literaturtheoretiker und Philosoph, sie war »nur« seine Frau, die ihm im Hintergrund zuarbeitete. So sollte es sein, das war die Ordnung der Welt, so fand sie es richtig. Und so lebte diese hochgebildete Frau, die am Anfang so viel auf sich genommen, die gegen so viele Widerstände ihr Recht auf Glück und Liebe eingefordert und die dabei mit so vielen Konventionen gebrochen hatte, dass sie bis heute als Vorreiterin der weiblichen Emanzipation gilt, ab dem Moment, als sie am Ziel war, ein ganz braves, in dieser Hinsicht alles andere als emanzipiertes Ehefrauen-Leben. Ein Widerspruch? Nicht für Dorothea Schlegel.

Partnerschaft: ein Experiment

Jean-Paul Sartre und Simone de Beauvoir

Mit Anfang 20 wussten beide, dass sie zur geistigen Elite Frankreichs zählen würden: Als der 24-jährige Jean-Paul Sartre und die 21-jährige Simone de Beauvoir im Jahr 1929 an der Eliteuniversität École normale supérieure die staatliche Prüfung für die philosophische Lehrberechtigung als Bester und Zweitbeste abschlossen (von den 46 Teilnehmern hatten überhaupt nur 13 bestanden), hatten sie eine glänzende Zukunft vor sich. Auch privat lief alles rund: Die beiden Jahrgangsbesten verliebten sich ineinander und wurden ein Paar.

Doch intellektuell und hochreflektiert, wie sie beide waren, wollten sie auf gar keinen Fall den kleinbürgerlichen Weg der Ehe gehen, der ihrer Meinung nach fast zwingend zu Abnutzung, Unterwerfung unter gesellschaftliche Normen und Einschränkung der individuellen Freiheit, ja letztlich in persönliches Unglück führen würde. Beide lehnten sie – zumindest rational – die Monogamie ab und behaupteten jeweils von sich selbst, von Eifersucht frei zu sein (auch das war zu diesem Zeitpunkt erst einmal nur eine schöne, weitgehend unerprobte Theorie). Sie wollten sich und dem anderen größtmögliche Entfaltung zubilligen, und so schlossen sie einen Pakt, eigentlich sogar zwei: Erstens würden sie nie heiraten, nie Kinder bekommen, nie zusammen wohnen, nie zum »Du« übergehen (das war eher eine Schrulle, aber tatsächlich siezten sie sich bis ins hohe Alter). Sie würden dem anderen jede Freiheit lassen, die dieser für sich in Anspruch nehmen mochte, und dabei die denkbar größte Aufrichtigkeit walten lassen: Nie würden sie einander belügen oder etwas vor dem anderen verbergen. Was für eine Vereinbarung! Ein Experiment, mit dem eigenen Leben als Versuchsobjekt.

Der zweite Pakt relativierte den ersten auf Zeit: Zwei Jahre lang würden sie so eng wie möglich zusammenleben und in dieser Zeit von ihrer jeweiligen Freiheit keinen Gebrauch machen. Auch das eine spektakuläre Absprache: Während sich Ehepaare, die sich nach Jahren in ihrer klassischen bürgerlichen Beziehung eingeengt fühlen, vielleicht darauf einigen, einander eine Zeitlang mehr Freiheit zu gewähren und Seitensprünge zu erlauben (was ja schon unkonventionell genug ist), verschrieben sich Sartre und de Beauvoir im Vorhinein eine bürgerliche, eheähnliche Testphase, um dann, wenn sie merkten, dass sie wirklich zueinander passten, jede Verpflichtung zu sexueller Treue für immer fahren zu lassen.

Die »Probezeit« glückte ihnen gut; dass sie zusammengehörten, und zwar für immer, stand schon vor Ablauf der zwei Jahre für sie fest. Sartre nannte de Beauvoir seine »notwendige Liebe«, während alle anderen möglichen Beziehungen nur »Zufallslieben« seien. Schöne Worte, eine richtige Liebeserklärung, die freilich nicht bedeutete, dass Sartre auf diese Zufallslieben verzichten wollte.

Und so beendeten sie nach rund zwei Jahren ihr Zusammenleben. Für den Rest ihrer Tage (und sie waren noch jung!) würden sie nun in getrennten Wohnungen leben, immer nah beieinander, sich möglichst täglich sehend und einander nichts verheimlichend, aber eben doch getrennt. Jeder sollte tun und lassen dürfen, wonach ihm war, keiner sollte sich dem anderen zu irgendetwas verpflichtet fühlen, außer zu dem einen: Aufrichtigkeit.

Ob diese Übereinkunft modellhaft ist, sei dahingestellt (in den 1960er- und 1970er-Jahren versuchten viele Paare, nach diesem Vorbild zu leben, oft mit verheerendem Ergebnis), aber für Jean-Paul Sartre und Simone de Beauvoir funktionierte es. Das mit der Eifersucht war zwar anfangs doch ein größeres Problem als erwartet, vor allem für de Beauvoir, die sich eingestehen musste, dass Sartres ungeschminkte Berichte von seinen Abenteuern, die er ihr wie vereinbart in aller Aufrichtigkeit minutiös ablieferte, sie dann doch ein wenig verletzten (und es waren nicht nur flüchtige sexuelle Eskapaden, sondern richtiggehend große Lieben, an denen er sie, seine Vertraute, in fast grausamer Detailliertheit teilhaben ließ). Doch umgekehrt ließ er ihr auch alle Freiheiten und ertrug ungerührt ihre Berichte, also durfte sie sich nicht beschweren und tat es auch nicht. Genau so hatte sie es ja gewollt.

Und mit den Jahren wurde es besser, viel besser, und zwar in dem Maße, in dem das sexuelle Verlangen, das sie füreinander empfanden,

Simone de Beauvoir und Jean-Paul Sartre, aufgenommen während eines Urlaubs in Rio de Janeiro, 1960

abnahm. Mit etwa 40 hörten sie auf, miteinander zu schlafen, und spätestens jetzt waren sie tatsächlich aller Eifersucht ledig. Das Experiment war geglückt: Sie waren Liebende, deren Verbindung unzerstörbar war, die sich alles erzählten und einander blind vertrauten, die einander die wichtigsten Menschen im Leben waren – und trotzdem hatte jeder die Freiheit, gerade in sexueller Hinsicht zu tun, was er wollte (und diese Freiheit nutzten sie beide weiterhin auch aus). Es war eine Kombination aus extremer Bindung und extremer Freiheit, zusammengehalten durch extreme Aufrichtigkeit – eine Glücksformel, sicher nicht für jeden, für die beiden aber perfekt.

Die Schattenseite dieses extremen Partnerschaftsmodells betraf die jeweiligen Sexualpartner, Liebesaffären, Beziehungen oder wie auch immer man sie nennen mag. Sartres Frauen (oft gute Freundinnen von

Simone) und de Beauvoirs Männer (unter ihnen der amerikanische Schriftsteller Nelson Algren und der Filmemacher Claude Lanzmann, beide schwer verliebt, Algren sogar heiratswillig) kamen alle irgendwann an den Punkt, an dem es nicht weiterging. Man hatte Sex, verliebte sich (in dieser Reihenfolge oder umgekehrt), doch wenn sich die Beziehung weiterentwickeln sollte, war da immer schon jemand: Simone oder Jean-Paul besetzten den Platz im Herzen des jeweils anderen, und Zutritt blieb Dritten verwehrt. Hinzu kam, dass alle intimen Details einer Beziehung oder Affäre immer gleich brühwarm zwischen Sartre und de Beauvoir erörtert wurden. Davon fühlten sich – verständlicherweise! – nicht wenige Sexual- und/oder Liebespartner verraten, sodass in beider Beziehungen zu Dritten immer wieder Spannungen und Konflikte entstanden. Die sie dann auch wieder zu zweit schön sezieren konnten.

So problematisch die Affären oft verliefen, so harmonisch wurde mit zunehmendem Alter die Zweisamkeit. Seit den 1940er-Jahren waren Sartre und de Beauvoir das intellektuelle Vorzeigepaar Frankreichs, sie waren beide erfolgreiche Schriftsteller, mischten sich gesellschaftlich und politisch ein, bildeten mit Albert Camus das Dreigestirn an der Spitze der begeistert aufgenommenen philosophischen Strömung des Existenzialismus, de Beauvoir hatte zudem mit *Das andere Geschlecht* die Bibel der Frauenbewegung geschrieben. Und dann diese freie Beziehung! Es verging kaum ein Abend im Restaurant (de Beauvoir lehnte ja alles Hausfrauenartige ab und kochte nicht, Sartre sowieso nicht), an dem sie nicht von Reportern oder Fans belästigt wurden. Ihre Beziehung, auch weil sie auf so einem ungewöhnlichen Fundament ruhte, war eine öffentliche geworden.

Als Sartre 1980 im Alter von 74 Jahren starb, war de Beauvoir untröstlich; sie konnte nur mit Mühe davon abgehalten werden, sich zu der Leiche ins Bett zu legen. Auf den Tag genau sechs Jahre später starb auch sie. So wirklich zusammen mit ihm gelebt hatte sie – wenn man von diesen eigentümlichen zwei Jahren direkt nach ihrem Kennenlernen absieht – nie, doch beerdigt wurde Simone de Beauvoir dort, wo sie immer gewesen war: an Jean-Paul Sartres Seite.

Ein jahrzehntelanges Gerücht

Spencer Tracy und Katharine Hepburn

Kurz nachdem Spencer Tracy am 10. Juni 1967 in Beverly Hills an Herzversagen gestorben war, ließ seine Ehefrau Louise, mit der er fast ein halbes Jahrhundert lang verheiratet gewesen war, den Leichnam dort abholen, wo Tracy sein Leben ausgehaucht hatte: in der Wohnung der Schauspielerin Katharine Hepburn. »Ich habe Sie für ein Gerücht gehalten«, sagte die Witwe erstaunt zu Hepburn. Tatsächlich war die Beziehung der beiden Leinwandgrößen eines der bestgehüteten Geheimnisse Hollywoods. Dabei dauerte sie mehr als 25 Jahre.

Als sie sich 1941 bei Dreharbeiten kennenlernten, waren sie beide längst Weltstars: Tracy hatte bereits zwei Oscars als bester Hauptdarsteller eingeheimst (wobei es auch bleiben sollte), und auch Hepburn hatte schon einen Oscar als beste Hauptdarstellerin erhalten (drei weitere würden folgen, was sie zur bis heute am häufigsten mit dieser Auszeichnung geehrten Schauspielerin machte). Beide hatten ihrem Status entsprechende Allüren; Hepburns erste Worte an ihren künftigen Filmpartner waren: »Ich fürchte, ich bin zu groß für Sie, Mr. Tracy!«, während er sich über ihre Burschikosität mokierte: »Wie kann ich einen Film mit einer Frau drehen, die Dreck unter den Fingernägeln hat, deren sexuelle Neigungen nicht ganz eindeutig sind und die immer nur Hosen trägt?«

Aber er konnte. Der Film, *Die Frau, von der man spricht* (1942), wurde ein großer Erfolg und etablierte den zu diesem Zeitpunkt 42-jährigen Spencer Tracy und die 35-jährige Katharine Hepburn als Hollywoods neues Traumpaar, das in der Folge in insgesamt neun Filmen gemeinsam auftrat, allesamt Kassenschlager. Fast alle Streifen thematisierten den »Geschlechterkampf«, wobei Tracy den idealtypischen amerikanischen Mann verkörperte – selbstbewusst, geradlinig, wertkonservativ –, während Hepburn moderne, emanzipierte, intelligente, ironisch-schlagfertige und nicht selten schnippische Frauen darstellte, die ihrem Mann Paroli boten. Das Publikum liebte dieses Paar.

Dass Spencer Tracy und Katharine Hepburn noch während dieser ersten gemeinsamen Dreharbeiten auch privat ein Paar wurden, blieb derweil unbemerkt. Das ist erstaunlich, denn bei Filmpaaren ist die Klatschpresse ja bekanntlich besonders daran interessiert, ihnen eine Affäre oder Beziehung nachzuweisen (oder anzudichten). Doch in diesem Fall hielt die Presse sich komplett zurück (angeblich aufgrund eines informellen Agreements mit der Filmgesellschaft MGM), außerdem waren die beiden äußerst vorsichtig: Sie ließen sich nie in privatem Rahmen zusammen in der Öffentlichkeit sehen, lebten konsequent getrennt, bemühten sich auch während der vielen gemeinsamen Dreharbeiten, alles zu vermeiden, was auf eine Liebesbeziehung hingedeutet hätte. Und so blieb ihr Verhältnis mehr als ein Vierteljahrhundert lang geheim, bis zu Tracys Tod. Ein Gerücht, bestenfalls.

Spencer Tracy und Katharine Hepburn in »Zu klug für die Liebe« von 1947

Warum sich Spencer Tracy nicht einfach zu Katharine Hepburn bekannte, ist eine komplexe Frage. Zum einen wird immer wieder ins Feld geführt, dass er strenggläubiger Katholik war und eine Scheidung für ihn nicht in Frage kam. Zum anderen war eines seiner drei Kinder, die er mit Ehefrau Louise hatte, behindert; ein Mix aus Schuld- und Verantwortungsgefühlen dürfte ihn bewogen haben, bei seiner Familie zu bleiben. Und drittens stellte Hepburn, soweit wir wissen, keine Ansprüche: »Ich hatte definitiv keine Intentionen, die Beziehung zu seiner Frau zu zerbrechen«, schrieb sie 1991 hochbetagt in ihrer Autobiografie. Und: »Ich habe nicht die leiseste Ahnung, was Spencer für mich empfand. Er sprach nicht darüber, und ich sprach nicht darüber. Wir verbrachten einfach 27 Jahre zusammen.«

Es ist trotz allem kaum zu glauben, dass nicht einmal Louise Tracy gewusst haben soll, dass ihr Mann ein Vierteljahrhundert lang eine andere liebte. Denn Katharine Hepburn kümmerte sich zunehmend um den immer stärker kränkelnden Tracy, der spätestens seit seinem 25. Lebensjahr alkoholabhängig war und diese Sucht zeitlebens nicht richtig in den Griff bekam. 1962 unterbrach sie sogar ihre Filmkarriere, um sich um ihren Lebensgefährten zu kümmern: »einfach um für ihn da zu sein, damit er sich keine Sorgen machte und sich nicht einsam fühlte«, wie sie rückblickend schrieb.

Fünf Jahre lang schlug Katharine Hepburn alle Filmangebote aus. Dann kam eines, das sie unbedingt annehmen wollte – denn die männliche Hauptrolle schien ihr Spencer Tracy wie auf den Leib geschneidert. Und so standen die agile 60-Jährige und der bereits sterbenskranke 67-Jährige 1967, beide nach ungefähr fünfjähriger Pause, noch einmal gemeinsam vor der Kamera: *Rate mal, wer zum Essen kommt* wurde zum kommerziell erfolgreichsten ihrer gemeinsamen Filme.

Spencer Tracy erlebte diesen Erfolg nicht mehr. Er starb 14 Tage nach dem Ende der Dreharbeiten am 10. Juni 1967 an Herzversagen in Katharine Hepburns Küche, während sie ihm gerade einen Tee kochte. Katharine Hepburn rief umgehend Tracys Frau Louise an, um sie über den Trauerfall zu informieren – es war das erste Mal, dass die beiden miteinander sprachen. Zur Beerdigung ihres Geliebten, mit dem sie 27 Jahre ihres Lebens verbracht hatte, ging Katharine Hepburn nicht. Die einen sagen: aus Rücksicht auf die trauernde Familie, die anderen sagen: weil sie nicht eingeladen wurde. Vielleicht stimmt beides.

In aller Öffentlichkeit

Yves Montand und Simone Signoret

Das »Colombe d'Or«, ein Lokal im malerischen Saint-Paul-de-Vence im Hinterland der Côte d'Azur zwischen Cannes und Nizza, war in den 1940er-Jahren ein Ort, den wir heute Hot Spot nennen würden: ein Szenetreff, wo sich Pablo Picasso, Henri Matisse, Jacques Prévert und ihre Künstlerfreunde ebenso gerne die Zeit vertrieben wie sensationsgierige Journalisten, die bei einem Glas Wein vor malerischer Kulisse nebenbei auf eine heiße Story hofften. Es war ein denkbar öffentlicher Ort, und die Terrasse des Lokals war ein Präsentierteller. Genau hier, auf dieser Terrasse, funkte es im schwülen August des Jahres 1949 zwischen der französischen Charakterdarstellerin Simone Signoret und dem Chansonnier Yves Montand. Beide waren Ende 20, schon einigermaßen berühmt, der ganz große Durchbruch stand ihnen aber noch bevor. Beide lebten eigentlich in Paris und verbrachten hier ihre Sommerferien. Sie hatten die Terrasse getrennt betreten und verließen sie gemeinsam. In den folgenden Tagen kamen sie mit großer Selbstverständlichkeit immer zusammen und gingen auch wieder zusammen.

Die anderen Gäste des »Colombe d'Or« wussten nicht so recht, wie sie mit dieser offen zur Schau gestellten Liebschaft umgehen sollten. Natürlich hatte man schon viel gesehen und war in moralischer Hinsicht entspannt und liberal, aber so ganz geheuer war es den Freunden und anderen Zeugen wohl nicht. Denn die 28-jährige Simone Signoret war verheiratet, glücklich verheiratet, und das auch erst seit einem Jahr. Und ihr Mann, der Regisseur Yves Allégret, mit dem sie eine gemeinsame Tochter hatte, sollte ein paar Tage später nach Saint-Paul-de-Vence nachkommen.

Es war eine schwierige Situation für Signoret, denn sie hatte eigentlich überhaupt keine Probleme mit ihrem Mann. Doch als Allégret dann anreiste, war die Entscheidung schon zu seinen Ungunsten gefallen: Simone Signoret fing ihn am Bahnhof ab, damit er die schlechten Nachrichten wenigstens zuerst von ihr erfuhr, und eröffnete ihm, was

Yves Montand und Simone Signoret im Februar 1957

geschehen war und dass sie sich verliebt hatte. Allégret antwortete mit ein paar Ohrfeigen.

In den folgenden Wochen, als man wieder in Paris war, schwankte Signoret. Montand hatte einige Affären hinter sich, nicht zuletzt mit Édith Piaf; war das mit ihr nicht auch nur eine leidenschaftliche Liebelei gewesen, ein Sommerflirt? Lohnte es sich, für ihn ihre Ehe aufs Spiel zu setzen? Sie wusste es einfach nicht. In ihrer Unentschlossenheit blieb sie bei Mann und Kind, schlich sich aber nachmittags, wann immer die Zeit es erlaubte, zu Montand. Der ließ sich das ein paar Wochen gefallen, doch dann machte er Signoret ohne Umschweife klar, dass er mehr wolle, alles: Er ließ seinen Agenten eine zweiwöchige Kurztournee organisieren und gewährte Signoret genau diese zwei Wochen als

Ultimatum; wenn er zurückkäme, müsse sie sich entschieden haben: »Allégret oder ich. Damen, die mich am Nachmittag besuchen, hatte ich schon mehr als genug.« Erstaunlich abgeklärte Worte für einen Mann von 28 Jahren. Aber sie verfehlten ihre Wirkung nicht. Als er von seiner Tournee zurückkam, zog Simone Signoret zu ihm, ließ sich scheiden, und gut ein Jahr später wurde Hochzeit gefeiert – sinnigerweise in Saint-Paul-de-Vence.

Sie wurden das französische Traumpaar schlechthin. Beide feierten in den 1950er-Jahren ihre größten Erfolge: Montand reüssierte, nachdem er bereits eine große Karriere als Chansonnier hinter sich hatte, auch als Schauspieler und war spätestens seit der Hauptrolle in *Lohn der Angst* (1953) ein Weltstar. Und Signoret erhielt 1959 für *Der Weg nach oben* sogar den Oscar als beste Hauptdarstellerin, was nicht vielen nichtamerikanischen Schauspielerinnen gelang. Es waren goldene Jahre, beruflich und privat.

Was Yves Montand und Simone Signoret neben ihrer Liebe und ihrem Beruf noch verband, war ihre politische Überzeugung: Beide waren erklärte Kommunisten. Gerade Montand, Sohn eines italienischen Besenbinders, der wegen seiner kommunistischen Überzeugung in den 1920er-Jahren sogar aus dem Land vertrieben worden war, war ein durch und durch politischer Mensch und verstand seine Filme immer auch als Stellungnahmen, und Signoret war in fast allen Bereichen seiner Meinung. Gemeinsam gehörten sie 1950 zu den Unterzeichnern des Stockholmer Appells zur Ächtung der Atombombe, was ihnen in der McCarthy-Ära sogar ein vorübergehendes Einreiseverbot in die USA einbrachte, und auch danach machten sie aus ihren Ansichten nie einen Hehl und setzten ihre Popularität zu deren Verbreitung ein. Sie standen Schulter an Schulter für ihre politische Haltung ein, und auch wenn die Mehrheit der Franzosen diese nicht teilte, liebten die Leute sie doch dafür, dass sie eine Meinung hatten und diese auch vertraten. Einen starken Knacks bekam ihrer beider kommunistische Überzeugung – wie die so vieler westlicher Intellektueller – mit der sowjetischen Niederschlagung des Aufstands in Ungarn 1956; und nach dem Einmarsch der Sowjets in der Tschechoslowakei als Reaktion auf den Prager Frühling 1968 wandten Signoret und Montand sich ganz vom Kommunismus ab. Auch für diese Konsequenz bekamen sie sehr viel Applaus.

Obwohl sie nach außen hin eine Bilderbuchehe führten und auch tatsächlich ein Herz und eine Seele waren, hatte Yves Montand mit ziemlicher Sicherheit nicht gerade wenige Affären – er war einer dieser Männer, für die Liebe und Sexualität getrennte Dinge waren und die daher wenig Gewissensbisse empfanden, wenn sie fremdgingen. Simone Signoret wird einiges davon mitbekommen haben und verstand es offenbar, sich damit zu arrangieren. Nur einen Seitensprung ihres Mannes verwand sie nie: den mit Marilyn Monroe. Die hatte sich für die romantische Filmkomödie *Machen wir's in Liebe* ausdrücklich Yves Montand als Filmpartner gewünscht (nachdem nacheinander Gregory Peck, Cary Grant, Rock Hudson, Yul Brynner und Charlton Heston abgesagt hatten, da sie befürchteten, in einem Monroe-Film nur die zweite Geige zu spielen), und bei den Dreharbeiten 1960 lebten die Ehepaare Montand/Signoret und Monroe/Miller für ein paar Wochen in nebeneinanderliegenden Apartments im selben Hotel. Angeblich stand Montand auf Marilyns berühmter »Männer, mit denen ich schlafen will«-Liste; und ob dem nun so war oder nicht, jedenfalls landete Montand im Bett der damals berühmtesten Sexbombe der Welt – vor den Augen seiner Frau. Obwohl er nach diesem kurzen Abenteuer nichts mehr von Monroe wissen wollte (wenn sie anrief, ließ er sich verleugnen), verzieh Signoret ihm diese eine Affäre nie.

Davon abgesehen verlief ihre Ehe aber harmonisch und ruhig – die Franzosen hatten sich das richtige Vorzeigepaar ausgesucht. Als Signoret 1985 im Alter von nur 63 Jahren an den Folgen eines Krebsleidens starb, war die Trauer im Land groß, und dass Yves Montand drei Jahre später noch einmal heiratete – eine junge Frau, mit der der 67-Jährige sogar noch ein Kind bekam –, nahmen ihm nicht wenige Franzosen übel. Kurz nach seinem 70. Geburtstag starb auch Montand, am 9. November 1991. Seine junge Witwe trug ihn dort zu Grabe, wo er nach Meinung aller auch hingehörte: auf dem berühmten Pariser Friedhof Père Lachaise, an der Seite von Simone Signoret.

Je t'aime

Serge Gainsbourg und Jane Birkin

»Je t'aime ... moi non plus« – mit diesem erst dahingehauchten, dann lustvoll gegrunzten und am Ende lasziv gestöhnten Song, der allzu naturalistisch einen Liebesakt thematisierte, wurden die 22-jährige Jane Birkin und der 41-jährige Serge Gainsbourg 1969 über Nacht zu Popstars der Nach-68er-Zeit. Dass das Lied schon zwei Jahre alt war, Gainsbourg es eigentlich für seine ehemalige Freundin Brigitte Bardot geschrieben und auch im Duett mit ihr eingespielt hatte, dass die Bardot dann aber aus Rücksicht auf ihren neuen Ehemann, den deutschen Playboy Gunther Sachs, darum gebeten hatte, die Veröffentlichung zu unterlassen – all das spielte überhaupt keine Rolle. Der geniale, stets in Zigarettenrauch und Alkoholdunst eingenebelte Chansonnier, Schauspieler, Provokateur, Bohemien und Filou Serge Gainsbourg und die junge Schönheit Jane Birkin waren weit über Frankreich hinaus das Traumpaar einer Generation, und der Erfolg ihres gemeinsamen Hits, verbunden mit der publicityträchtigen Empörung konservativer Kreise (der Song kam in einigen Ländern auf den Index, und auf Veranlassung des Vatikans wurde der Chef der italienischen Plattenfirma sogar für ein paar Tage inhaftiert), zementierte ihren Ruhm als antibürgerliches Liebespaar. Sie waren die John Lennon und Yoko Ono Frankreichs.

Dabei hatte es bei ihrem Kennenlernen im Mai 1968 in Paris zunächst kräftig geknirscht. Die aus England stammende Jane Birkin hatte 19-jährig in Michelangelo Antonionis Kultfilm *Blow Up* ein Nacktmodell gespielt und war dadurch schlagartig zum Sexsymbol geworden (und das, ohne ein »Busenwunder« zu sein); nun war sie für die französische Produktion *Slogan* gecastet worden, deren männliche Hauptrolle Serge Gainsbourg spielen sollte. Der war schon fast 40, hatte lange Jahre weitgehend erfolglos als Gelegenheitskomponist, Begleitmusiker und Barpianist zugebracht und war erst 1965 ins Rampenlicht gerückt, als die 17-jährige France Gall mit einem von ihm komponierten Schlager den Grand Prix Eurovision de la Chanson gewonnen hatte. Nun sollten dieser miesepetrig-knarzige Chansonnier und die zerbrechlich-schöne Jungschauspielerin also zusammen in einem Film auftreten. Birkin hatte von Gainsbourg noch nie gehört und sprach seinen Namen völlig unbekümmert falsch aus (»Bourgignon oder so«); er war eingeschnappt und äußerte, er hätte für die Rolle eigentlich lieber das Model Marisa Berenson gehabt.

Kein guter Start. Die erste Drehwoche verlief frostig. Der Regisseur Pierre Grimblat musste sich etwas einfallen lassen, um das Eis zwischen seinen beiden Protagonisten zu brechen, hatten sie doch zahllose Flirt- und Liebesszenen miteinander abzudrehen. Er lud sie zu einem Abendessen in ein Restaurant ein – und erschien selbst nicht. Der Trick funktionierte: Die beiden plauderten, wurden lockerer, fanden Gefallen aneinander, tanzten. Sie landeten im Hotelzimmer; der Legende nach schloss sich Jane Birkin dann aber so lange im Bad ein, bis Gainsbourg eingeschlafen war.

Ob das so war oder nicht – ab dem nächsten Morgen waren sie ein Paar. Gainsbourg war verrückt nach ihr, folgte ihr auf Schritt und Tritt, überhäufte sie mit Geschenken und schrieb Lieder für sie. Die Presse liebte die beiden, immer wieder wurde gemeldet, dass sie einmal mehr erst um die Mittagszeit aus dem Bett gekommen waren; ebenso genüsslich wurde berichtet, wie sie auf Shoppingtour durch die teuersten Läden von Paris zogen, bevor sie sich dann wieder ins Nachtleben stürzten. Serge Gainsbourg und Jane Birkin waren das hippste Glamour-Paar der Stadt und beflügelten die erotischen Fantasien der Menschen; und als dann nach gut einem Jahr »Je t'aime … moi non plus« herauskam, gab es kein Halten mehr.

Mehr als zehn großartige Jahre hatten sie, gekrönt 1971 durch die Geburt der Tochter Charlotte Gainsbourg (heute selbst erfolgreiche Schauspielerin), und es hätten noch viel mehr werden können. Doch Gainsbourg, der schon 1973 mit gerade einmal 45 Jahren einen ersten Herzinfarkt erlitten hatte und dem später die halbe Leber entfernt wurde, konnte und wollte das Rauchen und das Saufen nicht aufgeben, und während Jane Birkin sich in den 1970er-Jahren erfolgreich darum bemühte, ihr Rollenklischee der leicht bekleideten Verführerin hinter sich zu lassen und seriöse Charakterrollen zu spielen, war er weitgehend damit beschäftigt, seine Gesundheit zu ruinieren. Stoppelbärtig, wuschelhaarig und in die notorische Gitanes-Wolke gehüllt, stand er ein ums andere Mal wankend auf der Bühne und lallte ins Mikrofon, und wie bei Amy Winehouse 30 Jahre nach ihm warteten die Besucher seiner Konzerte regelrecht darauf, dass er im Rausch irgendeinen Mist anstellen würde. Serge Gainsbourg war ziemlich am Ende. Und er war zum Klischee geworden.

Jane Birkin liebte ihn immer noch, ganz gewiss, doch sie hielt es nicht mehr mit ihm aus – das sind zwei verschiedene Dinge. 1981 verließ sie ihn und fand in dem Regisseur Jacques Doillon einen neuen Partner, mit dem sie eine weitere Tochter bekam. Ihr tat dieser Schritt gut. Gainsbourg nicht. Er hatte zwar auch nach einer Weile eine neue Lebensgefährtin (32 Jahre jünger als er) und mit dieser ebenfalls noch ein Kind, doch immer wenn es ihm schlecht ging, wenn die Einsamkeit zu groß wurde, rief er Jane an. Sie hörte ihm geduldig zu, sprach lange und lieb mit ihm. Und wenn sie ihn im Fernsehen sah und darüber erschrak, wie sehr er abgenommen hatte, kochte sie etwas, brachte es ihm vorbei und achtete darauf, dass er es auch aß. Jane Birkin, die um 20 Jahre Jüngere, wurde zu einer Art Mutter für ihn. Die leidenschaftliche Liebe zwischen den beiden hatte sich in eine tiefe Freundschaft gewandelt. So blieb es bis zum Ende.

Als Serge Gainsbourg 1991 an Herzversagen starb, war Frankreich in Trauer – zu seiner Beerdigung auf dem Friedhof Montparnasse strömten so viele Menschen, dass der Verkehr in halb Paris lahmlag. Jane Birkin war am Boden zerstört. Auch wenn sie seit zehn Jahren kein Paar mehr waren, war ihr ein Mensch genommen worden, den sie nicht aufgehört hatte zu lieben. Das galt auch umgekehrt: Noch sein letztes Album, aufgenommen wenige Monate vor seinem Tod, hatte Serge Gainsbourg der großen Liebe seines Lebens gewidmet – Jane Birkin.

Die Unspektakulären

Melanie Griffith und Antonio Banderas

Über dieses Paar gibt es eigentlich nicht viel zu erzählen. Und gerade das ist so ungewöhnlich für eine Hollywoodschauspieler-Ehe, dass über sie hier doch unbedingt berichtet werden soll.

Zum ersten Mal begegnet sind sich Melanie Griffith und Antonio Banderas bei der Verleihung der Academy Awards 1989. Da war der 28-jährige Banderas gerade frisch verheiratet, und die 31-jährige Griffith stand im Begriff, ihre dritte Ehe einzugehen, mit dem *Miami Vice*-Star Don Johnson, mit dem sie als 19-Jährige schon einmal verheiratet gewesen war (damals hatte die Ehe kein Jahr gehalten). Banderas begleitete den Regisseur Pedro Almodóvar, seinen Entdecker und Förderer, zu dieser Oscarverleihung; ihr gemeinsamer Film *Frauen am Rande des Nervenzusammenbruchs* war als bester fremdsprachiger Film nominiert. Auf dem roten Teppich sah Banderas die blonde Melanie Griffith, die als beste Hauptdarstellerin für *Die Waffen der Frauen* nominiert war (es sollte ihr erfolgreichster Film bleiben; in der Folge ging es mit ihrer Karriere langsam, aber stetig bergab). »Wer ist das, Pedro?«, fragte Banderas. »Das ist Melanie Griffith«, antwortete Almodóvar. Mehr passierte nicht an diesem Abend, es war nur ein flüchtiger Augenblick. Sieben Jahre später waren sie verheiratet.

Wiederbegegnet (eigentlich: zum ersten Mal richtig begegnet) sind sie sich sechs Jahre später bei den Dreharbeiten zu der Beziehungskomödie *Two Much*, in der sie die Hauptrollen spielen sollten. Der Film wurde, um es höflich zu sagen, durchschnittlich (Griffith wurde dafür für die Goldene Himbeere als schlechteste Schauspielerin nominiert ...); aber zwischen der üppigen Blondine und dem begehrten Latin Lover funkte es. Beide waren noch verheiratet, aber in beiden Ehen war offensichtlich der Lack ab – Griffith und Banderas wurden ein Paar. Kurz darauf wurde sie schwanger, beide ließen sich scheiden, im Mai 1996 heirateten sie. Im September kam Tochter Stella del Carmen zur Welt.

Melanie Griffith und Antonio Banderas auf dem roten Teppich bei der 82. Verleihung der Academy Awards in Hollywood, 2010

Niemand, wirklich niemand sagte dieser Beziehung eine allzu große Zukunft voraus. Es schien eine dieser typischen Hollywood-Ehen zu sein: aus einer Affäre geboren, publicityträchtig geschlossen, irgendwann würde sie publicityträchtig wieder beendet werden. Beide hatten sie Scheidungen hinter sich und also schon unter Beweis gestellt, dass sie es mit dem »... bis dass der Tod euch scheidet« nicht allzu wörtlich nahmen; zudem war der 36-jährige Antonio Banderas zu dieser Zeit einer der gefragtesten und »heißesten« Schauspieler, während die drei Jahre ältere Melanie Griffith beruflich eindeutig auf dem absteigenden Ast war. Es sprach wirklich alles dafür, dass das nicht lange gutgehen und Banderas sich früher oder später eine Jüngere suchen würde – wie das eben so lief in Hollywood.

Aber bei ihnen lief es anders: Denn es passierte – nichts. Dabei lebten sie gar nicht zurückgezogen oder medienscheu, im Gegenteil: Sie befanden sich im Zentrum der Glamourwelt Hollywoods, waren auf vielen rauschenden Festen unterwegs und gaben auf ihrer Hacienda selbst legendäre Dinnerpartys. Doch die Schlagzeilen, die machten immer nur die anderen. Als sie 2006 ihren zehnten Hochzeitstag begingen, war rückblickend der schlimmste »Skandal« ihrer Ehe der, dass Banderas sich einmal an Thanksgiving darüber beschwert hatte, dass Griffith auch ihren Exmann Don Johnson eingeladen hatte (mit dem sie ebenfalls ein Kind hatte). Mehr war nicht. Die Klatschreporter waren frustriert, und Hollywood staunte.

Eine makellos reine Bilderbuchehe ist es trotzdem nicht geblieben: Das Bild des Traumpaares bekam einige Risse. Doch das lag nicht an irgendwelchen Seitensprüngen oder Ähnlichem, sondern daran, dass Melanie Griffith offenbar mit dem Schwinden ihres Erfolgs nicht gut zurechtkam. In den vergangenen Jahren war sie immer mal wieder mit (unglücklich verlaufenen) Schönheitsoperationen in den Schlagzeilen, zudem mit Alkoholexzessen und Geschichten um Medikamentenmissbrauch: Drei Entziehungskuren hat sie bereits hinter sich, eine wegen Alkoholsucht, die beiden anderen, weil sie von Schmerzmitteln abhängig geworden war. Jedes Mal, wenn eine solche Story an die Öffentlichkeit drang, wurde umgehend darüber spekuliert, dass es ja offenbar unglücklich zugehe in dieser Ehe, dass Griffith ihrem Mann doch nur noch eine Last sei, dass Antonio Banderas sie bestimmt bald verlassen werde. Doch nichts dergleichen geschah.

Wie es mit ihnen weitergeht, ist offen. Es ist durchaus vorstellbar, dass die Unkenrufer eines Tages recht bekommen werden und Banderas sich von seiner Frau trennt, sollte sie wieder einmal rückfällig werden und zur Flasche oder zum Pillendöschen greifen – Tochter Stella ist bald 16 und damit aus dem Gröbsten raus; falls sie es war, die Banderas bisher davon abgehalten hat, seine Frau zu verlassen, verliert dieses Argument allmählich an Gewicht. Es ist aber genauso gut vorstellbar, dass Antonio Banderas und Melanie Griffith noch mit 80 Hand in Hand durch Hollywood gehen und der Flüchtigkeit dieser Scheinwelt die lange Nase zeigen. Eine schöne Vorstellung.

Verbotene Liebe

Emanzipation? Nur in der Theorie!

Percy B. und Mary Shelley

Mary Godwin war freigeistig erzogen worden. Das war bei ihren Eltern auch kein Wunder: Ihr Vater war der sozialkritische Philosoph und Begründer des modernen Atheismus William Godwin, ihre Mutter die Schriftstellerin und Feministin Mary Wollstonecraft, die mit der Schrift *Die Verteidigung der Frauenrechte* (1792) eines der grundlegenden Werke über die Gleichberechtigung von Mann und Frau verfasst hatte und als eine der ersten Feministinnen gelten kann. Die Mutter war kurz nach Marys Geburt 1797 im Kindbett gestorben, doch ihr Vater war mit den emanzipatorischen Ansichten seiner Frau vollkommen einverstanden und erzog Mary in deren Sinne. Das Mädchen wuchs nicht nur mit den sozialrevolutionären Ideen ihres Vaters auf, sondern auch in dem Bewusstsein, als Frau den Männern ebenbürtig zu sein.

1812 schrieb ein junger Mann namens Percy B. Shelley einen bewundernden Brief an William Godwin. Der war es gewohnt, Fanpost von idealistischen jungen Männern zu bekommen, die seine radikalen Ansichten teilten, und antwortete zunächst eher abweisend. Doch als ihm bewusst wurde, dass dieser Shelley aus höchst vermögendem Hause stammte – er war der älteste Sohn eines reichen Baronets – und ihm vielleicht aus seinen ständigen Geldnöten würde helfen können, intensivierte er die Korrespondenz. Im Mai 1814 lud er den 22-jährigen Hitzkopf, der mit 19 vom College in Oxford verwiesen worden war, weil er das Pamphlet *Die Notwendigkeit des Atheismus* mitverfasst hatte, nach London in sein Haus ein, wo die Intellektuellen der Stadt fast täglich miteinander debattierten. Hier sah ihn Godwins Tochter Mary zum ersten Mal. Sie war 16 und verliebte sich umgehend in den hübschen jungen Mann mit den braunen Locken.

Auch Percy Shelley war hingerissen von der Tochter seines Vorbilds und Mentors. Etwa sechs Wochen nach ihrer ersten Begegnung – Shelley war mittlerweile Dauergast im Hause Godwin – erklärten sich die beiden am Grabe von Marys Mutter ihre Liebe. Eine schöne, eine ro-

Porträt von Percy B. Shelley

mantische Szene. Doch es gab zwei Hindernisse: Erstens war Shelley verheiratet. Er hatte mit 19 aus einer Laune heraus die 16-jährige Harriet Westbrook geheiratet, eine Mitschülerin einer seiner Schwestern, die er kaum kannte und die er durch die Hochzeit aus den Klauen ihres tyrannischen Vaters zu erretten gedachte – eine noble Geste, zweifellos, doch vielleicht nicht ganz durchdacht: Denn jetzt, da er sich zum ersten Mal wirklich verliebte, war er ein verheirateter Mann, und seine Frau erwartete auch noch ein Kind.

Während die Schwierigkeiten, die hier entstehen würden, vorauszusehen waren, tat sich das zweite Hindernis überraschend auf: Marys Vater, der große Sozialreformer und Freigeist William Godwin, war alles andere als angetan von dieser Beziehung. Er sah in dem jungen Shelley einen gemeinen Verführer seiner Tochter, der seine Gastfreundschaft missbraucht habe und seine Übergriffe auch noch dreist mit den gemeinsamen politischen Anschauungen rechtfertigte. Dass Mary vielleicht ein Wörtchen mitzureden hätte, sah William Godwin, der Witwer der ersten großen Frauenrechtlerin, nicht ein. Er verbot seiner Tochter und Percy Shelley schlicht jeden Umgang miteinander.

Und so blieb den beiden kaum etwas anderes übrig als durchzubrennen. Gemeinsam mit Marys ebenfalls 16-jähriger Stiefschwester Claire, die Godwins zweite Frau mit in die Ehe gebracht hatte, brach das Paar nach Frankreich auf. Sie reisten nach Paris, dann weiter Richtung Schweiz, fast ohne Geld (Percys Vater hatte ihm jede Zuwendung gestrichen), doch glücklich: Sie wanderten durchs Land, ein Maultier trug das Gepäck, Percy dichtete (für seine romantische Lyrik sollte er später ein Plätzchen in der Literaturgeschichte zugewiesen bekommen), und sie führten gemeinsam Tagebuch. Zwei bis drei Monate dauerte dieses Leben, dann ging ihnen endgültig das Geld aus und sie kehrten zwei Wochen nach Marys 17. Geburtstag nach England zurück.

Falls sie gehofft hatten, in der Zwischenzeit hätten sich die Wogen geglättet, wurden sie enttäuscht. Marys Vater brach jeden Kontakt zu ihr ab. Zu allem Übel war Mary bei ihrer Rückkehr schwanger. Das machte Percy und sie erst recht zu Geächteten in der Londoner Gesellschaft. Sie lebten in einer kümmerlichen Mietwohnung und fühlten sich wie Ausgestoßene. Dass die Tochter, die Mary im Februar 1815 zur Welt brachte, nur wenige Tage überlebte (während Shelleys Ehefrau Harriet kurz zuvor einen gesunden Sohn geboren hatte), machte die Sache nicht gerade besser. Mary Godwin verfiel in Depressionen, und Percy Shelley war hin und her gerissen zwischen seiner großen Liebe Mary und seiner »offiziellen« Familie, der er sich auch verpflichtet fühlte.

Im Jahr 1816 wendete sich das Blatt. Zum einen hatte Percy nach dem Tod seines Großvaters eine Leibrente geerbt und verfügte erstmals über ausreichend Geld. Zum Zweiten war Mary wieder schwanger und brachte einen Sohn zur Welt, William. Und zum Dritten nahm sich Percys Ehefrau Harriet das Leben. Über die Hintergründe dieser Tat ist wenig bekannt, und so traurig das auch war, so bedeutete es für Mary und Percy doch, dass sie heiraten konnten. Das taten sie fast umgehend: Endlich wurde Mary Godwin zu Mary Shelley. Unter ihrem Herzen trug sie da bereits ihr drittes Kind.

Im September 1817 kam das Baby zur Welt, Clara. Und Mary Shelley gebar mit ihren gerade einmal 19 Jahren noch etwas anderes, für das sie Weltruhm erlangen würde: Sie schrieb den Schauerroman *Frankenstein*, bis heute eine der berühmtesten Horrorgeschichten der Weltliteratur. Es war eine glückliche Zeit für Mary und Percy Shelley. Allerdings währte sie nicht lange.

Im März 1818 beschloss das Paar, England für immer zu verlassen. Sie reisten mit ihren beiden kleinen Kindern nach Italien, wo es ihnen ausnehmend gut gefiel und wo sie viel Zeit mit Lord Byron verbrachten, mit dem sie sich angefreundet hatten und der in Venedig lebte. Doch sie wollten oder konnten sich an keinen Ort binden und zogen unstet durch das Land, als ob sie vor ihrem Schicksal fliehen wollten. Doch das Schicksal ließ sich nicht abschütteln: Im September 1818 starb Clara kurz nach ihrem ersten Geburtstag, im Juni 1819 folgte ihr der dreijährige William. Mary und Percy waren wieder kinderlos.

Ein gutes Jahr später brachte Mary ihr viertes Kind zur Welt, einen Sohn. Die zwischenzeitlich einmal mehr in Depressionen verfallene Mary schöpfte erneut Hoffnung und Lebensmut, doch das Schicksal schlug noch einmal zu: Am 8. Juli 1822 ertrank Percy Shelley im Alter von gerade einmal 29 Jahren bei einer Segeltour vor Viareggio. Mary Shelley war 24 Jahre alt.

Und so wurden die Liebenden, denen sich so viele Widerstände entgegengestellt hatten, vom Tod getrennt: In einem Alter, in dem andere gerade erst ans Heiraten und an die Gründung einer Familie dachten, war Mary Shelley Witwe und hatte zudem drei ihrer vier Kinder verloren. Sie kehrte nach London zurück und widmete den Rest ihres Lebens ihrer eigenen literarischen Karriere sowie der Herausgabe der lyrischen Werke ihres Mannes. Bis an ihr Lebensende im Jahr 1851 wurde sie dabei unterstützt von ihrem einzigen überlebenden Sohn, der den Namen seines Vaters trug: Percy Shelley.

»Sind Sie auch Musiker?«

Robert und Clara Schumann

Robert Schumann, geboren 1810, war über neun Jahre älter als Clara Wieck. Doch als sie sich kennenlernten, war sie schon eine bekannte Klaviervirtuosin, während er in musikalischer Hinsicht noch ein Niemand war. Er war 20, sie elf.

Schumann hatte sich zu diesem Zeitpunkt noch nicht entschieden, was er mit seinem Leben anfangen sollte. Schriftsteller werden vielleicht, oder Komponist? Pianist? Er schwankte noch. Erst einmal studierte er in Leipzig Jura, mehr dem Willen der Mutter folgend als dem eigenen. Eine Übergangslösung, solange er sich noch nichts anderes überlegt hatte.

Als er dann eines Tages das elfjährige Wunderkind Clara Wieck am Flügel hörte, war er überwältigt: So schön wollte er auch Klavier spielen können. Die Würfel für seine eigene Zukunft schienen gefallen. Schumann wandte sich an Claras Vater, Friedrich Wieck, einen prominenten Klavierlehrer, dem der außergewöhnliche Erfolg seiner Tochter als Aushängeschild seines musikpädagogischen Könnens diente. Und Wieck versprach tatsächlich in einem Brief an Schumanns Mutter (die noch überzeugt werden musste), den Jungen »binnen drei Jahren zu einem der größten, jetzt lebenden Klavierspieler zu bilden«. Bescheidenheit war wohl nicht seine Stärke. Aber der Brief verfehlte seine Wirkung nicht, die Mutter gestattete und finanzierte ihrem Sohn, diesen Weg einzuschlagen, und Robert Schumann bezog ein Zimmer im Hause Wieck. Robert, der 20-jährige Klavierschüler, und Clara, die elfjährige Virtuosin, lebten wie zwei Geschwister nebeneinander her.

Fünf unbeschwerte Jahre ging das gut. Das Kind und der junge Mann (der ab 1834 sogar verlobt war) waren einander sehr zugetan. Doch zwei Ereignisse störten die Idylle: Zum einen bekam Robert vom vielen Üben eine Sehnenscheidenentzündung im rechten Ringfinger, die sich bald zu einer bleibenden Lähmung des Fingers auswuchs –

seine Laufbahn als Pianist war vorbei, bevor sie angefangen hatte. Zum anderen verliebte er sich in Clara.

Er war 25, sie 16, als sie sich zum ersten Mal küssten. Schumann löste umgehend seine Verlobung – er wollte jetzt nur noch Clara, genau wie sie ihn. Doch sie hatten nicht mit Wieck gerechnet. Claras Vater schäumte vor Wut, als er davon erfuhr; er untersagte den beiden auf fast pathologisch besitzergreifende Weise jeden Kontakt und überwachte die Einhaltung dieses Verbots mit krankhafter Verbissenheit. Zum einen sah er sein »Werk« gefährdet, nämlich die Wunderpianistin Clara. Zum anderen höhnte er, Schumann könne seine Tochter ja ohnehin nicht ernähren. Womit er, nach der Geschichte mit dessen Finger, zwar nicht unrecht hatte, aber es war eine empfindliche Kränkung für Robert.

Doch Wieck war ein schlechter Psychologe. Einerseits spornte er Schumann mit seinem Spott gerade dazu an, etwas aus sich zu machen; der junge Mann gründete eine recht erfolgreiche Musikzeitschrift und verlegte sich außerdem mit großem Ehrgeiz aufs Komponieren. Andererseits führten die intriganten väterlichen Versuche, die Beziehung zu hintertreiben, gerade dazu, dass Clara und Robert umeinander kämpften. Der Widerstand des alten Wieck setzte zwar beiden erheblich zu, die erzwungene Konspiration ihrer Beziehung vergrößerte die Leidenschaft und festigte die Liebe aber gleichzeitig enorm.

Vier Jahre ging das so. Schließlich wussten sich Robert und Clara nicht mehr anders zu helfen, als Klage gegen Wieck einzureichen. Am 1. August 1840 wurde tatsächlich per Gerichtsbeschluss die Zustimmung zur Eheschließung erteilt. Sechs Wochen später heirateten sie, am Tag vor Claras 21. Geburtstag.

Es folgte eine Zeit des Ehe- und Familienglücks. Clara Schumann gebar während der nächsten 13 Jahre acht Kinder, die sie gehörig in Beschlag nahmen – von den Strapazen der Schwangerschaft nicht zu reden –, außerdem wollte sie als gute Ehefrau ihrem Mann, der ja noch ganz am Anfang seiner Laufbahn als Komponist stand und sich so viel Mühe gab, seine Familie zu ernähren, nicht im Weg stehen. Was konkret bedeutete, dass sie kaum Gelegenheit hatte zu üben, denn

Fotografie von Clara Schumann, um 1850

sie besaßen zwar zwei Flügel, doch die Wände ihres Hauses waren viel zu dünn, als dass sie gleichzeitig hätten spielen können. Also konnte immer nur einer von ihnen arbeiten, und das war fast ausschließlich Robert.

Erstaunlicherweise gelang es Clara Schumann trotz dieser widrigen Umstände, ihre Karriere als Klaviervirtuosin fortzusetzen (womit sie ein aus heutiger Sicht fast unglaubliches Vorbild für die Vereinbarkeit von Familie und Beruf lieferte). Doch Robert kam damit nicht gut zurecht: Zwar wollte er seiner Frau keineswegs das Klavierspiel verbieten, doch er hätte sie sich etwas häuslicher, etwas weniger auf Reisen und – sagen wir es ruhig – etwas weniger erfolgreich gewünscht. Ein Brief, ihr noch vor der Hochzeit heimlich zugesteckt, entlarvt seine Haltung: »Am liebsten möchte ich ... ein hübsches Haus nicht weit von der Stadt haben, Dich bei mir, – arbeiten, – selig und still mit Dir leben. Deine große Kunst würdest Du natürlich pflegen, wie immer, doch weniger für Alle und des Erwerbes wegen, als für einzelne Auserlesene und unseres Glücks halber.« Schöne Worte, doch Clara ließ sich nicht beirren. Sie wollte eine gute Ehefrau und Mutter sein und war es auch, doch sowie es die familiären Pflichten zuließen, gab sie Konzerte. Und wurde weiterhin frenetisch beklatscht.

Robert war derweil auch nicht unerfolgreich; er komponierte wie am Fließband Sinfonien, Klavierwerke, Liederzyklen und machte sich allmählich einen Namen. Aber ohne Claras Zusatzeinkünfte reichte es trotzdem nicht; das und die Tatsache, dass er an ihre Berühmtheit nie heranreichen würde, nagten enorm an ihm. Clara nahm fast immer eines seiner Werke ins Programm ihrer Konzertabende auf, um ihm zu größerer Popularität zu verhelfen (was auch funktionierte), doch dass er offenbar dieser Förderung bedurfte, empfand er als Erniedrigung. Einmal, als er Clara auf einer ihrer vielen Tourneen begleitete, wurde er gar gefragt, ob er auch Musiker sei. Es war demütigend. Robert, der um fast zehn Jahre Ältere, der Mann, stand zeitlebens im Schatten seiner jungen Frau. Er wurde depressiv.

Während Clara in der zweiten Hälfte der 1840er-Jahre (oft schwanger und/oder mit einem Baby unterwegs) gefeierte Tourneen durch ganz Europa unternahm, sah Robert sich gezwungen, eine Anstellung zu suchen – die Tantiemen seiner Kompositionen allein reichten hinten und vorne nicht. Seine Hoffnung, Nachfolger von Felix Mendelssohn Bartholdy am Leipziger Gewandhaus zu werden, zerschlug sich; verbittert nahm er erst eine Stelle in Dresden an, 1850 dann eine im fernen Düsseldorf. Clara und die Kinder folgten ihm brav.

Doch Roberts depressive Schübe, verstärkt durch nächtliche akustische Halluzinationen, verschlimmerten sich zusehends. Am Rosenmontag 1854 sprang er in Düsseldorf mitten im Karnevalstrubel von einer Rheinbrücke, um sich das Leben zu nehmen, doch er wurde aus dem Wasser gezogen. Anschließend wurde er in eine Nervenheilanstalt eingeliefert (vielleicht lieferte er sich auch selbst ein, darüber herrscht Uneinigkeit). Die Ärzte rieten Clara, sich den Anblick ihres Mannes in diesem bedauernswerten Zustand zu ersparen, und tatsächlich besuchte sie ihn in den nächsten zwei Jahren kein einziges Mal. Ein, bei aller Ärztehörigkeit, etwas rätselhaftes Verhalten. Erst zwei Tage vor seinem Tod, am 27. Juli 1856, ging sie zu ihm, weil die Ärzte sie gerufen hatten – er verweigerte die Nahrungsaufnahme, konnte schon nicht mehr sprechen, es ging mit ihm zu Ende. Zwei Tage später starb Robert Schumann, allein, 46-jährig.

Clara Schumann überlebte ihren Mann um geschlagene 40 Jahre. Ihre Karriere als Pianistin und zunehmend auch als Komponistin erreichte neue Höhen, als sei sie von allem Ballast befreit. Und doch deutet einiges darauf hin, dass sie nie wieder so glücklich gewesen ist, wie sie es an Roberts Seite war.

Die nicht erteilte Absolution

Oscar Wilde und Lord Alfred Douglas

Im Jahr 1891 war der irische Dichter Oscar Wilde 37 Jahre alt. Er war verheiratet, hatte zwei Söhne und war der Liebling der Londoner Society. Die Leute verehrten ihn nicht nur als Schriftsteller (der epochemachende Roman *Das Bildnis des Dorian Gray* war gerade erschienen und begeisterte die literarischen Zirkel Englands), sondern auch wegen seines exzentrischen Auftretens: Mit seiner bis ins Detail gepflegten Erscheinung, seinen fast obszön langen Haaren und seinen mit kapriziösen Accessoires geschmückten Anzügen entzückte er die feine Gesellschaft der Stadt, die er zudem mit geschliffenen Bonmots bestens zu unterhalten vermochte, vorgetragen mit seiner berühmten weichen Stimme. Oscar Wilde war ein Ästhet, ein Dandy (ja: der Prototyp des Dandys), und sein Lebenswandel, über den getuschelt wurde, machte den Reiz, der von ihm ausging, nur noch größer. Nur öffentlich durften seine homosexuellen Liebschaften nicht werden – so das ungeschriebene Gesetz im viktorianischen England.

In diesem Jahr 1891 also wurde Oscar Wilde dem 20-jährigen Lord Alfred Douglas vorgestellt. Der Adelsspross war von makelloser Schönheit, er hatte blonde Locken, große Augen, samtene Haut, einen weichen Mund. Und er war – natürlich wurde auch darüber wieder nur geflüstert – einer der bekanntesten und begehrtesten Homosexuellen der Stadt. Man kann sich bildlich vorstellen, wie sehr sich Wilde bemüht haben muss, den engelsschönen Jüngling nicht dauernd anzustarren.

Wer von den beiden nun die Annäherung vorantrieb, ist umstritten – im Nachhinein behaupteten beide, der jeweils andere sei es gewesen. Wie auch immer: Der berühmte Dandy, der sein Leben als Kunstwerk zu inszenieren versuchte, und der junge Adelige, zu jener Zeit noch Student mit eigenen literarischen Ambitionen, umkreisten einander auf immer enger werdenden Bahnen, bis sie im Juni 1892 ein Paar wurden. Ein sehr ungleiches Paar: Douglas war ein Heißsporn, ungestüm, jähzornig, fordernd, dominant, zugleich mit Minderwertigkeitsgefühlen neben seinem so viel älteren und unerreichbar bedeutenderen Liebhaber kämpfend, während Wilde zwar einerseits auf seiner Suche nach der alles verklärenden Liebe ans Ziel gekommen zu sein glaubte und seinem jungen Freund mit Haut und Haaren verfiel, andererseits aber ein ruhiger, kultivierter, distinguierter Charakter war.

»Bosie«, wie Douglas genannt wurde, brachte Wilde nicht nur dazu, seine Homosexualität offener zu leben als zuvor, sondern er führte ihn auch in die Schattenwelt der Stricher, der verruchten Nachtbars, der Hinterzimmer ein. Wilde tauchte tief ein in diese Halbwelt, in der hübsche Knaben sich für ein paar Pfund mitnehmen ließen, und Douglas muss es genossen haben, seinem berühmten Gefährten dieses ihm selbst schon viel länger vertraute Milieu zu zeigen. Es wurden Oscar Wildes produktivste Jahre, er schrieb in jener Zeit seine weltberühmten Gesellschaftskomödien, kam endlich zu Geld, reiste durch Europa, Douglas stets an seiner Seite. Die Londoner Upperclass hofierte den Autor, von seinen Ausschweifungen wissend und sie – solange nach außen der gute Schein gewahrt wurde – insgeheim goutierend.

Doch der allseits umschmeichelte Wilde wähnte sich zu sicher; die verzehrende Leidenschaft, die er in seinen Werken über alles gestellt und nach der er in seinem Leben so inbrünstig gestrebt hatte, sie sollte ihn am Ende tatsächlich verzehren. Als Douglas' Vater, der Marquess of Queensbury, der um seinen guten Namen und die Karriere seines Sohnes fürchtete, Oscar Wilde 1895 gezielt öffentlich als »Sodomiten« bezeichnete (was nichts anderes hieß als »Homosexueller« und eine Straftat war), rannte Wilde sehenden Auges ins Verderben. Angestachelt von Bosie, der mit seinem Vater auf Kriegsfuß stand, ließ Wilde die Angelegenheit nicht im Sande verlaufen – was vernünftig gewesen wäre und wozu ihm alle seine Freunde geraten hatten –, sondern strengte einen Verleumdungsprozess gegen den Marquess an. Ein verhängnisvoller Fehler.

Die Klage gegen Douglas' Vater wurde abgewiesen, und Wilde wurde folgerichtig nun seinerseits wegen Sodomie angeklagt. Wildes Vertraute drängten ihn zur sofortigen Flucht (die englische Justiz jener Zeit sah für angeklagte Gentlemen ein skurriles Schlupfloch vor: Haftbefehle wurden erst abends vollstreckt, wenn der letzte Zug nach Dover abgefahren war, mit dem man noch die Nachtfähre nach Frankreich erreichen konnte), doch Wilde blieb. Er glaubte, sich vor Gericht die öffentliche Absolution für seine im Grunde ja allseits bekannte und tolerierte Homosexualität einholen zu können – gründlicher konnte er sich nicht verspekulieren. Im Prozess berief er sich salbungsvoll auf die Knabenliebe der griechischen Antike, auf Platon, Michelangelo und Shakespeare, doch das hohe Gericht war offenbar nicht sehr kunstsinnig und verurteilte Wilde humorlos zu zwei Jahren Zuchthaus mit Zwangsarbeit. Die Katastrophe war eingetreten.

Während Douglas schleunigst nach Frankreich floh, wurde Wilde ins Zuchthaus von Reading überführt. Der Aufenthalt hier griff ihn gesundheitlich an, machte ihn halb wahnsinnig und erniedrigte ihn jeden Tag aufs Neue. Und was vielleicht noch schlimmer war: Seine komplette gesellschaftliche und berufliche Existenz wurde zerstört, er wurde eine *persona non grata*. Seine Werke durften nicht mehr aufgeführt, seine Bücher nicht mehr gedruckt werden. Seine Einnahmequellen versiegten, er musste – auch wegen der hohen Prozesskosten – einen Offenbarungseid leisten. Sein Haus und sein sonstiger Besitz wurden verpfändet. Seine Frau änderte ihren Namen und ging mit den Kindern ins Ausland, ihm wurde das Sorgerecht entzogen. Als Oscar Wilde im Mai 1897 aus dem Zuchthaus entlassen wurde, war er am Ende.

Quasi direkt vom Gefängnistor aus reiste er nach Dover und bestieg die nächste Fähre Richtung Frankreich. England würde er nie wiedersehen. In einem kleinen Strandhotel bei Dieppe erholte Wilde sich mehrere Wochen lang, kam wieder zu Kräften, bekam den Kopf frei. Und fing wieder an, von seinem Bosie zu träumen. Im Zuchthaus hatte er quasi mit ihm gebrochen, hatte ihn für den Schuldigen an seinem Niedergang gehalten, ihn für parasitär und selbstsüchtig erklärt, wollte ihm nie wieder begegnen – sein mehr als 50 000 Wörter langer Brief an Douglas, der posthum unter dem Titel *De Profundis* veröffentlicht wurde, ist ein beredtes Zeugnis dieser Abkehr vom einstigen Geliebten. Doch nun, in Freiheit, trieb Wilde die Sehnsucht um. Er wollte Bosie, der seit seiner Emigration ja ebenfalls in Frankreich lebte, wiedersehen.

Und der hatte ohnehin nur auf den Tag gewartet, an dem er seinen Oscar wieder in die Arme würde schließen können.

In Rouen kam es zum Wiedersehen. Die beiden verbrachten drei Tage miteinander und beschlossen, gemeinsam nach Neapel zu ziehen. Ein Neuanfang sollte es sein. Aber bald stellte sich heraus, dass die Liebe nicht mehr da war. Ganz einfach. Douglas schrieb in Neapel einige seiner besten Sonette, Wilde die *Ballade vom Zuchthaus Reading*, doch als das Geld verbraucht war, reisten beide ernüchtert wieder ab. Getrennt. An ein Zusammenleben dachte keiner mehr.

Zum endgültigen Zerwürfnis kam es, als der mittellose Oscar Wilde seinen Bosie in Paris, wo sie nun beide lebten, um finanzielle Unterstützung bat – Douglas' verhasster Vater war gestorben und hatte ihm ein Vermögen vererbt. Doch Douglas wies ihm die Tür. Wie eine große dicke Dirne sei Wilde ihm vorgekommen, ließ der junge Lord verlauten, und das habe er ihm auch gesagt.

Damit war das letzte Band zwischen ihnen zerschnitten. Wilde vegetierte verarmt und gesellschaftlich isoliert im Pariser Hotel d'Alsace vor sich hin, doch nicht mehr allzu lange: Am 30. November 1900 starb er an einer Hirnhautentzündung, Folge einer Innenohrentzündung, die er sich vermutlich im Zuchthaus zugezogen hatte. Er wurde 46 Jahre alt.

Sein Bosie überlebte ihn um gut 45 Jahre. Lange bestritt er, mit Wilde eine intime Beziehung gepflegt zu haben, und äußerte sich abfällig und verletzend über seinen einstigen Liebhaber. Doch nach einigen Jahren bekannte Lord Alfred Douglas sich wieder zu dem großen Oscar Wilde, den er mit seiner kompromisslosen Leidenschaft ins Verderben getrieben hatte, und widmete sein Leben der Pflege von dessen Andenken.

Der Nazi und die Jüdin

Martin Heidegger und Hannah Arendt

Im engeren Sinne dauerte die Beziehung zwischen der jungen Philosophiestudentin Hannah Arendt und ihrem um 17 Jahre älteren Professor Martin Heidegger nicht einmal ein Jahr. Dann waren ihm sein Ruf und seine Familie wichtiger, und er servierte die junge Frau ab. So weit, so banal und abgeschmackt – fast nicht der Rede wert, sollte man meinen. Doch obwohl die beiden sich später in denkbar verschiedene Richtungen entwickelten – er sympathisierte mit dem Nationalsozialismus, sie musste als Jüdin emigrieren und wurde eine bedeutende Totalitarismusforscherin –, blieb ihre geistige Verbundenheit bis zu ihrem Lebensende bestehen.

Im Herbst 1924 zog die 18-jährige Königsberger Abiturientin Hannah Arendt nach Marburg, um Philosophie zu studieren. Dort lehrte seit Kurzem ein erst 35 Jahre alter Professor namens Martin Heidegger, der als Rebell der Philosophie galt – bei ihm wollte Hannah ihr Studium aufnehmen. Bald war sie fasziniert von den Vorlesungen des jungen Professors, von den Gedankengebäuden, die er erschuf, und auch von ihm selbst, seinem merkwürdig altmodischen Charme, der in so großem Kontrast zu seinen neuartigen, blitzgescheiten Ideen stand. Auch Heidegger fand Gefallen an seiner Studentin, die jedes seiner Worte begierig aufsog, und so kam, was kommen musste und was beide als unausweichlich ansahen: Sie wurden ein Liebespaar.

Ein heimliches, versteht sich, denn Heidegger war verheiratet und hatte zwei Söhne, und sein heiles Familienleben wollte er auf keinen Fall durch das Bekanntwerden einer Affäre mit einer Studentin gefährden. Und so war die Beziehung zwar äußerst leidenschaftlich und intensiv, aber für Arendt auch demütigend; keinesfalls begegneten sich die beiden auf Augenhöhe, denn Heidegger bestimmte stets Zeit und Ort ihrer Treffen und bestand auf strengster Geheimhaltung. Seine Geliebte hatte ihm, überspitzt gesagt, zur Verfügung zu stehen und sich durch den Hintereingang rein- und rauszuschleichen. Als Hannah einerseits mehr wollte und Heidegger andererseits merkte, dass er seine Ehe und auch seine vielversprechende Karriere gefährdete, hielt er sie auf Abstand und versuchte, sie wieder aus seinem Leben zu verbannen. Im Sommer 1925 war Schluss, Hannah verließ Marburg und studierte erst in Freiburg bei Heideggers Lehrer Edmund Husserl, dann in Heidelberg bei Heideggers Freund Karl Jaspers. 1929 heiratete sie den Heidegger-Schüler Günther Stern (der später unter dem Namen Günther Anders als Schriftsteller berühmt wurde), obwohl sie ihn erklärtermaßen nicht liebte; die Ehe hielt acht Jahre.

Wenn das alles gewesen wäre, dann wäre es kaum erzählenswert – eine kümmerliche, triviale Professor-und-Studentin-Geschichte, mehr nicht. Doch die Geschichte war eben nicht zu Ende, und das lag vor allem an Hannah Arendts Treue, eine Treue, die sich weniger auf die Person Martin Heideggers bezog als auf sein Denken: Das war ihr nah, das war ihr teuer und wichtig, und die warmen Gefühle, die es in ihr auslöste, konnte sie nicht begraben. Sie würde sich ihr Leben lang mit dem Denken ihres Lehrers und einstigen Geliebten auseinandersetzen.

Doch zunächst kam Hitler, und mit ihm versprengte es Hannah Arendt und Martin Heidegger an entgegengesetzte Enden der Welt, buchstäblich ebenso wie ideologisch. Sie war Jüdin (zwar nicht praktizierend, doch das spielte für die Nazis, für die nur die Abstammung zählte, keine Rolle), und so musste sie emigrieren: erst nach Prag, dann nach Paris, 1941 schließlich in die USA, wo sie eine kämpferische Zionistin wurde. Heidegger hingegen erwärmte sich für die Rassenideologie der Nationalsozialisten, trat früh in die Partei ein und beteiligte sich aktiv an deren Propaganda. Dass ihm das einen Karriereschub verschaffte – direkt 1933 wurde er Rektor der Universität Freiburg –, war ein erfreulicher Nebeneffekt, aber sicher nicht der eigentliche Grund für seine NSDAP-Anhängerschaft. Nein, Heidegger war schlicht und ergreifend ein überzeugter Nazi. Und er blieb es auch nach Kriegsende – im Gegensatz zu den allzu vielen plötzlichen »Opfern« und »Verführten« unter den Deutschen widerrief er auch nach 1945 seine Ansichten nicht. Das kostete ihn seinen Lehrstuhl und sein Ansehen; dass er dies standhaft ertrug und es sich nicht durch ein »billiges« Schuldeinge-

Hannah Arendt im Jahr 1927

ständnis leicht machte, kann man als Verbohrtheit ansehen, aber auch als Charakterfestigkeit.

Bis 1950 hatten Arendt und Heidegger keinen Kontakt. Während der NS-Zeit war sie eine Verfolgte und er stand auf der Seite der Verfolger; und auch nach 1945 waren sie in ideologischer Hinsicht quasi Feinde. Doch Hannah Arendt, in den USA mittlerweile eine einflussreiche Publizistin, kam nicht los von Heidegger; man kann sagen, dass die Frage, warum ihr einstiger Geliebter sich der Nazi-Ideologie zugewandt hatte, ihre künftigen Forschungen und Veröffentlichungen motivierte und leitete. 1951 legte sie eine bahnbrechende Studie über den Totalitarismus vor, *Elemente und Ursprünge totaler Herrschaft.*

1950, fünf Jahre nach dem Krieg, suchte Arendt wieder den Kontakt zu ihrem einstigen Geliebten und bat ihn brieflich um ein Treffen. Sie verabredeten sich im Foyer eines Freiburger Hotels. Die Rollen waren inzwischen vertauscht; die 44-Jährige war die berühmte Publizistin, während der 61-Jährige eine gesellschaftlich und akademisch an den Rand gedrängte *persona non grata* war. Das Gespräch war von Bitterkeit und Vorwürfen durchzogen, enttäuscht war Arendt vor allem darüber, dass Heidegger kein Wort der Selbstkritik bezüglich seiner Rolle im NS-Regime über die Lippen brachte – darauf hatte sie sehr gehofft. Doch hinter all den nicht zu unterdrückenden Ressentiments blitzten alte Gefühle auf.

Ob man es eine wiedererwachte Liebe nennen kann, ist fraglich; romantisch oder gar leidenschaftlich war jedenfalls nichts daran. Doch die Nähe war wieder da, und daran würde sich auch nichts mehr ändern. Auch wenn die tiefe Kluft blieb, die die NS-Zeit zwischen ihnen aufgerissen hatte – Arendt würde ihn immer für politisch verantwortungslos halten, Heidegger würde sich, da sie dies auch äußerte, immer von ihr verraten fühlen –, so waren sie doch wieder Verwandte im Geiste, im Denken. Sie sahen sich in den nächsten zweieinhalb Jahrzehnten immer mal wieder, korrespondierten, tauschten sich über Heideggers Werk aus, das Arendt weiterhin für umwerfend brillant hielt. Sie verurteilte, wie er sein Leben gelebt hatte, aber sie war nach wie vor gleichsam verliebt in seine Philosophie.

Hannah Arendt und Martin Heidegger starben binnen eines halben Jahres, sie 69-jährig im Dezember 1975, er 86-jährig im darauf folgenden Mai. Erst acht Jahre davor, 1967, hatte Arendt ihrer beider Beziehung durch eine persönliche Ansprache während einer Rede, bei der er im Saal saß, sozusagen geoutet. »War Dir die Anrede unangenehm?«, erkundigte sie sich hinterher brieflich bei ihm, offenbar unsicher, wie er ihren Vorstoß aufgenommen hatte. »Wie sollte ich mich nicht sehr gefreut haben über Deine Anrede!«, war seine Antwort. »Denen der Frühling das Herz brachte und brach, denen macht es der Herbst wieder heil.«

Ein folgenschwerer Brief

Ingrid Bergman und Roberto Rossellini

Alles begann damit, dass Ingrid Bergman 1948 ins Kino ging. Die Schwedin war zu diesem Zeitpunkt bereits Oscargewinnerin und ein großer Hollywoodstar: Sie war rund zehn Jahre zuvor mit Mitte 20 vom Erfolgsproduzenten David O. Selznick (dem wir etwa *King Kong* und *Von Winde verweht* verdanken) entdeckt und nach Amerika geholt worden; hier hatte sie seitdem eine kometengleiche Karriere hingelegt: Nicht zuletzt an der Seite von Humphrey Bogart in *Casablanca* (1942), neben Gary Cooper in der grandiosen Hemingway-Verfilmung *Wem die Stunde schlägt* (1943) sowie in mehreren Alfred-Hitchcock-Filmen hatte sie die Herzen der amerikanischen Kinozuschauer im Sturm erobert; geschickt wurde sie dabei als ungeschminkte »Frau von nebenan« mit natürlicher, von innen kommender Ausstrahlung positioniert – ganz im Kontrast zu den amerikanischen Filmdiven, die entweder als selbstständig und »schwierig« (wie etwa Katharine Hepburn) oder als rätselhaft erotische Femme fatale inszeniert wurden, wie beispielsweise Greta Garbo oder Marlene Dietrich. Dieses Image der »Sauberfrau«, der perfekten Ehefrau und liebenden Mutter sollte ihr noch zu schaffen machen.

1948 also sah Ingrid Bergman, die sich mit ihrem schwedischen Ehemann und der kleinen Tochter auch privat fest in Hollywood etabliert hatte, im Kino einen Film aus Italien: *Rom, offene Stadt*, ein dokumentarisch wirkender, unerhört lebensechter Spielfilm von 1945 über das faschistische Italien, mit dem die Schule des Neorealismus aus der Taufe gehoben wurde und gleich ihren Höhepunkt erlebte. Ingrid Bergman war hingerissen. Das war etwas ganz anderes als die seichten Hollywood-Romanzen und -Melodramen, die sie zwar zu einem der höchstdekorierten und bestbezahlten weiblichen Filmstars hatten werden lassen, sie letztlich aber – das wurde ihr spätestens jetzt klar – langweilten. Solche Filme wollte sie auch machen!

Die 33-Jährige schaute sich noch einen Film des Regisseurs an – der Mann hieß Roberto Rossellini, den Namen hatte sie nie zuvor gehört –, war wiederum begeistert und schrieb ihm ganz einfach einen Brief: »Werter Herr Rossellini! Ich sah Ihre Filme *Offene Stadt* und *Paisà* und erfreute mich sehr daran. Wenn Sie eine schwedische Schauspielerin brauchen, die sehr gut Englisch spricht, ihr Deutsch nicht vergessen hat, deren Französisch nicht sonderlich verständlich ist und die im Italienischen nur *ti amo* kennt, so bin ich bereit, zu kommen und einen Film mit Ihnen zu drehen.«

Das war mal ein Angebot! Roberto Rossellini, neun Jahre älter als Ingrid Bergman, impulsiv, lustbetont, chaotisch, Rennwagenfahrer und Frauenheld, noch verheiratet mit der Kostümbildnerin Marcella De Marchis und gerade im Begriff, sich scheiden zu lassen, um Anna Magnani zu heiraten (den weiblichen Star aus *Rom, offene Stadt*), muss vor Freude an die Decke gesprungen sein: Einer der größten Hollywoodstars, für viele die schönste Frau der Welt, bot sich ihm, einem ohne großes Budget arbeitenden europäischen Autorenfilmer, völlig unkompliziert für eine Zusammenarbeit an, ohne über Gage zu reden, ohne einen Agenten oder Manager dazwischenzuschalten, einfach so. Natürlich lud er sie ein. Und Ingrid Bergman flog daraufhin umgehend nach Rom.

Der Film, den sie zusammen machten, hieß *Stromboli* und wurde kein wirklicher Erfolg, genauso wenig wie die weiteren vier Filme, die sie noch gemeinsam drehen würden. Doch das war zweitrangig; entscheidend war, dass sie sich noch am Set für *Stromboli* ineinander verliebten. Anna Magnani bekam kurzerhand den Laufpass (eigentlich hatte Rossellini ihr die *Stromboli*-Hauptrolle auf den Leib geschrieben, sie dann aber für Bergman aus der Besetzungsliste gestrichen; nun hatte sie also auch privat die Koffer zu packen), und bald war Ingrid Bergman von Roberto Rossellini schwanger.

Diese Schwangerschaft und dann die Geburt des Sohnes Anfang 1950 lösten einen ungeheuren Skandal aus, insbesondere in den USA – wohl den größten der gesamten 1950er-Jahre, in seiner Dimension vergleichbar mit der Ehe von Präsidentenwitwe Jackie Kennedy mit Aristoteles Onassis gut anderthalb Jahrzehnte später. Dass diese »reine« Frau, Inbegriff der unverstellten Mütterlichkeit, ihren Mann und ihre

Tochter verließ und mit einem ebenfalls verheirateten Familienvater ein Kind in die Welt setzte, verziehen die Amerikaner Ingrid Bergman nicht. Man kann es sich heute angesichts der relativen Lässlichkeit ihrer »Sünde« kaum mehr richtig vorstellen, aber so tief ist ein Superstar der Herzen wohl selten in der Gunst seiner Fans gefallen. Ingrid Bergman wurde aus TV-Shows wieder ausgeladen und als selbstsüchtiges, männerverschlingendes Monster verunglimpft – »schlechte Mutter« war noch das harmloseste Urteil über sie. Ein von der puritanischen Presse angeheiztes Kesseltreiben gipfelte darin, dass über fünf Millionen in Frauenverbänden organisierte Amerikanerinnen gelobten, sich keine Bergman-Filme mehr anzusehen. Grotesker Höhepunkt der Hysterie war eine Debatte im US-Senat darüber, ob man über die Schauspielerin eine Einreisesperre verhängen solle.

Es war wahnwitzig, doch Ingrid Bergman und Roberto Rossellini standen es durch. Bergmans Ehemann hatte unmittelbar nach Bekanntwerden der Affäre die Scheidung eingereicht und dabei auch durchgesetzt, dass ihr der Kontakt zur gemeinsamen Tochter verboten wurde (was sie tief traf, aber in Kauf nahm); als dann auch Rossellini von seiner Frau geschieden wurde, heiratete das Paar im Mai 1950. 1952 brachte Ingrid Bergman Zwillinge zur Welt, zwei Mädchen.

So viel hatte sie über sich ergehen lassen müssen, so viel hatte sie für Rossellini geopfert – ihre Hollywoodkarriere, ihren Ruf, ihre Ehe, ihre Tochter! –, und nun, spätestens mit der Geburt der Zwillinge, stellte sich heraus, dass ihr Mann überraschend patriarchalische Züge besaß und hinsichtlich ihrer Ehe ein eher konservatives (oder zumindest typisch italienisches) Rollenverständnis hatte: In seinen Filmen durfte Bergman mitwirken, ansonsten aber hatte eine Mutter zu Hause bei den *bambini* zu bleiben. Anfangs ertrug sie dies – die Kinder bereiteten ihr viel Freude und hielten sie in Atem, außerdem schien ihre Karriere ja ohnehin beendet zu sein. Nach einer Weile musste sie sich allerdings eingestehen: Ihr Beruf fehlte ihr.

Erschwerend kam hinzu, dass Rossellinis Art, Filme zu machen (er war spontan und sprunghaft, setzte oft auf Improvisation und verzichtete in vielen Filmen sogar ganz auf ein Drehbuch), nicht ihrer Arbeitsauffassung entsprach. Und so war nach gut fünf Jahren klar: Das mit ihnen funktionierte nicht. Zwei parallele Ereignisse führten um 1956 dann zur endgültigen Trennung: Zum einen begann Rossellini eine Liebesaffäre mit einer 24 Jahre jüngeren Inderin, die von ihm auch noch schwanger wurde. Zum anderen erhielt Bergman zum ersten Mal seit sieben Jahren wieder ein Angebot aus Hollywood. Gegen den Willen ihres Mannes nahm sie an. Am 8. November 1957 gaben Ingrid Bergman und Roberto Rossellini ihre Scheidung bekannt.

Rossellinis große Zeit war damit vorbei; er drehte zwar bis an sein Lebensende Filme (er starb 1977 im Alter von 71 Jahren an einem Herzinfarkt), doch fast nur noch fürs Fernsehen. Bergman hingegen gelang es, die Gunst des offenbar nicht nur schnell empörten, sondern auch schnell vergessenden amerikanischen Publikums zurückzugewinnen: Der Film *Anastasia*, für den sie nach Hollywood zurückgekehrt war, brachte ihr einen zweiten Oscar ein; nicht ganz 20 Jahre später würde sie die Auszeichnung sogar ein drittes Mal erhalten. Auch sie stand bis kurz vor ihrem Tod vor der Kamera. 1982 erlag sie an ihrem 67. Geburtstag einem Krebsleiden.

Mit Roberto Rossellini hatte sie sich nach der Trennung zunächst überworfen. Doch die drei gemeinsamen Kinder führten sie immer wieder zusammen, und die Zeit glättete die Wogen. Beide heirateten ein drittes Mal, und mit den Jahren wurde ihr Verhältnis wieder freundschaftlich. Robertos 70. Geburtstag, 13 Monate vor seinem Tod, feierten sie zusammen.

Gegen Kirche und Gesetz

Sophia Loren und Carlo Ponti

Niemand, wirklich niemand hätte gedacht, dass aus der Beziehung des 37-jährigen erfolgreichen Filmproduzenten Carlo Ponti mit dem 16-jährigen Model Sofia Scicolone eine lebenslange, mehr als ein halbes Jahrhundert währende Liebe werden würde: Es sah am Anfang einfach nur ganz abgeschmackt nach der klassischen Besetzungscouch aus.

Doch als Ponti damals, 1950, als Juror bei einem Schönheitswettbewerb zur Wahl der Miss Rom das bildhübsche Mädchen entdeckte, sah er sie offenbar nicht nur mit dem begehrlichen Blick des Mannes, sondern auch mit den kalkulierenden Augen des Filmproduzenten: Diese junge Frau würde er groß rausbringen. Das sagte er nicht nur im Hinblick auf besagte Couch, sondern meinte es wirklich. Und er würde Wort halten.

Der untersetzte, unscheinbare Ponti und die groß gewachsene, vollbusige Schönheit Sophia Loren – diesen Künstlernamen hatte er gleich zu Beginn für sie kreiert – wurden ein Paar, trotz der optischen Divergenz, trotz des Altersunterschieds von 22 Jahren und trotz der Tatsache, dass Ponti verheiratet war. Anfangs wurden sie belächelt: »Da hat er sich aber ein hübsches junges Ding angelacht«, dachten die Leute über ihn, »was er der wohl versprochen hat?« Und umgekehrt über sie: »Was will die Rassefrau denn mit diesem viel zu alten blassen Männchen? Wenn er ihre Karriere in Schwung gebracht hat, wird sie schneller weg sein, als er gucken kann.« Aber Ponti und Loren straften alle Zweifler Lügen: Sie blieben zusammen. Und er, der vielleicht bedeutendste italienische Filmproduzent der 1950er- bis 1970er-Jahre, machte sie tatsächlich zu einem Weltstar.

Immer wieder brachte er sie in großen Produktionen unter – in eigenen und in fremden, zunächst in Italien, ab 1957 dann auch in Hollywood. Und so wurden sie beide, fast parallel, zu ganz Großen ihrer jeweiligen Branche. Er produzierte Meisterwerke des italienischen Neorealismus, von Genies wie Fellini (*La Strada*), Visconti, Rossellini und vor allem Antonioni (*Blow Up* und *Zabriskie Point*), ebenso wie

Meilensteine des französischen Nouvelle-Vague-Kinos (unter anderem Chabrol, Melville, Varda und Godard) sowie einige große US-Produktionen, allen voran 1965 *Doktor Schiwago.* Und sie fand schnell in Hollywood Anschluss, bekam bereits 1962 einen Oscar (für Vittorio De Sicas *Und dennoch leben sie* – produziert natürlich von Ponti), wurde als Leinwandgöttin, Kassenmagnet und Sexsymbol verehrt und spielte neben Stars wie John Wayne, Cary Grant, Anthony Quinn, Clark Gable, Jean-Paul Belmondo, Charlton Heston, Anthony Perkins, Alec Guinness, Gregory Peck, Marlon Brando, Omar Sharif, Richard Burton, Frank Sinatra, Paul Newman und immer wieder Marcello Mastroianni. Zwei gefeierte Meister ihres Faches, die eine strahlend und umworben im Rampenlicht, der andere eher im Hintergrund. Längst belächelte niemand mehr dieses ungleiche Paar.

1957, in dem Jahr, in dem sie den Sprung nach Hollywood wagten, wollten sie auch ihre nun schon sieben Jahre währende Beziehung durch die Hochzeit besiegeln. Doch Ponti war offiziell ja noch verheiratet, auch wenn seine Ehe, als er die Loren traf, längst zerbrochen war. Seine Frau hatte gar nichts gegen die Scheidung einzuwenden, allerdings gab es ein gravierendes Problem: Das katholische Italien hatte ein erzkonservatives Eherecht, das 1929 in den Lateranverträgen zwischen Mussolini und dem Vatikan vereinbart worden war und das die Unauflösbarkeit der Ehe festschrieb. Einziger legaler Ausweg war die Annullierung der Ehe durch ein päpstliches Tribunal – ein mühsamer, selten zum Ziel führender Prozess, bei dem nur unter bestimmten Umständen (etwa Impotenz, Blutsverwandtschaft oder das Keuschheitsgelübde eines Ehepartners) Erfolgsaussichten bestanden. Das war kein gangbarer Weg für Ponti und seine Noch-Frau.

Doch es gab ein halblegales Schlupfloch, das von vielen Italienern, die es sich leisten konnten, genutzt wurde: Man ließ sich im Ausland scheiden. Das taten auch Carlo Ponti und seine Frau Giuliana: Sie reichten in Mexiko die Scheidung ein. Kurz darauf, im September 1957, heirateten Ponti und Sophia Loren.

Doch sie hatten die Rechnung ohne ein paar missgünstige reaktionäre Landsleute gemacht: Ein italienischer Rechtsanwalt, den angeblich die Ungerechtigkeit, dass dieses Schlupfloch nur den Betuchten vorbehalten war, zu seinem Schritt bewog, zeigte Ponti wegen Bigamie an. De jure war Ponti dieses Vergehens tatsächlich schuldig, nach italienischem Recht hatte er zwei Ehefrauen gleichzeitig. Und so wurde prompt, kaum dass das Paar 1960 zu Dreharbeiten nach Italien zurückgekehrt war, ein Untersuchungsverfahren eröffnet. Mit bis zu fünf Jahren Gefängnis hätte Ponti, wäre es zum Prozess gekommen, bestraft werden können.

Die italienischen Behörden, die diesen Skandal vermeiden wollten – die Affäre zog schon genug weltweite Aufmerksamkeit auf sich –, fanden 1962 einen nicht allzu eleganten Ausweg: Sie annullierten die Ehe Ponti/Loren einfach. Sophia Loren, Carlo Ponti und seine nach italienischem Recht Immer-noch-Ehefrau Giuliana reagierten, indem sie alle drei die französische Staatsbürgerschaft annahmen (Staatspräsident Georges Pompidou höchstpersönlich unterzeichnete die Einbürgerungsurkunde). 1966 legalisierten Ponti und seine erste Frau in Frankreich ihre Scheidung, und noch im April des Jahres heirateten Ponti und Loren ein zweites Mal. Diesmal konnte niemand es ihnen verbieten.

Endlich waren sie »ordentlich« verheiratet, was ihnen beiden auch wichtig war: Bei allen Problemen mit den überkommenen italienischen Ehegesetzen waren sie doch gläubige Katholiken, für die eine »wilde Ehe« nicht in Frage kam, und für Loren war, wie sie einmal zugespitzt sagte, die Angst vor Exkommunikation und dem Fegefeuer größer als die vor dem Gefängnis. Erst jetzt bekamen sie auch Nachwuchs: 1968 kam Carlo junior zur Welt, 1973 Edoardo. Eine glückliche Familie.

Und das Glück hielt an, ein halbes Jahrhundert lang: Trotz des Altersunterschieds und trotz der vielen Männer, die sich der Loren zu Füßen warfen und aus denen sie frei hätte wählen können, blieb das Paar glücklich vereint und die große Filmdiva, soweit man weiß, ihrem Mann treu. Ponti hörte mit knapp 70 Jahren auf zu arbeiten und zog sich aus der Öffentlichkeit zurück, Sophia Loren steht heute noch vor der Kamera. 2007 starb Carlo Ponti hochbetagt in einer Genfer Klinik, 94-jährig. Sophia Loren war an seiner Seite, als er starb. Wo anders hätte sie auch sein sollen?

Im Dreieck

Nicht ohne meine Schwiegermutter

Franz Joseph I. von Österreich und Sisi

Dieses Buch beschäftigt sich nicht mit fiktiven Paaren, sondern ausschließlich mit realen Personen, mit Menschen, die wirklich gelebt und geliebt haben – also weder mit Romeo und Julia noch mit Adam und Eva oder Tristan und Isolde. Aber Sissi und ihr Franz Joseph? Wenn man an dieses Paar denkt, hat man fast zwingend die blutjunge Romy Schneider und den schneidigen Karlheinz Böhm aus den drei *Sissi*-Filmen von 1955–1957 vor Augen, die in Deutschland zu den größten Straßenfegern aller Zeiten zählen. Doch man muss aufpassen: Die Geschichte, die in diesen melodramatischen Edelkitsch-Heimatfilmen erzählt wird, ist zwar an die historischen Fakten angelehnt, letztlich aber reine Fiktion. Das echte Kaiserpaar hatte über weite Strecken mit ganz anderen Problemen zu kämpfen als den im Film dargestellten.

Franz Joseph I. war bereits mit 18 Jahren zum Kaiser von Österreich gekrönt worden: Die Märzrevolution von 1848 hatte die Abdankung seines Vorgängers und Onkels Ferdinand I. erforderlich gemacht; nun war es an dem jungen Habsburger, die Monarchie wieder zu stabilisieren. Das gelang ihm recht gut; er war in den ersten vier Jahren seiner Regentschaft allerdings so beschäftigt, dass ihm keine Zeit für die Brautschau blieb. Also nahm Franz Josephs resolute und übermächtige Mutter, Erzherzogin Sophie, 1853 die Sache in die Hand. Sie wählte die Tochter ihrer Schwester Ludovika, die 19-jährige Helene, als geeignete Heiratskandidatin aus: Franz Josephs Cousine also, eine Wittelsbacherin. Im August 1853 wurde ein Treffen der beiden in Ischl, der kaiserlichen Sommerresidenz, vereinbart, dort sollten die beiden sich auch direkt verloben.

Doch es kam anders. Neben Helene und ihrer Mutter Ludovika reiste auch Helenes 15-jährige Schwester mit nach Ischl: Elisabeth, genannt Sisi (nicht »Sissi« wie im Film). Sie war ein lebensfrohes und ungestümes Mädchen, das eine unbeschwerte Kindheit am Starnberger See verbracht hatte, wo sie keinen höfischen Konventionen unterworfen war – Franz Joseph verliebte sich umgehend in den Wildfang. Am 18. August 1853, seinem 23. Geburtstag, hielt er um die Hand seiner 15-jährigen Cousine an. Sisi sagte Ja.

Ein halbes Jahr später wurde in Wien prunkvoll Hochzeit gefeiert. Sisi war jetzt Kaiserin von Österreich – und quasi vom ersten Tag an unglücklich. Das lag jedoch am allerwenigsten an ihrem Ehemann: Der liebte sie wirklich, und sie liebte ihn, soweit man weiß, auch. Aber er war zu beschäftigt mit seinen Pflichten als Monarch, um sich ihr angemessen widmen zu können, sodass sie sich am Kaiserhof alleingelassen fühlte. Zudem konnte sie sich mit der strengen Etikette des Hofes nicht anfreunden; sie war einerseits verunsichert von den vielen fremden Zeremonien, andererseits kam sie sich wie in einen goldenen Käfig eingesperrt vor. Doch am schlimmsten, schlimmer noch als die häufige Abwesenheit ihres Mannes und das sie einengende Hofleben, war für Sisi ihre Schwiegermutter. Die gestrenge Erzherzogin Sophie misstraute ihrer jungen Schwiegertochter zutiefst und hatte es sich zur Aufgabe gemacht, aus dem trampeligen »Bauernmädel«, als das sie Sisi empfand, eine würdige Kaiserin zu formen. Es war eine Tortur – Tag für Tag.

1855, im Alter von 17 Jahren, gebar die Kaiserin ein Mädchen, Sophia. Im folgenden Jahr kam Tochter Gisela zur Welt. Um diese Kinder entbrannte zwischen den beiden Frauen ein Machtkampf, bei dem Sisi von vornherein chancenlos war: Erzherzogin Sophie befand ihre Schwiegertochter für zu unreif und unerfahren, um die Erziehung der Prinzessinnen zu übernehmen, und entzog ihr kurzerhand ihre Töchter. Die Mädchen wurden unter die Obhut der Erzherzogin gestellt; wenn Sisi ihre Kinder sehen wollte, hatte sie ihre Schwiegermutter um Erlaubnis zu bitten. Und wurde ihr gnädig ein Treffen gewährt, war die Erzherzogin bei diesen Begegnungen immer mit dabei. Der frustrierendste Aspekt daran war, dass sich Franz Joseph – im klassischsten Dilemma überhaupt, dem zwischen Mutter und Frau – auf die Seite der Erzherzogin stellte: nicht weil er Sisi übelwollte, sondern weil er der Meinung war, eine Kaiserin vergeude mit der Erziehung von Kindern nur ihre Zeit.

Als richtiggehend tragisch muss man ansehen, dass Sisi nach etwa zwei Jahren einen Versuch der Auflehnung unternahm und damit auf die bitterste Art scheiterte: 1857 gelang es ihr, ihre Töchter gegen den erklärten Willen der Schwiegermutter mit auf eine Reise nach Ungarn zu nehmen; dort erkrankten beide Mädchen an Durchfall. Die kleine Gisela, zehn Monate alt, erholte sich wieder, doch die zweijährige Sophia, die Erstgeborene, starb. Es muss kaum erwähnt werden, dass die Erzherzogin ihre Schwiegertochter für den Tod des Kindes verantwortlich machte.

Sisi wurde krank, verfiel in Depressionen, fühlte sich in der Wiener Hofburg immer isolierter. Im August 1858, mit 20 Jahren, erfüllte sie dann ihre größte Pflicht als Kaiserin, indem sie einen Jungen zur Welt brachte, Rudolf, den langersehnten Thronfolger. Die Schwiegermutter sorgte dafür, dass ihr auch dieses Kind umgehend entzogen wurde. Der künftige Regent hatte von klein auf eine militärische Ausbildung zu absolvieren. Tatsächlich wurde der arme Junge richtiggehend gedrillt; Rudolf musste bereits als Zweijähriger Uniform tragen, als Dreijähriger Truppenparaden abnehmen, als Siebenjähriger wurde er morgens durch einen Schwall kaltes Wasser ins Gesicht oder durch einen Pistolenschuss geweckt.

Sisi wusste davon nichts. Nachdem sie sich von der Entbindung erholt hatte und ihr das Baby weggenommen worden war, fühlte sie sich frei, Wien zu verlassen: Sie hatte ihre Schuldigkeit getan und konnte nun dem Hof entfliehen. 1860 begann sie zu reisen, immer weiter weg, immer ausgedehnter: Ungarn, Venedig, England, Madeira und immer wieder Korfu. In dieser Zeit entwickelte sie auch ihren (von vielen nachträglich für krankhaft gehaltenen) Körperkult: Sie trieb exzessiv Sport inklusive stundenlanger Gewaltmärsche, hielt streng Diät, wog selten mehr als 45 Kilogramm (bei einer Körpergröße von immerhin 1,72 Metern), und insbesondere ihre Haarpracht wurde ihr zur Obsession: Die Pflege der zeitweise bis zu den Knöcheln reichenden Haare nahm täglich mehrere Stunden in Anspruch, das Waschen, das etwa alle drei Wochen stattfand, dauerte nahezu einen ganzen Tag. Sisi war aus irgendeinem Grund wild entschlossen, als ewig junge Schönheit in die Geschichte einzugehen.

Porträt der jungen Kaiserin Elisabeth von Österreich

Die weitgehende Abwesenheit von Wien tat ihr gut und förderte ihr Selbstbewusstsein: Sisi wurde erwachsen. Als sie nach einer zweijährigen Reise in die Hofburg zurückkehrte und dort den kleinen Rudolf in kränklichem, verstörtem Zustand vorfand, war sie endlich stark genug, es mit der Schwiegermutter aufzunehmen: Sie forderte nachdrücklich von ihrem Ehemann das Recht, uneingeschränkt über die Erziehung ihres Sohnes verfügen zu dürfen. Einmal mehr musste Franz Joseph sich zwischen seiner Mutter und seiner Frau entscheiden – und diesmal gewann Sisi.

Das war nicht nur ein Glück für den sensiblen Rudolf, sondern tat auch ihrer Ehe gut: Sisi und Franz Joseph fanden einen entspannten

Modus Vivendi, mit dem sie beide gut zurechtkamen. Der Monarch kümmerte sich um seine Regierungsgeschäfte, während Sisi weiterhin viel reiste, um dem verhassten Kaiserhof und der nicht minder verhassten Schwiegermutter fern zu sein. Waren sie beisammen – ob in Wien oder in einer ihrer Urlaubsresidenzen, wo Franz Joseph Sisi besuchte –, freuten sie sich aneinander und verbrachten innige Stunden; waren sie nicht beisammen, schrieben sie sich freundliche Briefe. Allzu viel Zeit verbrachten die Ehepartner in ihrem Leben nicht miteinander, doch das war für beide in Ordnung und hielt sozusagen ihre Liebe frisch. Sichtbarstes Resultat dieser Liebe war ein Nachzüglerkind, Marie Valerie, das 1868 zur Welt kam. Sisi untersagte ihrer Schwiegermutter jeden Einfluss auf das Mädchen.

Sisi und Franz Joseph hatten sich arrangiert. Nach den schmerzlichen Erfahrungen der ersten Jahre, in denen die übermächtige Erzherzogin ihnen das Leben schwer gemacht und der Tod der Tochter Sophia alles überschattet hatte, hatten sie ihr Eheleben auf ein ruhiges, sicheres Gleis gesetzt. Fast 35 Jahre überstanden sie so, ehe ein Schicksalsschlag sie zutiefst erschütterte: 1889 nahm sich ihr Sohn Rudolf das Leben, im Alter von nur 30 Jahren. Das verwand Sisi nie, bis an ihr Lebensende trug sie nur noch Schwarz. Und auch Franz Joseph hatte schwer daran zu tragen, hatte er doch nicht nur seinen geliebten Sohn, sondern auch seinen Thronfolger verloren.

Neun Jahre nach dieser Tragödie, am 10. September 1898, wurde Sisi ermordet – während eines Spaziergangs am Genfer See rammte der italienische Anarchist Luigi Lucheni der 60-jährigen Monarchin eine angespitzte Feile ins Herz. Ein sinnloser Mord; eigentlich hatte der Täter es auf jemand anderen abgesehen gehabt. Franz Joseph war schockiert, als er vom Tod seiner Gattin erfuhr: »Sie wissen nicht, wie ich diese Frau geliebt habe«, waren seine Worte. Er selbst hatte noch 18 Jahre zu leben; er erlag nach einer Amtszeit von 68 imposanten Jahren im Alter von 86 Jahren mitten im Ersten Weltkrieg einer Lungenentzündung. Mit seinem Tod war auch die große Habsburgermonarchie an ihr Ende gelangt.

Ménage à trois

Richard und Cosima Wagner

Stellen Sie sich vor, Sie sind Dirigent und haben Ruhm erlangt als Interpret eines bestimmten Komponisten XY, den Sie nicht nur glühend verehren, sondern mit dem Sie als »der« XY-Dirigent auch Ihre berufliche Existenz verknüpft haben. Dann heiraten Sie eine junge, musiksinnige Frau, die Ihre Arbeit ebenso bewundert wie die Werke des Komponisten. Ihre Hochzeitsreise, das halten Sie für eine schöne Überraschung, soll Sie und Ihre frisch Angetraute auch zum Meister höchstselbst führen. Bei diesem Besuch freundet Ihre Frau sich mit XY an – und der große Komponist, 24 Jahre älter als sie, findet seinerseits Gefallen an Ihrer jungen Gattin. Vielleicht hätten Sie jetzt gleich den Kontakt der beiden unterbinden sollen, doch Sie tun es nicht, schließlich ist der Komponist nicht nur ein Weltstar und für Ihre weitere Karriere entscheidend, sondern auch ein Freund. Sie verabreden sich immer wieder mit ihm, Ihre Frau ist meistens dabei. Als Sie und Ihre Frau sieben Jahre nach Ihrer Hochzeit in die Stadt ziehen, in deren Nähe auch XY lebt, bekommen Sie bald mit, dass Ihre Frau und XY ein Verhältnis haben, seit ein oder zwei Jahren schon. Genau neuneinhalb Monate nach diesem Umzug bringt Ihre Frau sogar ein Kind zur Welt, das nicht Ihres ist. Was tun Sie? Lassen Sie es zum Eklat kommen, der Ihre Freundschaft zu dem verehrten Komponisten und wahrscheinlich auch Ihre berufliche Zukunft zerstören wird, aber vielleicht Ihre Ehe rettet? Oder tun Sie einfach so, als würden Sie nichts mitbekommen?

Der Mann, von dem hier die Rede ist, entschied sich für Letzteres. Er hieß Hans von Bülow, war 1830 geboren worden und machte Mitte des 19. Jahrhunderts Anstalten, eine glänzende Karriere als Dirigent hinzulegen. Insbesondere seine Interpretationen der Werke Richard Wagners vergrößerten seinen Ruhm schnell. Als er die uneheliche Tochter seines Förderers Franz Liszt kennenlernte, die musikalisch hochbegabte 18-jährige Cosima, hielt er um ihre Hand an, und sie sagte Ja. Es war alles andere als eine Liebesheirat; zum einen fühlte Bülow

Richard Wagner und seine Frau Cosima, um 1875

sich der Familie Liszt verpflichtet, und zum anderen teilte seine junge Braut seine tiefe Verehrung der Musik Richard Wagners. Sie hatten, so würde man das heute vielleicht ausdrücken, ein gemeinsames Hobby. Viel mehr aber auch nicht.

1857 wurde Hochzeit gefeiert, da war Bülow 27, Cosima 19. Ihre Hochzeitsreise führte sie nach Zürich, wo der 44-jährige Wagner zu dieser Zeit residierte. Der große Meister und der blutjunge weibliche Fan – sie warfen ein Auge aufeinander. In den nächsten Jahren begegneten sie sich immer wieder, und obwohl nach außen hin jeder noch seiner eigenen Wege ging (Cosima gebar Bülow zwei Kinder, und auch Wagner war offiziell noch verheiratet), wurden die Blicke, die sie einander zuwarfen, offenbar immer begehrlicher. 1863 endlich, auf einer trauten Kutschfahrt in Berlin, gestanden sich Cosima von Bülow und der fast 25 Jahre ältere (und, nebenbei bemerkt, 15 Zentimeter kleinere) Richard Wagner ihre gegenseitige Liebe ein. Damit waren die Würfel gefallen.

Im folgenden Sommer bat Wagner, der inzwischen im bayerischen König Ludwig II. einen Mäzen gefunden und sich am Starnberger See niedergelassen hatte, Hans von Bülow, ebenfalls nach München zu ziehen, weil er hier *Tristan und Isolde* mit ihm aufzuführen gedachte. Bülow folgte dem Ruf des Meisters natürlich willig und nahm seine Familie mit, Frau und zwei Töchter. Weil er noch Termine hatte, reiste Cosima im Juni 1864 voraus, Bülow würde erst acht Tage später nachkommen – und in diesen acht Tagen bei Wagner am Starnberger See besiegelten die beiden ihre Liebe.

Die folgenden drei Jahre in München wurden zu einer grotesken Farce. Cosima führte ein Doppelleben; nach außen hin war sie weiterhin die Frau des Dirigenten und zugleich die »Sekretärin« des Komponisten (so ließen sich ihre häufigen Besuche bei Wagner wohl am besten erklären); in Wahrheit war sie längst Wagners Lebensgefährtin. Ihr Mann wusste bald von der Beziehung, und er ertrug sie mit bis zur Selbstverleugnung reichender Duldsamkeit, ohne sich nach außen hin etwas anmerken zu lassen.

Was für ein Dreiecksverhältnis: Cosima ist mit Hans verheiratet, aber mit Richard zusammen; derweil arbeiten die beiden Männer fröhlich weiter gemeinsam an Inszenierungen von Wagners Opern, als wäre das alles nichts. Einen ersten Höhepunkt erreichte diese Posse, als Cosima am 10. April 1865 (just neuneinhalb Monate, nachdem Hans und sie nach München gezogen waren) von einem Kind entbunden wurde, das von Wagner stammte: Buchstäblich in derselben Stunde, in der Cosima von Bülow Richard Wagner eine Tochter gebar, stand Hans von Bülow am Dirigentenpult und probte Wagners *Tristan und Isolde*. Isolde, so nannten sie dann auch das Mädchen – welche Ironie.

Selbstverständlich wuchs Isolde zunächst als Bülows Kind auf. Das Versteckspiel ging weiter, Cosima kümmerte sich tagsüber im Hause Bülow um die Kinder und den Haushalt und verbrachte die Nächte bei Wagner, so ungefähr dürfen wir uns das wohl vorstellen. Doch 1866 starb Richard Wagners Frau Minna, von der er zwar schon seit Jahren getrennt lebte, die aber auf dem Papier immer noch seine Gattin gewesen war – dieses »Hindernis« bestand nun nicht mehr. Das war vermutlich der Auslöser für Cosima, das unwürdige Spiel zu beenden: Als im Februar 1867 Wagners und ihre zweite gemeinsame Tochter geboren wurde, Eva, wurde das Kind schon gar nicht mehr als von Bülow stammend ausgegeben, und wenige Monate danach zog Cosima mit ihren von zwei Männern stammenden vier Kindern ganz bei Wagner ein. Sie zogen in die Schweiz, in ein Landhaus in der Nähe von Luzern, das Richard Wagner gekauft hatte, bekamen 1868 ein drittes gemeinsames Kind, Sohn Siegfried (angeblich gezeugt auf dem Gotthard!) und genossen vermutlich, dass sie sich endlich offen miteinander zeigen und zueinander bekennen konnten. Im Juli 1870 wurde Cosimas Ehe mit Hans von Bülow geschieden, fünf Wochen später wurden Cosima und Richard Wagner getraut. Wagner war da bereits 57 Jahre alt.

Damit ist der spannende Teil der Geschichte schon erzählt. Wagner blieben noch gut zwölf Jahre zu leben, in denen er Cosima stets an seiner Seite hatte. Die Familie zog nach Bayreuth, wo Ludwig II. den Bau eines Festspielhauses für Wagner finanziert hatte und wo dieser 1876 erstmals sein Opus magnum, den *Ring des Nibelungen*, in voller Länge zur Aufführung brachte. 1883 starb Wagner. Cosima überlebte ihn um fast ein halbes Jahrhundert, leitete die Bayreuther Festspiele mit viel Gespür und harter Hand bis 1906 und machte sie zu jener Veranstaltung von Weltgeltung, die sie bis heute sind. Man kann sagen, dass Cosima nach dem Tod Richard Wagners den Rest ihres Lebens vollkommen der Pflege seines Andenkens widmete. Über das Unglück, das sie mit ihrem Versteckspiel und ihrer Trennung über ihren ersten Mann Hans von Bülow gebracht hatte, ist sie trotzdem nie ganz hinweggekommen.

Vertragsbruch

Auguste Rodin und Camille Claudel

Das Jahr 1864 ist in dreierlei Hinsicht bedeutsam für diese Geschichte: Erstens stellte der 24-jährige französische Bildhauer Auguste Rodin in diesem Jahr sein erstes Meisterwerk fertig, mit dem er sich über alle bis dahin geltenden Konventionen und Ideale der Bildhauerei hinwegsetzte und zum Wegbereiter der Moderne wurde: die Büste *Der Mann mit der gebrochenen Nase*. Zweitens lernte er in diesem Jahr die vier Jahre jüngere Rose Beuret kennen, die seine Lebensgefährtin wurde und es mehr als 50 Jahre lang blieb. Drittens war 1864 das Geburtsjahr von Camille Claudel, die als junge Frau die Muse und Liebhaberin des eine ganze Generation älteren Rodin werden und Rose Beuret aus dem Leben des berühmten Künstlers zu vertreiben versuchen würde – erfolglos.

Camille Claudel ließ schon als Mädchen ein erstaunliches Talent für das Modellieren verschiedener Materialien erkennen. Obwohl ihre Mutter dagegen war, ermutigte und förderte ihr Vater die Heranwachsende, etwas aus ihrer Begabung zu machen, und ermöglichte ihr mit 16 Jahren den Besuch einer Kunstakademie in Paris, zu der auch Frauen zugelassen waren. Als der Lehrer der Bildhauerklasse, die sie besuchte, 1883 nach Italien ging, wurde ein Künstler von großem Renommee sein Nachfolger: der 43-jährige August Rodin.

Dieser schweigsame, etwas schüchtern und tollpatschig wirkende Mann mit seinem langen roten Rauschebart besaß eine wilde künstlerische Ausstrahlung und hatte gerade seine bis heute berühmteste Plastik geschaffen, *Der Denker*. Er war bereits eine Legende, und für die 18-jährige Camille war er ein Genie. Umgekehrt erkannte der Lehrer sofort das große Talent des Mädchens, und er machte sie zu seiner Musterschülerin, die ihm neben dem Unterricht an der Akademie auch in seinem Atelier helfen durfte. An nicht wenigen seiner Skulpturen dieser Zeit wirkte sie mit, und mit seiner Unterstützung stellte sie schon bald eigene Werke aus. Auguste Rodin, der große Regelbrecher, ermutigte

Porträt Auguste Rodins, 1893

sie dazu, das zu tun, was vor ihr noch nie eine Frau getan hatte: eine Laufbahn als freie Bildhauerin anzustreben.

Doch es blieb – man ist geneigt zu sagen: natürlich – nicht beim Lehrer-Schülerin-Verhältnis. Camille Claudel wurde Rodins Modell, sie wurde seine Muse, und sie wurde seine Geliebte. Intensive, leidenschaftliche Wochen und Monate folgten, Lieben und Arbeiten verschmolzen, es war eine innige, wilde Zeit mit Rodins Atelier als Lebensmittelpunkt.

Aber bald verdüsterte sich der Horizont. Trotz aller Unterstützung auf ihrem Weg zu einer freien, selbstständigen Künstlerin verlangte Rodin mit der größten Selbstverständlichkeit Unterordnung von Camille, sowohl in ihrer Beziehung als auch in ihrer Arbeitsgemeinschaft. Er war der Arrivierte, der Ältere und nicht zuletzt der Mann. Ihm kam es natürlich vor, dass ihre Arbeit in seine einfloss und nicht umgekehrt, ja dass er gelegentlich sogar ihre Werke als die seinen ausgab – schließlich arbeitete sie in seinem Atelier, unter seiner Aufsicht, wenn man so will als seine Assistentin. Sie sah das anders.

Das andere Problem war selbstverständlich Rose Beuret. Rodins Lebensgefährtin bekämpfte die 20 Jahre jüngere Nebenbuhlerin sowohl subtil-intrigant als auch offen in direkter Konfrontation, durch wüste Beschimpfungen etwa. Camille sah sich als deren Nachfolgerin und hatte daher vermutlich sogar Verständnis für ihren Kampf. Was sie allerdings nicht verstand, war, dass Rodin dem Spuk kein Ende setzte, indem er sich klar zu ihr, Camille, bekannte. Warum war er ihr denn nicht treu, so wie sie ihm ganz selbstverständlich treu war? Sie war doch seine große Liebe, oder etwa nicht?

Tja. Irgendwie war sie es natürlich, Rodin war vernarrt in das junge Ding und reiste ihr sogar einmal, als sie im Zorn ohne ihn in den Urlaub nach England gefahren war, dorthin nach, um sie wieder für sich einzunehmen. Irgendwie war sie es aber auch nicht, Rodin machte keine Anstalten, Rose Beuret den Laufpass zu geben, und lebte er in dieser Zeit im Grunde mit zwei Frauen gleichzeitig: eine im Atelier und eine in der Wohnung.

Im Herbst 1886, also nach etwa drei Jahren, geriet ihre Beziehung so in eine denkbar tiefe Krise. Auguste Rodin versuchte Camille mit einem berühmt gewordenen Schriftstück zu besänftigen: Er setzte einen detaillierten Vertrag auf, in dem er sich für das nächste knappe halbe Jahr zur Treue verpflichtete (»Während vier oder fünf Monaten ab jetzt bis Mai werde ich mich mit keiner Frau einlassen«) und laut dem Camille als Gegenleistung in dieser Zeit in Paris bleiben und ihn regelmäßig »empfangen« musste. Im Mai dann, nach einer bereits geplanten Ausstellung, würden sie »nach Italien fahren und dort mindestens sechs Monate bleiben, der Beginn einer unauflöslichen Beziehung, nach welchem Mlle Camille meine Frau sein wird.«

Das hatte etwas Rührendes. Etwas Naives. Aber auch etwas Abgeschmacktes: War eine Beziehung intakt, wenn sie eines solchen Vertrages bedurfte? Wohl nicht. Und so blieb er eine leere Versprechung, ein Lippenbekenntnis. Auguste Rodin dachte nicht daran, sich von Rose Beuret zu trennen.

Doch immerhin half der Vertrag offenbar, die akute Krise zu überwinden: Rodin und Camille Claudel blieben zusammen und machten weiter wie zuvor, ja Rodin mietete sogar zu seinem offiziellen Atelier noch ein »geheimes« Atelier dazu, das nur ihnen gehörte. Und so hatten die beiden noch einmal drei, vier einigermaßen gute Jahre. Aber Camille Claudel verstand zunehmend, dass Rodin Rose Beuret niemals verlassen würde. Und mit der anderen teilen wollte sie ihn nicht länger. Ihr wurde klar: Sie hatte den Kampf verloren.

1892 verließ Camille Claudel das gemeinsame Atelier, im Lauf des folgenden Jahres beendete sie die Beziehung ganz. Was nach einer vernünftigen Entscheidung klingt, zu der man ihr gratulieren müsste, wurde zum Debakel: Ohne Rodin verlor Camille Claudel jeden Halt; im Lauf des folgenden Jahrzehnts verarmte sie zusehends, erlosch ihre Schaffenskraft, verfiel sie in Depressionen. Sie verwahrloste richtiggehend (aus dem einst blühenden, schlanken Mädchen wurde eine aufgedunsene, ungepflegte Mittdreißigerin), und sie litt unter Verfolgungswahn. Der eingebildete Verfolger war natürlich Rodin, den sie diffuser Verschwörungen beschuldigte. Von 1905 an zerstörte die Bildhauerin Camille Claudel im Wahn einen Großteil ihrer Werke.

1913, sie war inzwischen 48 Jahre alt, starb ihr Vater. Er war nicht nur ihr einziger Förderer in der Familie gewesen, sondern hatte auch trotz aller Anzeichen ihrer psychischen Krankheit bis zuletzt ihr Leben als Künstlerin, so wie es war, verteidigt. Nach seinem Tod fackelten Camilles Mutter und ihr jüngerer Bruder, der bekannte Schriftsteller Paul Claudel, nicht lange: Der Vater war noch nicht eine Woche unter der Erde, da ließen sie Camille in eine psychiatrische Anstalt zwangseinweisen. Hier verbrachte Camille Claudel den Rest ihres Lebens, 32 Jahre: weggesperrt, einsam, vergessen.

Und Rodin? Der lebte sein Leben einfach weiter: geachtet, gefeiert, erfolgreich. Und natürlich mit Rose Beuret an seiner Seite. 1917, da war er 76 und sie 73 und ihr gemeinsames Leben dauerte bereits 53 Jahre, heirateten sie. Falls Camille Claudel das in ihrer Anstalt mitbekam, muss sie sich verhöhnt vorgekommen sein. Doch lange konnten sich Herr und Frau Rodin ihres Eheglücks nicht erfreuen: Sie starb 16 Tage nach der Hochzeit, er neun Monate später.

Mord aus Erschöpfung

Gert Bastian und Petra Kelly

Als am 19. Oktober 1992 die Leichen von Gert Bastian und seiner Lebensgefährtin Petra Kelly in ihrer gemeinsamen Wohnung in Bonn-Tannenbusch aufgefunden wurden (nachdem sie dort mehr als zwei Wochen unentdeckt gelegen hatten), verfielen die deutschen Medien in Hysterie: Das einst strahlende Politikerpaar schien Doppelselbstmord begangen zu haben. Doch soweit man heute weiß, haben sich die Dinge etwas anders zugetragen: Der 69-jährige Gert Bastian hatte die 44-jährige Petra Kelly im Schlaf erschossen und dann sich selbst gerichtet. Ein Mord als verzweifeltes Ende einer Liebesgeschichte, die zwölf Jahre zuvor so hoffnungsvoll begonnen hatte.

Begegnet waren sie sich am 1. November 1980 auf einer Podiumsdiskussion zum Thema »Frauen und Militär«: die kämpferische Aktivistin Petra Kelly, Gründungsmitglied der Grünen und aufsteigender Star am Politikhimmel, und der hochdekorierte Bundeswehr-General Gert Bastian, der erst kurz zuvor seinen Abschied von der Armee genommen hatte, weil er den NATO-Doppelbeschluss für hochgefährlich hielt, und sich seitdem an die Spitze der Friedensbewegung gesetzt hatte. Beide sprachen sich an diesem Tag gegen weibliche Soldaten aus, und obwohl sie da im Prinzip einer Meinung waren, flogen in dieser Diskussion die Fetzen, konnten ihre Begründungen doch unterschiedlicher kaum sein. Kelly lehnte das Militär als solches ab, während Bastian, der ungefähr 40 Jahre lang Soldat gewesen war, Frauen für »von Natur aus wehrungeeignet« hielt. Während sie sich also mit Worten angriffen, sprachen die Blicke eine völlig andere Sprache. Wenig später wurden sie ein Paar.

Sie passten hervorragend zusammen, nicht nur wegen ihrer letztlich doch weitgehend deckungsgleichen politischen Ansichten. Gert Bastian, verheiratet und zweifacher Vater, war immer schon ein Schürzenjäger gewesen und hatte zuvor schon eine ganze Reihe von außerehelichen Affären gehabt (mit denen sich seine Frau Lotte in 35 Ehejahren zu arrangieren gelernt hatte, war er doch jedes Mal zu ihr zurückgekehrt) – ihm passte eine forsche junge Frau im Alter seiner Tochter genau ins Beuteschema. Und Petra Kelly hatte sich – vielleicht weil sie ohne Vater aufgewachsen war – immer schon zu älteren Männern hingezogen gefühlt, und solche mit einer eigenen Meinung, Prinzipien und Zivilcourage hatten es ihr besonders angetan.

Die Affäre blieb zunächst geheim; so handhabte Bastian das nach Möglichkeit immer, und Kelly befand sich, nicht zu vergessen, zu dieser Zeit auch in einer festen Beziehung. Rund zwei Jahre lang trafen sie sich privat nur im Verborgenen (während sie bei politischen Veranstaltungen als »Friedensengel« und »Friedensgeneral« ohne Scheu gemeinsam auftraten); langsam wurde allerdings klar, dass das mehr war als eine flüchtige Liebschaft. 1983, einige Wochen nachdem sie beide für die Grünen als Abgeordnete triumphal in den Bundestag eingezogen waren, zog Bastian bei Petra Kelly in ihrem Reihenhaus in Bonn ein. Ihre Beziehung war nun öffentlich.

Die ersten gemeinsamen Monate ohne Versteckspielerei waren sicher schön, doch die fehlende Trennung von Arbeit und Freizeit begann sie aufzufressen. Erschöpfung und Überforderung machten sich breit, bei beiden. Besonders Petra Kelly konnte nicht abschalten, dachte immer politisch, arbeitete chronisch bis tief in die Nacht, bis sie nicht mehr konnte. Da war bald kein Platz mehr für Romantik, und erst recht keiner für Erotik. »Wir sind geistig verliebt ineinander«, erklärte Kelly trotzig in einem Interview, nur ein paar Monate, nachdem sie zusammengezogen waren. »Ich gehe um fünf ins Bett, und Gert steht um fünf auf. Wie sollen wir uns da überhaupt lieben? Am Tag haben wir auch keine Zeit, da machen wir Politik.«

Das war schöngeredetes Scheitern. Man kann resümieren: Zwei Jahre heimliche Affäre, danach vielleicht noch mal ein, zwei gute Jahre als »offizielles« Paar, dann war die Liebesbeziehung im engeren Sinne im Grunde zu Ende. Und doch blieben sie zusammen. Warum?

Erklären lässt sich dies mit der psychischen Disposition Petra Kellys. Die nach außen so souveräne und kämpferische Symbolfigur der Grünen litt unter Panikattacken, insbesondere einer tief sitzenden Angst vor dem Alleinsein. Kelly drängte Bastian in die aufgrund des Altersunterschieds ohnehin naheliegende Rolle des beschützenden Vaters, lieferte sich seiner Fürsorge richtiggehend aus, unterwarf sich ihm – und er ließ es geschehen, wohl hauptsächlich weil er sich geschmeichelt fühlte, dass diese äußerlich so selbstbewusste, schillernde Frau ihn so sehr brauchte. Bald konnte sie keine Nacht mehr ohne ihn sein, konnte nicht einmal mehr alleine reisen, suchte seinen Schutz wie ein Kind bei seinem Vater.

Diese Abhängigkeit, die sie vielleicht beide irrtümlich für Liebe hielten, gefiel ihm: Während Kelly beruflich immer erfolgreicher wurde, hatte Bastians politische Bedeutung allmählich abgenommen, und er rettete sich sozusagen auch nach außen hin ganz en vogue in die moderne Rolle eines Hausmanns. Gert Bastian wurde zu Petra Kellys Privatsekretär, der ihr den Rücken freihielt, ihre Reisen organisierte, sogar ihre Koffer packte.

Doch am Ende des Jahrzehnts funktionierte auch das nicht mehr. Zum einen war Bastians Versuch, sich öffentlich als fortschrittlicher Hausmann hinzustellen, nach hinten losgegangen: Er hatte sich zum Gespött der Medien gemacht, die ihn als »Laufbursche der Kelly« und »Hanswurst« titulierten. Eine Kränkung. Zum anderen stritten die beiden immer öfter, wobei sie, sobald die gegenseitigen heftigen Aggressionen zu deutlich hervortraten, diese schnell wieder unter nichtssagenden Liebesbeteuerungen und Verharmlosungen verdeckten. Bastian war bald physisch und psychisch erschöpft von Kellys Fixierung auf ihn. Dies, spätestens, wäre der Zeitpunkt gewesen, an dem er sie hätte verlassen müssen, aber er fand nicht die Kraft dazu. »Du kannst dir gar nicht vorstellen, wie das ist mit der Petra«, sagte er seiner Tochter. »Es ist die Hölle.« Als diese ihn fragte, warum er sich denn nicht trenne, war seine Antwort: »Das kann ich gar nicht. Wenn ich gehe, bleibt die Petra im Bett liegen, isst nichts mehr und verhungert.« Bastian war überzeugt, dass Kelly ohne ihn nicht existieren konnte.

Der 22. März 1992 war vielleicht der Tag, an dem die Dinge endgültig kippten. Am Vorabend hatten sie in Halle Hans-Dietrich Genschers 65. Geburtstag mitgefeiert, später als geplant fuhren sie nun Richtung München, wo Bastian um 14 Uhr mit seiner Ehefrau Lotte verabredet

Gert Bastian und Petra Kelly bei einer Protestaktion gegen Atomwaffen, 1981

war (der Kontakt war immer eng geblieben). Doch Kelly drängte darauf, in Nürnberg haltzumachen, um ihrer Oma einen kurzen Besuch abzustatten (was Bastian brav tat); als sie endlich in München ankamen, waren sie schon sechs Stunden verspätet. Bastian setzte Kelly im Hotel ab, wie es geplant war, und wollte schnell los Richtung Wohnung seiner Frau, doch bei Petra Kelly setzte sich einmal mehr die »Lass mich nicht alleine«-Maschine in Gang. Also ging er mit aufs Zimmer, half beim Kofferauspacken, und als es nichts mehr zu tun gab, wollte er endlich los. Aber jetzt verlangte Kelly frisches Obst: nein, nicht per Zimmerservice, sondern von ihm, am nicht weit entfernten Bahnhof solle er es holen. 21 Uhr war es inzwischen, doch Gert Bastian, der große Kümmerer, schlug ihr auch diesen Wunsch nicht ab. Er hastete los – und wurde beim Überqueren der Straße von einem Taxi angefahren.

Das zertrümmerte Schienbein, das nicht mehr richtig verheilen wollte und ihn im letzten halben Jahr seines Lebens am Stock gehen ließ, war nur das äußere Zeichen, dass etwas kaputt war in seinem Leben. Bezeichnenderweise hatte Bastian direkt nach dem Unfall erst seine Frau angerufen, bevor er Petra oben auf dem Zimmer informierte; man kann davon ausgehen, dass er in der Folge gerne zu Lotte zurückgekehrt wäre, um dem von Petra Kelly ausgeübten wahnsinnigen Druck zu entrinnen. Doch seine Frau wollte ihn nach diesem über zehnjährigen öffentlichen »Seitensprung«, der sie gedemütigt hatte, wohl nicht mehr. Kelly hingegen klammerte sich weiterhin mit aller Kraft an ihn. Wer weiß, hätte ihm seine Frau die Hand entgegengestreckt, vielleicht hätte Gert Bastian es geschafft, sich von Kelly zu trennen. Aus eigener Kraft gelang es ihm nicht.

Bald war alles wie vorher. Bis Gert Bastian, ein halbes Jahr nach dem Unfall, plötzlich alles zu viel wurde. Am Abend des 1. Oktober 1992 – die mal wieder völlig überarbeitete Petra Kelly hatte sich für ein paar Stündchen hingelegt – unterbrach Gert Bastian mitten in einem Wort den Brief, den er gerade schrieb, holte seine Pistole aus dem Büro, ging ins Schlafzimmer, setzte der schlafenden Kelly die Waffe an die Schläfe und drückte ab. Eine kurze Weile später lehnte er sich im oberen Flur mit Blick ins Schlafzimmer stehend an die Wand, richtete die Pistole mit beiden Händen von oben auf seinen Kopf und erschoss auch sich selbst. Der Kämpfer für den Frieden Gert Bastian hatte wohl keinen anderen Ausweg aus seiner Beziehung gesehen, als sich selbst und Petra Kelly, die Waffen und Gewalt stärker verabscheut hatte als alles andere, zu töten.

Heiter bis stürmisch

Zwei Rastlose

Arthur Rimbaud und Paul Verlaine

Arthur Rimbaud wollte raus. Raus aus dem konservativ-strengen Elternhaus, raus aus dem Dorf Charleville nahe der belgischen Grenze, wo er geboren worden war. Mit 15 lief der hochbegabte und hochsensible Junge zum ersten Mal weg: Ende August 1870 nutzte er das Durcheinander, das rund um seinen Heimatort herrschte, weil französische und preußische Truppen im kürzlich ausgebrochenen Deutsch-Französischen Krieg um das nahe Sedan kämpften, und bestieg einen Zug nach Paris, ohne Geld und ohne Fahrkarte. Kaum in Paris angekommen, wurde er verhaftet, für kurze Zeit ins Gefängnis gesteckt und dann wieder nach Hause verfrachtet.

Es folgten weitere Ausreißversuche, einmal nach Belgien, dann wieder nach Paris (von wo er diesmal zu Fuß nach Hause zurückkehren musste, immerhin gut 200 Kilometer). Auch wenn das alles eher an unausgereifte Jungenstreiche erinnerte, war klar: Die Welt, wie er sie kannte, war zu klein und zu eng für Arthur Rimbaud. Das drückte sich auch in den Gedichten aus, die er in dieser Zeit fast unablässig schrieb.

Der Wendepunkt in seinem Leben sollte kommen, als er im Sommer 1871, also mit 16 Jahren, einige seiner Gedichte an den von ihm zutiefst bewunderten Dichter Paul Verlaine schickte. Der um zehn Jahre Ältere war mit Mitte 20 schon eine Berühmtheit in den Pariser Literatencafés; dies nicht nur wegen seiner ungewöhnlichen Gedichte, mit denen er Furore machte, sondern auch wegen seines ausschweifenden Lebenswandels: Er war ein exzessiver Säufer mit eindeutig selbstzerstörerischen Tendenzen. Als ihm die Gedichte des jungen Rimbaud ins Haus flatterten, hatte er gerade – im Grunde zum ersten Mal – versucht, ein einigermaßen normales, bürgerliches Leben zu führen: Ein Jahr zuvor hatte er geheiratet (die 16-jährige Schwester eines Freundes), nun erwartete seine Frau ein Kind. Obwohl die Niederkunft kurz bevorstand, zögerte Verlaine nicht, den jungen Rimbaud, der ihm so schön geschrieben hatte und der offensichtlich in der Provinz verkümmerte, einzuladen, nach Paris zu kommen und bei ihm zu leben. Eine verhängnisvolle Entscheidung.

Zu dritt lebten sie nun in der engen Wohnung: Paul Verlaine, seine Frau Mathilde und Arthur Rimbaud. Die Anwesenheit des Jungen brachte Verlaine schnell wieder vom halbwegs tugendhaften Weg ab: Bald durchstreiften die beiden allnächtlich die Pariser Cafés und Bars, bis in die frühen Morgenstunden in rauen Mengen Absinth trinkend und zwischendurch Haschisch oder Opium rauchend. Ende Oktober 1871, kurz nach Rimbauds 17. Geburtstag, gebar Mathilde einen Sohn; fast zur gleichen Zeit begann ihr Mann mit Rimbaud ein homosexuelles Verhältnis.

Es folgten verworrene Monate, in denen sie ihre Leidenschaft füreinander immer wieder ohne Rücksicht auf Mathilde oder sonst wen auslebten, aber auch immer wieder auseinandertrieben. Verlaine bewegte sich wie eine Flipperkugel zwischen Rimbaud, Mathilde und seiner Mutter hin und her; wo auch immer er gerade war – es fühlte sich falsch an. Und auch Rimbaud wusste nicht, wohin mit sich; er war zwar niemandem verpflichtet und wollte seine Liebe zu Verlaine gerne ausleben, doch dessen nach rauschhaft-schönen Phasen immer wiederkehrende Abweisungen verletzten ihn zutiefst, sodass er sich mehr als einmal wie ein Verstoßener von Verlaine zurückzog.

Im Juli 1872, als Mathilde gerade die Scheidung einreichte, beschlossen die beiden Männer, gemeinsam Paris zu verlassen – ein klares Bekenntnis füreinander. Ein Jahr lang vagabundierten sie nun gemeinsam durch Frankreich, Belgien und England; sie ließen sich treiben, liebten sich, stritten sich, versöhnten sich wieder, tranken und konsumierten Rauschmittel wie eh und je, und zwischendrin schrieben sie wunderschöne Gedichte. Für beide Lyriker war es eine ungeheuer produktive Zeit. Ihren Lebensunterhalt bestritten sie in diesem Jahr beide durch Zuwendungen ihrer Mütter.

Doch die Streitigkeiten der beiden rast- und ruhelosen Männer wurden immer gravierender, die im Affekt vollzogenen Trennungen immer ernster, und gerade Verlaine wurde immer unberechenbarer: Im Suff war er mal von rührender Verliebtheit beseelt, mal von unkontrollier-

Paul Verlaine, Fotografie um 1891

tem Jähzorn erfasst, mal von depressiven Selbstmordabsichten gefangen. Anfang Juli 1873 schrieb er in Brüssel (wohin er nach einem ihrer Zerwürfnisse alleine gereist war) Abschiedsbriefe an seine Mutter und an Rimbaud, in denen er seinen Selbstmord ankündigte; beide kamen umgehend angereist – der 18-jährige Rimbaud aber mit der festen Absicht, sich bei dieser Gelegenheit endgültig von Verlaine zu trennen. Als sie sich am 10. Juli 1873 in Brüssel gegenüberstanden und Rimbaud sich nicht – wie erhofft – mit ihm versöhnen und ihn vom Selbstmord abbringen, sondern ihn endgültig verlassen wollte, rastete der einmal mehr betrunkene Verlaine aus. Er zog einen Revolver und schoss dreimal auf seinen jungen Freund.

Rimbaud wurde zwar nur leicht verletzt (zwei Schüsse verfehlten ihn, der dritte brachte ihm nur eine Wunde am Handgelenk bei), aber diese Eskalation markierte das unwiderrufliche Ende ihrer so leidenschaftlichen wie schwierigen Beziehung. Arthur Rimbaud verzichtete auf eine Anzeige; als er jedoch nach dem Verlassen der Ambulanz, wo seine Hand verbunden worden war, am Brüsseler Bahnhof erneut von Paul Verlaine mit der Pistole bedroht wurde, suchte er bei einem Polizisten Schutz. Verlaine wurde verhaftet und zu zwei Jahren Zuchthaus verurteilt.

So endete die kurze Geschichte ihrer Zweisamkeit. Zwar trafen sie sich nach Verlaines Haftentlassung 1875 noch einmal kurz in Stuttgart, doch die Begegnung endete im Streit, und sie sahen sich nie wieder.

Paul Verlaine war im Gefängnis gläubig geworden und schrieb nun fromme Gedichte. Die Zeit seines größten literarischen Ruhmes folgte nun erst, doch seine exzessive Trinkerei zerstörte ihm einmal mehr alles: Mitte der 1880er-Jahre war er völlig verarmt. Er starb 1896 mit 51 Jahren an den Folgen einer Syphiliserkrankung.

Auch Arthur Rimbauds weiterer Lebensweg war wenig erquicklich: Nachdem er sich von Verlaine getrennt hatte, hörte dieses junge Genie einfach zu schreiben auf, als sei es nur ein lästiges Hobby gewesen – seine letzten Gedichte schrieb dieser große Poet mit 19 oder 20 Jahren. Rastlos, wie er war, begann er zu reisen, kreuz und quer durch Europa und Nordafrika, jahrelang. 1891 bekam er in Somalia starke Schmerzen im rechten Knie; er fuhr nach Frankreich zurück, wo ihm in Marseille umgehend ein Bein amputiert wurde – er hatte Knochenkrebs. Doch die Operation kam zu spät: Rimbaud starb am 10. November 1891 mit gerade einmal 37 Jahren. Bis zuletzt glaubte er, als Dichter vollständig gescheitert zu sein – dass er in seiner Jugend gemeinsam mit seinem Lebensgefährten Paul Verlaine eine literarische Bewegung namens Symbolismus mitbegründet hatte und dass ihrer beider Gedichte von einer großen Zahl glühender Verehrer gelesen wurden, hat er nicht mitbekommen.

Zwei Eroberer

Arthur Schnitzler und Adele Sandrock

Sie führten die kürzeste Beziehung aller in diesem Buch versammelten Paare, und dass allzu viel Liebe im Spiel war, darf bezweifelt werden: Die Schauspielerin Adele Sandrock und der Dramatiker Arthur Schnitzler waren nicht einmal zwei Jahre lang ein Paar, und viel Zeit davon waren sie damit beschäftigt, sich Szenen zu machen. Dass sie hier dennoch vorgestellt werden, verdankt sich dem umfangreichen intimen Briefwechsel der beiden, der ebenso wie Schnitzlers Tagebücher publiziert wurde und spektakuläre Einblicke in das Innenleben zweier Egomanen erlaubt.

Heute sieht man in Schnitzler zu Recht den Schriftsteller von Weltrang, während viele bei der Sandrock wohl fragen: »Adele wer?« Doch damals, im Herbst 1893 in Wien, als sie sich kennenlernten, war es genau andersherum: Sie waren ungefähr gleich alt, beide Anfang 30, aber während Adele Sandrock ein gefeierter Bühnenstar war, eine echte Diva, die für ihr kraftvolles Spiel und ihre tiefe, volltönende Stimme ebenso berühmt war wie für ihr turbulentes, skandalumwittertes Privatleben, war Arthur Schnitzler fast noch ein Niemand. Dem Wunsch des Vaters, einem berühmten Laryngologen, folgend, hatte er Medizin studiert, promoviert, als Assistent seines Vaters an der Wiener Poliklinik gearbeitet und dann seine eigene Praxis aufgemacht; doch jetzt war der Vater gerade gestorben, und Schnitzler konnte endlich ungehindert seinen eigentlichen Berufswunsch verwirklichen: Bühnenautor wollte er werden. Sein erstes Stück, *Das Märchen*, sollte am Deutschen Volkstheater in Wien zur Uraufführung gebracht werden, und die Hauptrolle der Fanny war mit Adele Sandrock besetzt worden.

Schnitzler, vermutlich aufgeregt, saß während der Proben mit am Regiepult. Und er war vom ersten Tag an begeistert: Die Fanny war der Sandrock wie auf den Leib geschrieben, die Schauspielerin verkörperte die Figur mit einer Echtheit, die Schnitzler selten am Theater erlebt hatte. Das ambitionierte Stück fiel beim Publikum durch und erlebte nur zwei Aufführungen, doch der Sandrock gefiel es – und der Autor gefiel ihr auch. »Sie sind ein süßer kleiner Mensch«, schrieb sie ihm auf ein Zettelchen und schob es in seine Manteltasche. Ein paar Tage später lud sie ihn unverblümt ein, ihr im Schlafzimmer ihrer luxuriösen 13-Zimmer-Wohnung einen Besuch abzustatten. Die Frau wusste, was sie wollte, und hielt sich nicht mit Artigkeiten auf.

Adele Sandrock in »Affaere Clemenceau« von Alexandre Dumas, Theater an der Wien, 1889

Schnitzler war in dieser Hinsicht alles andere als ein Kind von Traurigkeit. Sein erotischer Appetit war gewaltig; mit fast sportlichem Ehrgeiz hatte er als Heranwachsender und junger Mann ein Maximum an erotischen Eroberungen zu machen versucht, und in nahezu buchhalterischer Manier hielt er das Wer, Wann, Wo, Wie oft und Wie lange seiner Liebesabenteuer im Tagebuch fest. Mit 28 schrieb er: »Wenn ich eine Reihe von Tagen keusch war, 6–9 sind so das Maximum, so bin ich einfach ein Thier.« Es war dabei gar nicht so, dass es nur um Triebabfuhr gegangen wäre und Gefühle keine Rolle spielten, nein, Schnitzler war ein Meister des Pathos (und der Reflexion darüber), gerade Adele Sandrocks Vorgängerin, eine Mizi, hatte er mit Eifersuchtsanfällen halb in den Wahnsinn getrieben. Aber ihm wurde schlicht und ergreifend schnell fad mit einer Frau, was sollte er machen.

Illustration zu Schnitzlers »Reigen«. In zehn erotischen Dialogen wird in diesem Stück die unerbittliche Mechanik des Beischlafs geschildert. Ob er aus Erfahrung spricht?

Da waren sie sich also sehr ähnlich, die Sandrock und er, zwei amouröse Eroberer, die ihre Sexualpartner bisweilen öfter wechselten als die Bettwäsche. Das Ungewöhnliche hier war nur: Schnitzler war es als Mann gewohnt, der Verführer zu sein; dass er jetzt ganz unmissverständlich von dieser Frau ins Bett zitiert wurde, dass er nicht Subjekt, sondern Objekt der Begierde war, das war neu.

Am 6. Dezember 1893 verbrachten sie zum ersten Mal die Nacht miteinander. »Bist du nicht stolz?«, war ihre erste postkoitale Frage – womit sie nicht seine Leistung im Bett meinte, die stand außer Frage, sondern die Tatsache, dass er den großen Star hatte begatten dürfen. An mangelndem Selbstbewusstsein litt diese Frau nicht.

Die nächsten Wochen und Monate verbrachten sie viele Nächte miteinander. In Bezug auf ihren sexuellen Hunger passten sie perfekt zueinander, ansonsten aber nicht allzu gut: Schnitzler war zunehmend davon irritiert, den passiven Part zugewiesen zu bekommen, das war er in Liebesdingen einfach nicht gewohnt. Und sie war ein ums andere Mal verletzt, wenn sie merkte, dass er ihr nicht zu Füßen lag, dass er sie, die große Diva, nicht vergötterte, sondern nur benutzte, so wie sie ihn. Wenn er mitten in der Nacht nach vollzogenem Beischlaf ihre Wohnung verließ, um nach Hause zu gehen, war sie tief gekränkt. Das hatte noch keiner gewagt.

Und so war die Beziehung vor allem ein Kampf, ein Kampf um Macht: Wer von ihnen war der Stärkere, der Unabhängigere? Wer hatte wem dankbar zu sein für die Zuwendung, für die Zeit, die man dem anderen opferte? Keine gute Basis. Hinzu kam, dass Schnitzler sich bald mit Sandrock zu langweilen begann. »Plötzlicher Hass zuweilen und Gedanke: Ich will ein junges frisches Mädel«, notierte er. Oder: »... sterb vor Langeweile. Freude auf den Tag, wo ich sie nicht sehe.« Drei Tage nach dem ersten Jahrestag ihrer Beziehung resümierte er: »Es ist zu bedenken, dass ich sie eigentlich nie auch nur ein bisschen geliebt habe.« Und zehn Tage darauf: »Ich habe die Empfindung, rasch zu altern, wenn ich noch lange mit ihr bleibe.«

Im Sommer 1895, nach anderthalb Jahren, entbrannte Arthur Schnitzler für eine neue Frau, ironischerweise wieder eine Mizi. Flüchtige Verhältnisse mit anderen Frauen hatte er während der Beziehung zu Adele Sandrock durchaus gehabt (so wie sie auch mit anderen Männern), doch diese Mizi Nummer zwei verlangte von ihm, sich von der Sandrock zu trennen, sonst würde sie sich nicht auf ihn einlassen. Da hatte er dann natürlich keine Wahl. Zwar hatte er gerade ein Schauspiel fertiggestellt, dessen weibliche Hauptrolle er Adele auf den Leib geschrieben hatte – die Christine in *Liebelei*, dem Stück, mit dem er seinen Durchbruch feierte –, aber das durfte kein Hinderungsgrund sein. Und so trennte er sich im Herbst 1895 von Adele, genau in der Zeit, in der sie jeden Abend im Burgtheater in seinem Stück auf der Bühne stand. Adele Sandrock nahm die Trennung schwer, allerdings weniger aus Liebesschmerz, sondern aus gekränkter Eitelkeit: Dass er sich von ihr getrennt hatte und nicht sie von ihm, das nahm sie ihm übel.

Ganz aus den Augen verloren haben sie sich nie, bis ins Alter hinein nicht – noch ein halbes Jahr vor seinem Tod besuchte er eine Aufführung eines Oscar-Wilde-Stückes, in dem die 67-Jährige auf der Bühne stand. Und doch war die Beziehung von Arthur Schnitzler und Adele Sandrock flüchtig, eine Episode nur: Letztlich war Adele für Schnitzler nicht viel mehr als die Frau zwischen den beiden Mizis.

Das Genie und die Kümmerin

Bertolt Brecht und Helene Weigel

Als die 23-jährige Schauspielerin Helene Weigel 1923 in Berlin den zwei Jahre älteren Dramatiker Bertolt Brecht traf, war dieser seit einem Jahr verheiratet und hatte schon zwei Kinder, ein soeben geborenes eheliches mit seiner Frau Marianne Zoff und ein uneheliches von einer früheren Geliebten. Sie ahnte also wahrscheinlich, mit was für einem Typ Mann sie es da zu tun hatte: einem, um den man als anständige junge Frau wohl besser einen Bogen macht. Doch auf Anständigkeit gab Weigel vermutlich nicht allzu viel, zudem war die Anziehungskraft Bertolt Brechts einfach zu groß – nicht nur in erotischer, sondern auch in intellektueller und künstlerischer Hinsicht. Helene Weigel konnte sich Brecht nicht entziehen. Es entstand eine Lebens- und Arbeitsgemeinschaft, die trotz vieler innerer und äußerer Widrigkeiten ein Leben lang halten würde.

Beruflich standen sie beide noch am Anfang. Die aus Wien stammende Weigel hatte gegen den Willen ihrer Eltern eine Schauspielausbildung absolviert, war ab 1919 in Frankfurt engagiert gewesen und 1922 nach Berlin gegangen, wo sie unter Max Reinhardt gerade erste Erfolge feierte. Der Augsburger Brecht hatte im selben Jahr in München ein erstes eigenes Stück auf die Bühne gebracht und war auch eben erst nach Berlin gekommen, um als Dramaturg am Deutschen Theater zu arbeiten. Hier lernten sie sich kennen. Und noch bevor es zu einer ihrer legendären Zusammenarbeiten kam, wurde sie von ihm schwanger. 1924 kam der gemeinsame Sohn Stefan zur Welt – Brecht war 26 Jahre alt und hatte drei Kinder von drei Frauen.

Der Bühnenautor war Weigel so wenig treu wie allen anderen Frauen vor ihr. Doch Brecht war ein Genie, und wie vielleicht keine Zweite erkannte Weigel das. Sie würde bei ihm bleiben. Genies waren nun mal schwierig. Er war der Mann, der das Theater revolutionieren würde, und sie würde die Schauspielerin sein, die sein neues Theater groß machen und die durch sein neues Theater groß werden würde. Das wusste sie.

Und so kam es auch, allerdings noch nicht hier in Berlin. Brecht schrieb viel beachtete Stücke, die in großen Inszenierungen die deutsche Theaterlandschaft in Aufruhr versetzten, doch Weigel war zu sehr damit beschäftigt, das Kind aufzuziehen und Brecht den Rücken freizuhalten, als dass sie sich beruflich voll hätte entfalten können. Sie spielte zwar stetig an verschiedenen Bühnen, doch in den fast zehn Berliner Jahren trat sie nur in einem Brecht-Stück auf, 1932 in der Titelrolle von *Die Mutter*. Es wurde ein berauschender Erfolg, für beide. Dennoch: In der Hauptsache war Weigel die Frau an der Seite des berühmten Brecht. 1929 wurde sie es wenigstens auch offiziell: Brecht ließ sich von Marianne Zoff scheiden und heiratete Helene Weigel. 1930 kam ihr zweites gemeinsames Kind zur Welt, Tochter Barbara. Doch Weigel legte Wert darauf, finanziell unabhängig von ihm zu sein und mit den Kindern in einer eigenen Wohnung zu leben, damit ihr Mann nicht bei der Arbeit gestört wurde. Helene Weigel war mit Bertolt Brecht verheiratet und hatte mit ihm zwei Kinder, doch faktisch war sie alleinerziehende Mutter. Gerechterweise muss hinzugefügt werden: Sie wollte das so. Viel Raum für ihre Karriere blieb dabei freilich nicht.

Und dann kamen die Nazis. Brecht, der Kommunist, verstand früh, dass er in diesem Land nicht würde bleiben können. Einen Tag nach dem Reichstagsbrand am 28. Februar 1933 verließen er und Weigel mit ihren acht und zwei Jahre alten Kindern Deutschland. Es wurde ein langer, mühsamer Weg: Über Prag und Wien emigrierten sie zunächst in die Schweiz, im Herbst dann nach Paris und schließlich nach Dänemark, wo sie gut fünf Jahre bleiben konnten. Als 1939 der Krieg nahte, musste die Familie weiterziehen; erst gingen sie für knapp ein Jahr nach Schweden, dann für einige Monate nach Finnland. Nachdem Brecht 1941 endlich das lang ersehnte Einreisevisum für die USA erhalten hatte, reisten sie über Leningrad nach Moskau, von dort mit der Transsibirischen Eisenbahn nach Wladiwostok, dann per Schiff nach Kalifornien, wo ihre Odyssee ein Ende fand. Sie ließen sich in Santa Monica nieder; bis 1948 würden sie hier bleiben.

Die insgesamt 15 Jahre des Exils waren hart, besonders für Weigel. Zum einen hatte Brecht weiterhin diverse Affären, die er vor seiner

Helene Weigel in Brechts Stück »Der kaukasische Kreidekreis«

Frau gar nicht zu verheimlichen versuchte (teilweise begleiteten diese Frauen – »Mitarbeiterinnen« – die Familie sogar als Teil von Brechts Entourage auf ihren Stationen des Exils). Schlimmer aber war, dass sie beruflich zum Nichtstun gezwungen war: Während Brecht auch im Ausland schreiben konnte, hatte Weigel als Deutsche mit nur mangelhaften Fremdsprachenkenntnissen natürlich keine Chance auf ein

Engagement, sei es in Frankreich, Dänemark oder Amerika. Auch ihre Hoffnungen, dass es in Kalifornien vielleicht besser laufen würde, erfüllten sich nicht: Sie wirkte in einem einzigen Hollywoodfilm mit, in einer kleinen, stummen (!) Rolle in der Anna-Seghers-Verfilmung *Das siebte Kreuz*. Helene Weigels Zeit des Exils war auch eine Zeit der erzwungenen Arbeitslosigkeit, und das in ihren besten Jahren, zwischen Anfang 30 und Ende 40.

1948 kehrten Brecht, Weigel und Tochter Barbara nach Deutschland zurück, der 23-jährige Sohn blieb in den USA. Brecht war 50, Weigel 48 Jahre alt. Da die westlichen Alliierten ihm die Einreise in die Bundesrepublik verweigerten, ließ er sich mit seiner Familie in Ostberlin nieder.

Es sollten ihre erfolgreichsten Jahre werden. Brecht hatte als Dramatiker seine beste Zeit zwar hinter sich (die Stücke, für die er bis heute weltbekannt ist, hatte er vor allem vor und während der Emigration geschrieben), aber er gründete hier in Ostberlin sein eigenes Theater, das Berliner Ensemble, das als eine der bedeutendsten Experimentierbühnen Europas zu Weltruf gelangte. Brecht war künstlerischer Leiter und besorgte die Inszenierungen; seine Frau Helene, die er »Allerweltskümmerin« nannte, machte er zur Intendantin, die alles Organisatorische übernahm und den Betrieb am Laufen hielt. Zugleich konnte sie endlich, von der Last der Kinderbetreuung und allen sprachlichen Hürden befreit, als Schauspielerin brillieren, und sie tat es – wie ein Vierteljahrhundert zuvor geplant – insbesondere in Brecht-Stücken. Die drei Titelrollen in *Die Mutter*, *Die Gewehre der Frau Carrar* und vor allem in *Mutter Courage und ihre Kinder*, der Rolle ihres Lebens, machten Helene Weigel in der Welt des Theaters unsterblich.

1956 starb Brecht mit 58 Jahren an Herzversagen. Seine Witwe machte es sich zur Lebensaufgabe, das Berliner Ensemble in Brechts Sinne weiterzuführen, was ihr hervorragend gelang. Helene Weigel starb 1971. Fünf Wochen vor ihrem Tod stand sie zum letzten Mal auf der Bühne: natürlich mit dem Berliner Ensemble und natürlich in einer Brecht-Rolle, *Die Mutter*. Als der letzte Vorhang gefallen war, applaudierte das Publikum mehr als 30 Minuten lang.

Elefant und Taube

Frida Kahlo und Diego Rivera

Dass diese Geschichte überhaupt erzählt werden kann, ist schon ein kleines Wunder. Denn als die Mexikanerin Frida Kahlo 1925 im Alter von 18 Jahren nach einem schweren Verkehrsunfall mit mehreren Toten ins Krankenhaus von Mexiko-Stadt eingeliefert wurde, gaben ihr die Ärzte nur eine geringe Überlebenschance: Die Haltestange eines Busses hatte sich durch ihren Unterleib gebohrt, zahllose Knochen ihres Körpers waren gebrochen, einer ihrer Füße war zertrümmert, und vor allem: Ihre Wirbelsäule war schwer verletzt.

Doch die zähe junge Frau überlebte. Und sie fing an zu malen, als Selbsttherapie sozusagen. Ihre Mutter ließ eine Staffelei anfertigen, mit der sie liegend malen konnte, und hängte einen Spiegel über ihrem Krankenhausbett auf, sodass Frida für ihre Bilder auch ein Motiv hatte: sich selbst. Ihre ersten Selbstporträts entstanden; am Ende ihres Malerlebens sollten über ein Drittel ihrer Bilder Selbstporträts sein.

Drei Jahre nach dem Unfall suchte Kahlo den mehr als 20 Jahre älteren Maler Diego Rivera auf, der mit seinen »Murales« genannten monumentalen Wandbildern zu diesem Zeitpunkt bereits Weltruhm genoss – ein egozentrisches Genie, berüchtigt für seine Liebschaften mit willigen Kunststudentinnen und Modellen. Sie zeigte ihm einige ihrer Arbeiten – alle sehr kleinformatig, also genau das Gegenteil seiner raumgreifenden Kunst – und fragte, ob er sie für begabt halte. Rivera war begeistert von ihrem ganz eigenständigen Stil – und von ihr. Er ermutigte sie, unbedingt weiterzumalen, drängte auf weitere Verabredungen, wurde ihr Mentor und ihr Liebhaber. Äußerlich waren sie völlig verschieden: er von massiger Gestalt (um nicht zu sagen fett), aufgedunsen, eine wuchtige Erscheinung; sie zart, gebrechlich und nur halb so alt. Fridas Eltern verglichen das Paar mit einem Elefanten und einer Taube. Doch bei aller äußeren Ungleichheit waren sie offensichtlich seelenverwandt, brauchten einander, beflügelten einander. Und sie teilten auch die politische Einstellung: Beide waren überzeugte Kommunisten.

1929, ein Jahr nach dem Kennenlernen, heiratete das Paar. Für Diego Rivera hieß das allerdings nicht, fortan eheliche Treue walten zu lassen, im Gegenteil: Er hatte munter weiter eine Affäre nach der anderen, sogar mit Frida Kahlos Schwester Cristina. »Je mehr ich sie liebte, umso mehr wollte ich sie verletzen«, bekannte er später. Damit hatte er Erfolg: Frida litt enorm unter seinen Seitensprüngen. Ihr Unglück wurde noch dadurch vergrößert, dass sie als Folge des damaligen Unfalls (bei dem die besagte Eisenstange von der Seite in ihren Unterleib ein- und durch die Vagina wieder ausgetreten war) keine Kinder bekommen konnte: Sie wurde im ersten Ehejahr zwar schwanger, musste das Kind aus medizinischen Gründen jedoch abtreiben lassen; es folgten eine Fehlgeburt und ein weiterer medizinisch notwendiger Schwangerschaftsabbruch – am Ende stand die Erkenntnis, dass sie keine Kinder würde bekommen können. Darunter litt sie wohl fast noch mehr als unter den Eskapaden ihres Mannes.

Nach etwa einem Ehejahr zog das Paar in die Vereinigten Staaten, zum einen weil Rivera dort reizvolle und hochdotierte Aufträge erhielt (als Wandmaler musste er ja gezwungenermaßen vor Ort arbeiten), zum anderen wegen der antikommunistischen Stimmung in Mexiko, die ihnen trotz ihrer Prominenz das Leben in der Heimat verleidete. Der USA-Aufenthalt war geprägt von Streitigkeiten und Trennungen, auf die aber immer wieder Versöhnungen folgten: Frida Kahlo und Diego Rivera konnten einfach nicht ohneeinander.

Als sie nach drei Jahren nach Mexiko-Stadt zurückkehrten, bestand Frida Kahlo auf einer eigenen Wohnung. Die räumliche Trennung von ihrem Mann, mit dem sie trotzdem weiterhin ständig zusammen war, tat ihrer Kunst gut: Allmählich fanden auch Kahlos Werke Beachtung, und schrittweise trat sie aus Riveras Schatten. Das stärkte offenbar ihr Selbstbewusstsein, denn in der Folge emanzipierte sie sich von ihrem berühmten Mann. Sie reiste nun mehrfach alleine, lebte sogar eine Weile ohne ihn in Paris, wo sie unter anderem mit Picasso, Kandinsky, Breton, Éluard, Ernst, Miró und Duchamp zusammentraf und große Bewunderung in deren Kreisen erfuhr, und sie hatte nun ihrerseits Affären: mit dem Bildhauer Isamu Noguchi, dem Fotografen Nickolas

Muray, der Sängerin Chavelas Vargas und dem späteren bedeutenden Kunstsammler Heinz Berggruen. Und, nicht zuletzt, mit Leo Trotzki: Als der von ihr und ihrem Mann glühend verehrte russische Revolutionär 1937 in Mexiko politisches Asyl erhielt, gewährten sie ihm heimlich in ihrem Haus Unterschlupf, und Frida hatte mit ihm eine kurze Affäre. Diese Beziehung, so flüchtig sie war, verletzte und verunsicherte wiederum Rivera sehr, empfand er sich doch nicht nur als politischen Anhänger, sondern auch persönlichen Freund Trotzkis.

Trotzki war es auch, der indirekt die Scheidung des Paares verursachte, allerdings – wie sich erst später herauskristallisierte – nicht wegen seiner Affäre mit der Malerin: 1939 ließ sich Diego Rivera nach zehnjähriger Ehe überraschend von Frida Kahlo scheiden, und jeder (auch sie selbst) glaubte, Eifersucht sei der Grund. Doch Rivera handelte – obwohl er sicher eifersüchtig war – erstaunlich selbstlos: Es war herausgekommen, dass der flüchtige Revolutionär von ihm versteckt worden war, und um Frida aus allen Anschuldigungen herauszuhalten, ließ er sich von ihr scheiden.

Frida Kahlo, die weiterhin unter den Folgen des Unfalls litt, die längste Zeit ihres Lebens schreckliche Ganzkörper-Stahlkorsetts tragen musste, immer wieder operiert wurde (in den 29 Jahren, die ihr nach dem Unfall blieben, musste sie sich 32 schweren Operationen unterziehen!) und ständig Schmerzen hatte, griff nun neben den Schmerzmitteln zunehmend zur Flasche und anderen Drogen. 1940, ein Jahr nach ihrer Scheidung, wurde zwar Trotzki ermordet, und prompt heiratete Rivera sie wieder und löste damit das Rätsel um den Scheidungsgrund, doch Kahlos mit ihrem körperlichen Verfall einhergehende Selbstzerstörung war nicht mehr aufzuhalten. Ironischerweise waren diese Jahre, in denen es mit ihr physisch und psychisch bergab ging, ihre künstlerisch erfolgreichsten; sie erntete weltweit Anerkennung und den Ruf, Lateinamerikas bedeutendste Malerin zu sein, als die sie bis heute gilt.

Das Paar klebte derweil weiterhin aneinander, wie durch ein unsichtbares Band verbunden, und doch machte einer dem anderen das Leben zur Hölle. Beide hatten nach wie vor Affären, bei denen man fast vermuten kann, dass sie einzig dazu dienten, den anderen zu quälen; sie soffen, stritten, diffamierten sich öffentlich und kamen doch nicht voneinander los. Am Ende war es wohl schlicht auch Gewohnheit, waren es Altersgründe, die sie zusammenbleiben ließen; als Frida Kahlo 1950 nach sechs Wirbelsäulenoperationen innerhalb eines Jahres mehr oder weniger zum Pflegefall wurde, war Rivera bereits Mitte 60.

Ab 1951 war Kahlo an den Rollstuhl gefesselt, 1953 musste ihr ein Bein amputiert werden, 1954 starb sie, keine Woche nach ihrem 47. Geburtstag. Ihr Mann, der an Krebs litt, heiratete ein Jahr nach Fridas Tod noch einmal, überlebte sie aber nur um drei Jahre.

Frida Kahlo hat einmal gesagt, sie habe in ihrem Leben zwei große Unfälle gehabt: den einen mit 18 Jahren, der andere sei ihre Begegnung mit Diego Rivera gewesen. Auch wenn sie mit Sicherheit ohne diese beiden »Unfälle« nie zu der herausragenden Malerin geworden wäre, als die sie bis heute bewundert wird, hat sie das vermutlich wirklich so empfunden.

Zehn Jahre und zehn Monate

Elizabeth Taylor und Richard Burton

Als die Filmgesellschaft 20th Century Fox 1962 einen Monumentalfilm namens *Cleopatra* plante, wurde für die Titelrolle Elizabeth Taylor engagiert. Sie war zwar der teuerste Filmstar in ganz Hollywood – ihre Gage betrug eine Million Dollar, so viel hatte noch nie ein Schauspieler für einen Film bekommen! –, aber es sollte ohnehin einer der aufwendigsten Filme aller Zeiten werden, und eine Investition in Liz Taylor hatte sich bislang noch immer gerechnet: Die 30-Jährige war der größte Kassenmagnet ihrer Zeit, sie hatte im vorausgegangenen Jahr gerade den Oscar als beste Hauptdarstellerin erhalten und war – fast noch spektakulärer – vier Jahre in Folge für diese Auszeichnung nominiert gewesen. Liz-Taylor-Filme waren eine sichere Nummer. Als ihr Filmpartner, der den Antonius spielen sollte, wurde ein in den USA noch wenig bekannter walisischer Theaterschauspieler namens Richard Burton gewonnen, der sich vor allem in Shakespeare-Inszenierungen einen Namen gemacht hatte und auf den Hollywood-Kommerz eher herabsah – der 37-Jährige nahm diese Rolle nur an, weil er finanziell gerade ein bisschen klamm war.

Da trafen am *Cleopatra*-Filmset in Rom also zwei Schauspieler aufeinander, die einen völlig unterschiedlichen Zugang zu ihrem Beruf hatten: Liz Taylor war dank ihrer ehrgeizigen Mutter quasi vor der Kamera aufgewachsen, sie war ein Kinderstar gewesen (als zehnjährige war sie im allerersten *Lassie*-Film berühmt geworden), hatte mit 16 schon Liebhaberinnen gespielt, war mit 24 durch ihre Hauptrolle in *Giganten*, James Deans letztem Film, in die erste Riege der Hollywoodstars aufgestiegen und war inzwischen eine Ikone der amerikanischen Filmindustrie und gleichzeitig deren typischstes »Produkt«. Sie war mit ihren 30 Jahren bereits zum vierten Mal verheiratet und hatte drei Kinder – eine Diva, wie nur Hollywood sie hervorbrachte. Richard Burton hingegen hatte sich seinen Weg von ganz unten mühsam selbst erkämpfen müssen: Der Sohn eines Waliser Bergarbeiters war mit zwölf

Geschwistern in Armut aufgewachsen, wollte Schauspieler werden, weil er die Literatur liebte (welcher Hollywoodstar konnte das schon so von sich behaupten!), hatte dank eines Stipendiums Schauspiel studieren können und sich langsam durch Engagements an kleinen Theatern und Sprecher-Rollen im Radio auf die Bühnen des Londoner West Ends emporgearbeitet. Er war seit 13 Jahren verheiratet, hatte zwei Töchter und war stolz auf seine intakte Familie. Ein grundsolider Mann, wenn man so will, dessen einziges Laster der Alkohol war.

Doch so unterschiedlich ihre beiden sich nun kreuzenden Lebenswege waren, so sehr ähnelten sich Taylors und Burtons Charaktere. Beide waren äußerst temperamentvoll, laut und gerne mal obszön, und beide waren auf ihre Art ehrlich, unverstellt, aufrichtig. Als sie sich nun im April 1962 in Rom begegneten, verliebten sie sich sofort stürmisch ineinander; die Legende will es, dass sie einen Filmkuss einfach nicht beendeten, auch als die Szene längst im Kasten war: »Nehmt ihr es mir übel, wenn ich ›Schnitt‹ sage?«, soll Regisseur Joseph L. Mankiewicz sie gefragt haben, und als sie nicht reagierten: »Interessiert es euch, dass es Zeit fürs Mittagessen ist?« Ob sich das wirklich so abgespielt hat oder nicht – eine schöne Anekdote ist es allemal.

In ihrer Aufrichtigkeit bemühten sie sich gar nicht erst, ihre Affäre geheim zu halten. Die Medien stürzten sich auf die Geschichte; beide waren fortan permanent von Paparazzi belagert (was für Liz Taylor nichts Neues war; sie kannte es gar nicht anders, als ein »öffentliches Leben« zu führen, aber für Richard Burton war es ein Schock), und jeder Schritt, den sie gemeinsam unternahmen, stand am nächsten Tag in der Zeitung. Natürlich war die moralische Entrüstung groß – schließlich waren sie beide verheiratet! Viele äußerten ihre Ablehnung, bis hin zum Papst, in dessen Heiliger Stadt das Techtelmechtel ja vor sich ging. Doch das ließ Taylor und Burton kalt. Sie hatten einander gefunden, nichts sonst spielte eine große Rolle für sie.

Beide ließen sich scheiden. Im März 1964 heirateten sie; in dieser Phase waren sie in den US-amerikanischen Boulevardmedien das wohl mit Abstand präsenteste Paar – alle Welt wollte Anteil nehmen am Verlauf dieser Beziehung. Die bot aber auch reichlich Stoff für Klatsch und

Tratsch: Das Ehepaar war bald bekannt für lautstarke Wutausbrüche, vulgäre Kräche und immer wieder Alkoholexzesse. Ob man die Ehe dabei wirklich unglücklich nennen kann, ist fraglich; jeder hatte im anderen die Liebe seines Lebens gefunden, aber es lag in ihrer beider Naturell, dass es ständig zu wüsten Szenen kam.

In beruflicher Hinsicht war ihre Beziehung eine Goldgrube: Nach *Cleopatra* traten sie in zehn weiteren Filmen gemeinsam auf (Hollywood hatte sich Burton sofort einverleibt, und der konnte nicht widerstehen), und alle diese Filme spielten Rekordsummen ein. Sie verdienten dabei ein Vermögen; Taylors Gage betrug inzwischen bei fast jedem Film eine glatte Million Dollar, und auch wenn Burton immer etwas schlechter bezahlt wurde als seine Frau, hatten sie doch Geld im Überfluss. Ein Privatjet wurde gekauft, ein Rolls-Royce für jeden von ihnen, Gemälde von van Gogh, Monet, Picasso zierten ihre Villa. Dass ihre gemeinsamen Filme so gut liefen, hatte einen Grund: Die Leute waren süchtig nach Einblicken in das Innere ihrer Ehe, und durch eine geschickte Vermarktung wurde den Zuschauern weisgemacht, die in den Filmen erzählten Geschichten seien Projektionen der Beziehung Taylor/Burton. Es waren folgerichtig meist Ehe- und Beziehungsdramen, in denen sie auftraten; bis heute am berühmtesten ist die Edward-Albee-Verfilmung *Wer hat Angst vor Virginia Woolf?* (1966), ein düsteres, sich zum Psychoterror steigerndes Kammerspiel über eine zur Hölle gewordene Ehe.

Fatalerweise fand bei Taylor diese eigentlich nur aus Marketinggründen inszenierte Projektion von echtem Leben und Film tatsächlich statt, allerdings in der umgekehrten, der falschen Richtung: Sie nahm die Dramen, die sie mit Richard vor der Kamera spielte, in ihre wirkliche Beziehung mit hinein. Ein kluger Biograf schrieb einmal, sie habe ein »umgekehrtes Method Acting« betrieben: Liz Taylor ließ sich von ihren Rollen für ihr Eheleben inspirieren.

So wurde die Ehe Taylor/Burton in der öffentlichen Wahrnehmung – und damit eben auch in ihrer eigenen – zum Katastrophengebiet. Den Leuten gefiel's, es gab immer etwas zu erzählen, aber Richard Burton und Elizabeth Taylor hielten es irgendwann einfach nicht mehr mitei-

as Schauspieler-Ehepaar Richard Burton und Liz Taylor, 1972 in Rom

nander aus: 1974, nach zehn Jahren, wurde ihre Ehe geschieden. Doch ohneeinander ging es auch nicht: Ein gutes Jahr später heirateten sie wieder. Diese Ehe hielt nur noch zehn Monate, dann wurde auch sie geschieden. Es war die endgültige Trennung. »Wir lieben uns«, sagte Taylor, »aber wir können nicht miteinander leben.«

Beide heirateten in der Folge noch je zwei Mal, womit Richard Burton auf insgesamt fünf Ehen kam, Liz Taylor auf acht. Ihrer beider Karrieren erlebten nach ihrer Trennung einen beispiellosen Knick; ab Mitte der 1970er-Jahre fanden die Filme, in denen sie jeweils mitwirkten, kaum noch Beachtung, und beide wandten sich – bei Burton muss man sagen: wieder – dem Theater zu. 1984 starb Richard Burton, der seinen heftigen Alkoholismus zuletzt kaum noch unter Kontrolle gehabt hatte, im Alter von nur 58 Jahren an einer Gehirnblutung. Liz Taylor wurde 79 Jahre alt (sie starb 2011), hatte ihre Filmkarriere aber schon in den 1980er-Jahren beendet und seitdem hauptsächlich mit Alkohol- und Medikamentenmissbrauch sowie den dazugehörigen Entziehungskuren von sich reden gemacht.

Am Tag vor seinem Tod hatte Richard Burton seiner großen Liebe Elizabeth Taylor noch einen Brief geschrieben, seinen letzten überhaupt. So wie alles in ihrer Beziehung öffentlich gemacht worden war, wurden auch ihre Briefe bald nach Burtons Tod in Buchform publiziert. Einzig diesen letzten Brief gab Taylor nicht für die Veröffentlichung frei. Sie soll ihn all die 26 Jahre hindurch bis zu ihrem eigenen Tod in ihrem Nachttisch aufbewahrt haben.

Seelenverwandt

Liebe ohne Halbwertszeit

Pierre und Marie Curie

Eigentlich wollte Maria Sklodowska nie heiraten. Sie hatte so hart gearbeitet, so viele Widerstände überwinden müssen, die sich ihr als Frau auf dem Weg zu ihrem Ziel, ein der Naturwissenschaft gewidmetes Leben zu führen, entgegengestellt hatten; da konnte sie einen Ehemann oder auch nur einen Verehrer wirklich nicht brauchen. Das würde sie nur von ihren Forschungen ablenken, ihre Konzentration auf die falschen Dinge lenken, ihr unnötig Zeit rauben. Doch als der ehrgeizigen Polin 1894 der acht Jahre ältere Franzose Pierre Curie über den Weg lief, waren alle guten Vorsätze wie weggeblasen. Das lag hauptsächlich daran, dass Curie ein ebenso besessener Forscher war wie sie.

Maria Sklodowska, 1867 in Warschau geboren, träumte schon als Kind von einer Karriere als Wissenschaftlerin. In ihrem Gymnasium war sie im Abschlussjahr Jahrgangsbeste, doch das half ihr wenig: Frauen waren in Polen nicht zum Studium zugelassen. Ihre drei Jahre ältere Schwester Bronislawa, ebenso begabt wie Maria, stand vor dem gleichen Problem, und so fassten die Schwestern einen Plan: Bronislawa würde nach Paris gehen, um dort Medizin zu studieren; Maria würde in Polen bleiben und arbeiten, um Bronislawa das Studium zu finanzieren. Wenn diese fertige Medizinerin war und ihrerseits Geld verdiente, würde Maria nachkommen und nun bei ihrem Studium von der Schwester unterstützt werden. Gesagt, getan: Maria arbeitete sechs Jahre lang in Warschau als Hauslehrerin und Gouvernante, schickte regelmäßig Geld nach Frankreich und reiste 1891, als ihre Schwester ihr Studium beendet hatte, ebenfalls nach Paris. An der Sorbonne schrieb sie sich für Physik ein.

Es folgten drei Jahre intensiven, kräftezehrenden Studiums. Maria wohnte extrem beengt, ernährte sich fast nur von Tee und belegten Broten und saß fast jeden Tag bis zur Schließzeit in der Universitätsbibliothek. Sie nahm ab, war unendlich erschöpft und doch glücklich: Sie tat genau das, was sie immer hatte tun wollen.

1894, sie war nun bereits 27 Jahre alt, traf sie an ihrem Institut auf den 35-jährigen Physiker Dr. Pierre Curie. Der war als eine Art naturwissenschaftliches Wunderkind nur von Privatlehrern unterrichtet worden, hatte mit 16 das Abitur in der Tasche und mit 19 das Physikstudium beendet; als sie sich kennenlernten, war er nur noch ein Jahr von der Professur entfernt. Maria und Pierre waren wesensverwandt und vom gleichen Forscherehrgeiz getrieben, das spürten sie sofort, und Pierre – der, ganz analytisch denkend, kein vernünftiges Gegenargument fand – machte ihr nur Wochen später einen Heiratsantrag. Doch Maria lehnte ab. Nicht, weil sie Pierre nicht würde heiraten wollen, sondern weil sie vorhatte, nach dem Ende ihres Studiums nach Warschau zurückzukehren.

Aber Pierre war hartnäckig und ließ sich durch ihre Absage nicht entmutigen. Und als Maria nach einer Reise in die Heimat nach Paris zurückkehrte, ohne in Warschau eine angemessene Arbeitsstelle gefunden zu haben, waren die Würfel gefallen: Pierre fragte wieder, Maria sagte Ja, und am 26. Juli 1895 heirateten sie im Rathaus des Pariser Vorortes Sceaux. Eine kirchliche Trauung lehnten sie ab, Ringe hielten sie für überflüssig, ein Hochzeitsfest ebenso – zwei Naturwissenschaftler durch und durch, die einander völlig genügten. In die Flitterwochen fuhren sie mit dem Fahrrad.

1897 bekamen sie eine Tochter, Irène. Marie (den Vornamen hatte sie bei der Hochzeit französisiert) war eine stolze und gute Mutter. Während sie vorher alles, was sie von ihren Studien abgelenkt hatte, als lästige Störung empfunden hatte, steckte sie nun viel Zeit und Energie in die Betreuung ihres Kindes. Das sollte sich auch in den späteren Jahren des beruflichen Erfolgs nicht ändern: 1904 kam eine zweite Tochter zur Welt, Ève, und auch ihr war Marie eine aufopferungsvolle Mutter. Marie Curie kann als frühes Musterbeispiel der heute so vieldiskutierten Vereinbarkeit von Familie und Beruf gelten.

Eine Weile nach der Geburt von Irène, im Dezember 1897, sorgte Pierre dafür, dass Marie einen Arbeitsraum an dem Physikinstitut erhielt, das der Sorbonne angegliedert war und dessen Labor er leitete. In einer ungeheizten Abstellkammer begann sie, systematisch die

Strahlung von Uran zu messen – ein unerklärlicher Effekt, den ein Jahr zuvor der Physiker Henri Becquerel beobachtet und publiziert hatte, der aber in der Fachwelt weitgehend unbeachtet geblieben war, bis Marie Curie sich der Frage annahm. Ihre Versuche zeitigten so faszinierende Ergebnisse, dass ihr Mann Pierre seine eigene Arbeit liegen ließ und sich ihren Forschungen anschloss. Gemeinsam wiesen sie in den folgenden Jahren in einer dürftigen Holzbaracke auf dem Hof des Physikalischen Instituts, die für lange Zeit das Zentrum ihrer Zusammenarbeit werden sollte, die Existenz zweier neuer Elemente nach, Polonium (von Marie ihrem Heimatland zu Ehren so benannt) und Radium. Und sie entdeckten und beschrieben die Radioaktivität. Dass sie dabei beide strahlenkrank wurden, konnten sie nicht ahnen.

Ihre Forschungsergebnisse waren eine Sensation, und dafür heimsten sie auch den verdienten Ruhm ein. Für die Entdeckung der radioaktiven Strahlung erhielten sie 1903 gemeinsam mit Becquerel den Nobelpreis für Physik. Die beiden Männer standen dabei im Vordergrund – eine Frau konnte ja wohl maximal Zuarbeiterin ihres Mannes sein! –, doch Marie Curie störte sich daran wenig: Das Geld, das mit dieser und anderen Auszeichnungen verbunden war, konnten sie gut gebrauchen und in ihre Forschung stecken, und den Rummel, der mit solchen Preisverleihungen verbunden war, verabscheute sie ohnehin. Sie wollte arbeiten, nicht Interviews geben.

Mit den Preisgeldern konnte sich das Ehepaar Curie endlich ein angemessenes Labor aufbauen und drei Assistenten einstellen (zwei für Pierre, einen für Marie, die gerade von Ève entbunden worden war und noch nicht wieder voll arbeitete). Die Sorbonne richtete für Pierre einen neuen Physik-Lehrstuhl ein. Zum ersten Mal hatten der 45-jährige Pierre und die 37-jährige Marie ein bequemes Leben.

Doch wie es oft so ist, beendete das Schicksal die schöne Zeit allzu bald: Am 19. April 1906 geriet Pierre Curie bei einem Verkehrsunfall unter das Pferd einer Droschke, das ihm den Schädel zertrat. Er starb noch am Unfallort. Die symbiotische Beziehung zwischen dem Mann und der Frau, die nicht nur durch Liebe und Partnerschaft, sondern auch durch die gemeinsame Leidenschaft für ihre Forschungen verbunden waren, hatte ein jähes Ende gefunden.

Marie sollte noch 28 Jahre leben, bis sie 1934 mit 66 Jahren an Leukämie starb, die mit ziemlicher Sicherheit durch die hohe Strahlenbelastung verursacht worden war, der sie ihr halbes Leben lang ausgesetzt war. Diese 28 Jahre waren – obwohl sie als Frau immer wieder um die ihr zustehende wissenschaftliche Anerkennung kämpfen musste – von großen Erfolgen geprägt, nicht zuletzt durch einen zweiten Nobelpreis, den sie 1911 in Chemie für die Isolierung des Elements Radium erhielt und diesmal mit niemandem teilen musste. Man kann so weit gehen zu sagen, dass es Pierre Curies Tod bedurfte, damit Marie aus seinem Schatten heraustreten konnte und die Beachtung erhielt, die sie auch verdiente.

Zunächst jedoch, vier Wochen nach Pierres Tod, ernannte die Sorbonne Marie Curie, quasi als Nachfolgerin ihres Mannes, zur außerordentlichen Professorin – sie war die erste Frau, die an der Sorbonne lehren durfte. Bevor ihre Antrittsvorlesung in einem brechend vollen Hörsaal begann, trat der Dekan der wissenschaftlichen Fakultät ans Katheter und verkündete: »Madame Curie wird keine Ansprache halten und keine offizielle Einführung geben, sondern an der Stelle fortfahren, an der Professor Curie den Kurs abgebrochen hat.«

Kein Sex vor dem Ehebruch

Rainer Maria Rilke und Lou Andreas-Salomé

Aus heutiger Sicht ist Rainer Maria Rilke der bedeutende Dichter, während Lou Andreas-Salomé als Schriftstellerin kaum noch bekannt ist, sondern bestenfalls als die große Liebe Rilkes in die Literaturgeschichte eingegangen ist. Damals, 1897, als sie sich trafen, war es genau umgekehrt: Rilke war 21 Jahre alt, ein Jüngling, und schriftstellerisch noch ein Niemand, während die 36-jährige Andreas-Salomé eine renommierte, selbstbewusste Autorin war. Rilke himmelte sie an.

Lou Andreas-Salomé war aber auch ein wirklich besonderer Mensch: Auf eine für eine Frau in ihrer Zeit einmalige Art war sie emanzipiert, freiheitsliebend, autonom; sie wollte sich nicht binden, wollte reisen, wollte die Welt in sich aufnehmen, ohne Kompromisse machen zu müssen. Auf künstlerisch-intellektueller Ebene ging es ihr um die wahrhaftige Erkundung der menschlichen Seele, und sie war der Überzeugung, dass Liebe und Sexualität einem bei dieser Suche nur den Blick vernebeln. Und so hatte diese schöne blonde Frau, die alles andere als prüde war und deren ebenso selbstbewusste wie natürliche Ausstrahlung viele Männer magnetisch anzog, für sich beschlossen, die körperliche Liebe aus ihrem Leben auszuklammern.

Nicht wenige Verehrer hatte das in die Verzweiflung getrieben, und besonders erstaunlich war dies, weil sie verheiratet war: 1887, mit 26, hatte Lou Salomé den 15 Jahre älteren Philologie-Professor Friedrich Carl Andreas geheiratet, einen ausgewiesenen Fachmann für orientalische Sprachen. Warum sie sich auf diese Ehe einließ, ist nicht ganz klar; zwar hatte er ihr mit einem Selbstmordversuch zu beweisen versucht, wie ernst es ihm war, doch eine Frau wie sie ließ sich durch so etwas ganz sicher nicht erpressen. Jedenfalls war es eine ihrer Bedingungen gewesen, als sie der Ehe mit Andreas zustimmte, dass er sich ihr nie erotisch würde nähern dürfen. Der Philologe willigte ein, und die Ehe wurde tatsächlich nie vollzogen.

Dieser Frau also, die im Jahr 1897 bereits eine erfolgreiche Schriftstellerin war (sie hatte sowohl erzählende Werke als auch vielbeachtete Studien über Ibsen und Nietzsche veröffentlicht), die mit den Geistesgrößen ihrer Zeit verkehrte und die ganz genau wusste, was sie wollte, dieser Frau lief nun in München ein verhuschter, schlaksiger 21-jähriger Student aus Prag nach. Anfangs interessierten Lou weder der Bubi selbst noch die Gedichte, die er ihr aufdrängte, doch Rilke hatte es sich in den Kopf gesetzt, sie zu erobern, und mit der größten Hartnäckigkeit kam er ans Ziel. Die 36-jährige Lou Andreas-Salomé, die in ihrem Leben noch mit keinem Mann intim geworden war, ließ sich auf den 21-jährigen Möchtegern-Poeten Rilke ein und begann mit ihm eine Affäre.

Es war eine Offenbarung für sie. Nicht nur, dass sie erst jetzt, mit Mitte 30, als sexuelles Wesen erweckt wurde und nie gekannte Leidenschaften empfand, sondern sie ließ sich auch erstmalig mit Haut und Haaren auf einen anderen Menschen ein – sie schlug also ihre frühere Maxime, dass niemand sie je besitzen dürfe, fröhlich in den Wind. Es war wie ein neues Leben.

Auch für René Maria Rilke (so hieß er eigentlich; den Namen »Rainer« gab Lou ihm) war es die erste wirklich große Liebe, und sie prägte sein restliches Leben. Lou war ihm nicht nur Bettgefährtin und Freundin, sondern aufgrund des Altersunterschieds auch mütterliche Ratgeberin (mit seinen Eltern, die ihn in die Offizierslaufbahn hatten drängen wollen, hatte er gebrochen) und nicht zuletzt Muse und Mentorin: Lou war es, die seinen Blick für das Wesentliche schärfte, die ihn Einfachheit und Schnörkellosigkeit lehrte, die seinen Gedichten das Blumig-Sentimentale, das Kitschige und das Pathetische nahm. Ohne Lou Andreas-Salomés Einfluss wäre Rilke nie und nimmer der Dichter geworden, als der er bis heute verehrt wird.

Das Paar, das sich gerade erst gefunden hatte, unternahm ab Juli 1897 eine zweieinhalbmonatige Sommerfrische im nicht weit von München entfernten Wolfratshausen. In einem malerischen Häuschen am Berghang hatten sie viel Zeit füreinander, genossen das einfache Leben, arbeiteten, redeten, liebten. Sie erforschten und entdeckten einander und durch den anderen auch sich selbst. Der Rückzug ins Voralpenland war dabei gar kein Akt der Heimlichtuerei – das hatte Lou nicht nötig, und Rainer war ohnehin niemandem Rechenschaft schuldig –, sondern eine ganz entspannte Auszeit vom Alltag. Immer wieder kamen Freunde zu Besuch und blieben ein paar Tage; sogar Friedrich Carl Andreas, Lous Mann, kam für fast vier Wochen – alles gar kein Problem, man verstand sich gut, Rainer und Lou waren in dieser Zeit eben ein bisschen diskreter, und die Eheleute gingen respekt- und liebevoll miteinander um.

Als dieser Urlaub zu Ende ging, kehrte Lou nach Berlin zurück, wo sie mit ihrem Mann lebte; Rilke, der nicht wusste, wohin mit sich ohne sie, brach seine Zelte in München ab und kam einfach mit. Er mietete sich in der Nähe der Andreas'schen Wohnung ein und kam zu Besuch, wann immer ihm der Sinn danach stand. Oft hockte er bei Lou in der Küche, die zugleich ihr Arbeitszimmer war, während ihr Mann im Wohnzimmer an seinem Schreibtisch saß. Häuslicher Alltag zu dritt.

Dass sich Rilke, der psychisch ohnehin eher labil war, so abhängig von ihr machte, missfiel der bei aller Liebe doch an ihre Freiheit und Ungebundenheit gewöhnten Lou zunehmend. Im nächsten Frühjahr drängte sie darauf, dieses Jahr keinen gemeinsamen Urlaub zu machen, und empfahl Rilke, allein eine Italienreise zu unternehmen. Brav folgte er ihrem Rat, hatte eindrucksvolle Wochen und war doch froh, wieder nach Hause zurückkehren zu dürfen.

Ein weiteres Jahr später, im Frühjahr 1899, unternahm Lou Andreas-Salomé mit ihren beiden Männern – Rilke und Andreas – eine achtwöchige Reise nach Russland: Sie war Russin, geboren in St. Petersburg, und wollte stolz ihre Heimat zeigen. Rilke berauschte sich tatsächlich an der Landschaft, den endlosen Wäldern, an der Schönheit von Moskau und Petersburg, an allem. Kaum zu Hause, wurde die nächste Russlandreise geplant, vier Monate sollte sie diesmal dauern, und Lou und Rainer wollten alleine fahren. Im Mai 1900 ging es los, es wurde eine wundervolle Rundreise voller bleibender Eindrücke, ein intensives Heimaterlebnis für Lou und ein magischer Trip in die Fremde für Rilke.

Und doch war diese zweite Russlandreise der Wendepunkt in der erst gut drei Jahre dauernden Beziehung zwischen den beiden: Lou fühlte sich durch sein klammerndes Wesen eingeengt, seine wiederkehrenden Weinkrämpfe und Panikattacken ängstigten sie zudem, und sie beschloss, sich nach der Heimkehr von Rilke zu trennen. Gesagt hat sie ihm zunächst nichts, doch gespürt wird er es haben: Ihre gemeinsame Zeit war zu Ende. Die freiheitsliebende Lou wollte weiterziehen, wollte zurück in ihr altes Leben ohne Verpflichtung irgendjemandem gegenüber, und er fügte sich.

Ausgesprochen hat sie es erst mehr als vier Monate nach ihrer Rückkehr aus Russland, in einem Abschiedsbrief von Anfang 1901, in dem sie Rilke ihren Entschluss mitteilte und ihn zudem aufforderte, den Kontakt zu ihr völlig abzubrechen. Er akzeptierte die Trennung, und mit einer Art Mut der Verzweiflung stürzte er sich in neue Liebesabenteuer: Er hatte sich dem Worpsweder Künstlerkreis angenähert, und nachdem ihm die Malerin Paula Becker von einem gewissen Modersohn weggeschnappt worden war, verlegte er sich auf die Bildhauerin Clara Westhoff – bereits im April 1901 heirateten die beiden, es wurde keine glückliche Ehe.

Die Kontaktsperre, die Lou ihnen auferlegt hatte, konnte und wollte Rilke jedoch nicht einhalten, und auch Lou selbst merkte, wie ihr der Austausch mit ihm fehlte. Und so brachen sie das Schweigen sehr bald, fanden zurück zu ihrer großen Vertrautheit, wurden schlicht und ergreifend Freunde. Sie fühlten sich als Seelenverwandte, und auch wenn das Leben sie in unterschiedliche Richtungen trieb, blieb das Band zwischen ihnen immer bestehen. Die Freundschaft hielt bis zu Rilkes Tod – er starb 1926 mit 51 an Leukämie –, und obwohl ihre Liebesbeziehung nur gut drei Jahre gedauert hatte, ist es nicht vermessen zu sagen, dass Lou Andreas-Salomé der wichtigste Mensch im Leben von Rainer Maria Rilke war – und umgekehrt vielleicht auch.

Frigide trifft Sinnlich

Virginia Woolf und Vita Sackville-West

Dass zwei Frauen, die beide ganz gediegen mit einem Mann verheiratet sind, sich ineinander verlieben und eine lesbische Beziehung beginnen, ist zwar nicht völlig alltäglich, so ganz ungewöhnlich aber auch nicht. Das Ungewöhnliche an der Beziehung zwischen Virginia Woolf und Vita Sackville-West war, dass beide mit Männern verheiratet waren, die diese außereheliche Beziehung tolerierten, ja sogar guthießen. Das lag vor allem daran, dass beide nur eine Art von Scheinehe führten, wenn auch auf ganz unterschiedliche Weisen.

Bei der 1892 geborenen Vita Sackville-West war der Fall klar: Die aus dem englischen Hochadel stammende, auf einem riesigen Schloss mit vielköpfiger Dienerschaft aufgewachsene Frau war es gewohnt, zu tun und zu lassen, worauf sie Lust hatte; sie war ungezügelt, burschikos, liebte die Sinnlichkeit und war dabei Frauen mehr zugeneigt als Männern. 1913 heiratete sie – wohl hauptsächlich weil es praktisch war, verheiratet zu sein – den Diplomaten Harold Nicolson, mit dem sie zwei Kinder bekam und für den sie tiefe Zuneigung empfand. Auch dessen erotische Interessen richteten sich vornehmlich aufs eigene Geschlecht, sodass beide Ehepartner mehrere homosexuelle Beziehungen hatten, die sie einander nicht verheimlichten. Es war eine offene, harmonische Beziehung, in der auf der körperlichen Ebene jeder seiner eigenen Wege ging und die Ehe hauptsächlich dem Schutz vor gesellschaftlichen Anfeindungen diente – ein perfektes, unverkrampftes Arrangement.

Die zehn Jahre ältere Virginia Woolf war zwar ebenfalls verheiratet, doch ihr war Körperlichkeit – ganz geschlechtsunabhängig – grundsätzlich fremd. Sie hatte 29-jährig den Literaten Leonard Woolf geheiratet, und auch dies war eine gute Ehe, getragen von Freundschaft, gegenseitigem Respekt und gemeinsamen Interessen, doch Sexualität kam darin nicht vor. Virginia Woolf war frigide oder hielt sich zumindest dafür, und ihr Mann respektierte dies. (Ob das Paar in den Flitterwochen miteinander schlief und danach darauf verzichtete oder ob es tatsächlich überhaupt keine körperliche Liebe zwischen den beiden gegeben hatte, ist unklar, letztlich aber auch nicht entscheidend.) Dass ein Arzt dem frisch getrauten Ehepaar aufgrund von Virginias (eher psychischer als körperlicher) Labilität von Kindern abgeraten hatte, machte ihnen den Verzicht auf Sex sicherlich leichter.

1922 trafen diese beiden grundverschiedenen Frauen in beruflichem Zusammenhang erstmals aufeinander; Virginia war da 40, Vita 30 Jahre alt. Virginia Woolf und ihr Mann betrieben einen ambitionierten kleinen Verlag für avantgardistische Lyrik und Prosa, die Hogarth Press, und Vita Sackville-West, die sich mehr aus Lust und Laune denn aus innerem Drang zur Schriftstellerin berufen fühlte, wollte dort einen Roman herausbringen. Virginia schätzte das literarische Talent der jüngeren Frau nicht sonderlich hoch ein, doch deren Unbekümmertheit, Lebendigkeit und erotische Präsenz nahmen sie gefangen. Vita ihrerseits, die gerade eine stürmische Beziehung zu der Schriftstellerin Violet Trefusis hinter sich hatte (in deren Verlauf sie, um mit ihrer Geliebten ausgehen zu können, mehrfach in Männerkleider geschlüpft war, was nachträglich einen Skandal verursachte), war fasziniert von Virginia Woolfs Intellektualität, Geisteskraft, ja Genialität, die sie sofort zu erkennen meinte.

Dass die beiden ein Paar wurden, wäre schon zu viel gesagt. Sie empfanden Liebe für- und eine tiefe Verbundenheit miteinander, schliefen auch miteinander (allerdings, soweit man weiß, nicht allzu oft), doch die Beziehung war, vor allem für die von Selbstzweifeln geplagte Virginia Woolf, furchtbar kompliziert. Während Vita sie, die überragende Schriftstellerin und Verlegerin, bewunderte und es bei ihr von geistiger zu körperlicher Nähe kein großer Schritt war, war es für die introvertierte, überempfindliche und sexuell unerweckte Virginia ein ungeheures, erschütterndes Erlebnis, mit einer Frau intim zu werden. Die Begegnungen der beiden fanden zumeist im Verborgenen statt, was nicht nur daran lag, dass gleichgeschlechtliche Beziehungen gesellschaftlich inakzeptabel waren, sondern auch daran, dass Virginia sich selbst nicht eingestehen konnte oder mochte, dass sie eine Frau begehrte. Es war eine oft quälende Beziehung voller Sehnsucht, Werben, Erfüllung,

Zurückweisung, Eifersucht, Zweifel, Distanzierungen und Wiederannäherungen. Ein einziges Auf und Ab.

Drei Jahre lang war das Verhältnis dieser beiden ungewöhnlichen Frauen eines, das die Bezeichnung »Beziehung« rechtfertigt. Dann ebbte das sexuelle Verlangen ab – auch wenn es auf beiden Seiten immer wieder Schübe des leidenschaftlichen Sehnens nach der körperlichen Nähe der anderen gab – und ging in eine dauerhafte Freundschaft über. Bleibendes und weltberühmtes Zeugnis dieser Beziehung ist Virginia Woolfs 1928 publizierter Roman *Orlando*, den sie ihrer Freundin nicht nur widmete, sondern mit dem sie ihr auch ein Denkmal setzte, indem sie Lebensstationen von Vita in der Figur der ihr Geschlecht vom Mann zur Frau wandelnden Protagonistin Orlando literarisch verarbeitete. Sackville-Wests Sohn Nigel Nicolson, der 1973 eine Biografie seiner Eltern veröffentlichte, nannte *Orlando* den »längsten und charmantesten Liebesbrief der Literatur« – dem kann man zustimmen.

Die tiefe Freundschaft zwischen den beiden Frauen ging nach den stürmischen drei Anfangsjahren in ruhiges Fahrwasser über; vermutlich waren beide froh, dass ihre Beziehung dadurch unkomplizierter wurde – so war es wohl doch am besten. Die Vertrautheit blieb dabei groß; die insgesamt fast 700 erhaltenen Briefe zwischen ihnen belegen dies eindrucksvoll. Ob man in dieser zweiten, viel längeren Phase ihrer Beziehung noch von Liebe sprechen kann, ist eine akademische Frage; Virginia Woolf »liebte« Vita jedenfalls in einem ähnlichen Maße wie ihren Mann Leonard, bei dem die Sexualität ja ebenfalls ausgeklammert blieb.

Erst der Tod beendete diese starke, intensive Freundschaft. Es war ein freiwilliger Tod: Virginia Woolf, die immer schon eine instabile Psyche gehabt, unter Wahnvorstellungen und Ängsten gelitten und zu Depressionen geneigt hatte, nahm sich am 28. März 1941 das Leben, wahrscheinlich um einem neuen psychotischen Schub zuvorzukommen, den sie nahen spürte. Glücklich war ihr Leben in der Summe vermutlich nicht gewesen, aber in Vita Sackville-West war sie immerhin einer Frau begegnet, die ihr gezeigt hatte, was Begehren, was Leidenschaft, was Sinnesfreuden sind.

Die Schöne und der Kranke

Carola Neher und Klabund

Im August 1924 fuhr die 23-jährige Schauspielerin Carola Neher gerade mit der Trambahn durch die Münchner Theresienstraße, als ein etwas älterer, schmalbrüstiger, kränklich aussehender Mann mit Nickelbrille einstieg und sie – so empfand sie es – auf unverschämte Weise zu mustern, ja mit den Blicken auszuziehen begann. »Wenn Sie mich ganz ungeniert betrachten wollen, müssen Sie ins Theater gehen«, zischte sie ihn an. »Ich spiele heute in den Kammerspielen in der ›Büchse der Pandora‹.« Womit sie nicht gerechnet hatte: Er kam. Und nicht nur an diesem Abend, sondern immer wieder.

Der Mann hieß Alfred Henschke, war 33 Jahre alt und hatte sich unter dem Pseudonym »Klabund« – einer Zusammensetzung aus »Klabautermann« und »Vagabund« – einen Namen als Schriftsteller gemacht: Er hatte mit Erfolg Gedichtbände, Romane und Theaterstücke veröffentlicht, arbeitete in den damals führenden Literaturzeitschriften mit (vom *Simplicissimus* bis zur *Weltbühne*) und war tatsächlich – auch wenn sein Name heute nur noch ein leises Klingeln im Hinterkopf von Literaturwissenschaftlern erzeugt – einer der prominentesten Autoren seiner Zeit. Seit er 16 war, litt er an Tuberkulose, was ihn nicht nur zu zahlreichen Kuraufenthalten in diversen Sanatorien zwang, sondern ihn aufgrund der damit verbundenen Kosten auch immer wieder in finanzielle Nöte brachte: Trotz seines beachtlichen Erfolgs war er der Prototyp des bettelarmen Poeten. Doch seine hilfsbedürftige Ausstrahlung und sein leiser, melancholischer Charme machten ihn erstaunlich begehrenswert bei den Frauen, deren Muttertrieb und Beschützerinstinkt er offenbar weckte – bei seinen Freunden hieß dieser von seiner Krankheit zeitlebens gezeichnete Mann wegen seiner vielen Amouren »Kettenraucher der Liebe«. 1918 hatte er eine zarte, zerbrechliche Leidensgenossin geheiratet, die er als Mitpatientin in einem Lungensanatorium in Davos kennengelernt hatte; sie hatte unbedingt ein Kind von ihm gewollt, erwies sich aber als zu schwach für die Strapazen einer

Mutterschaft – noch im ersten Jahr ihrer Ehe erlitt sie eine Frühgeburt, starb zwei Wochen später entkräftet im Kindbett, und nach einem Vierteljahr starb auch das Kind. Ein trauriger Schatten aus seiner Vergangenheit, der Klabund trotz seiner vielen folgenden Liebschaften nie verlassen würde.

Carola Neher, die Schöne aus der Straßenbahn, war wohl zunächst nur ein ganz normaler Flirt für ihn, ein Eroberungsversuch unter vielen. Berühmt war sie längst noch nicht, ihr Engagement an den Münchner Kammerspielen war ihre erste einigermaßen renommierte Station, und auch hier erhielt sie zunächst nur Einzelverträge für kleinere Rollen. Etwas anderes hob sie für Klabund heraus aus der Menge der schönen und begehrenswerten Frauen: Sie war die Erste, die sich nicht erobern ließ, sondern eroberte, die sich ihm nicht unterwarf, sondern im Gegenteil ihn in die Rolle des Unterwürfigen, des Werbenden und Bittenden drängte. Seinen hartnäckigen Theaterbesuchen folgten traute Spaziergänge im Englischen Garten, und bald wurden sie ein Paar, doch nie konnte er sich ihrer Liebe wirklich sicher sein: Obwohl sie ihn auch aus ganzem Herzen liebte, gelang es ihr, eine geheimnisvolle Unnahbarkeit und Distanz zu ihm zu wahren, die seine Sehnsucht nach ihr nie erlöschen ließ.

Keinen Monat nach ihrem Kennenlernen, im September 1924, bekam Carola Neher ein Engagement in Breslau angeboten, am berühmten Lobe-Theater, an dem auch Therese Giehse und Peter Lorre engagiert waren – ein Karrieresprungbrett. Selbstverständlich nahm sie an, und wie selbstverständlich folgte ihr Verehrer ihr – dichten könne er schließlich überall, so Klabund leichthin. Das beeindruckte Carola Neher, und am 7. Mai 1925 heirateten sie.

Sie waren seelenverwandt, das betonten sie beide immer wieder und es ist glaubhaft, doch ihre Leben waren einfach zu verschieden, als dass eine echte Zweisamkeit sich hätte entwickeln können. Mit Nehers Karriere ging es steil bergauf, sie eilte von einem Engagement zum nächsten und damit von einer Stadt in die andere, während Klabund, zunehmend krank, vor allem Ruhe brauchte. Nach der Spielzeit in Breslau nahmen sie ihren Wohnsitz in Berlin, wo Neher mit Brecht zu arbeiten begann.

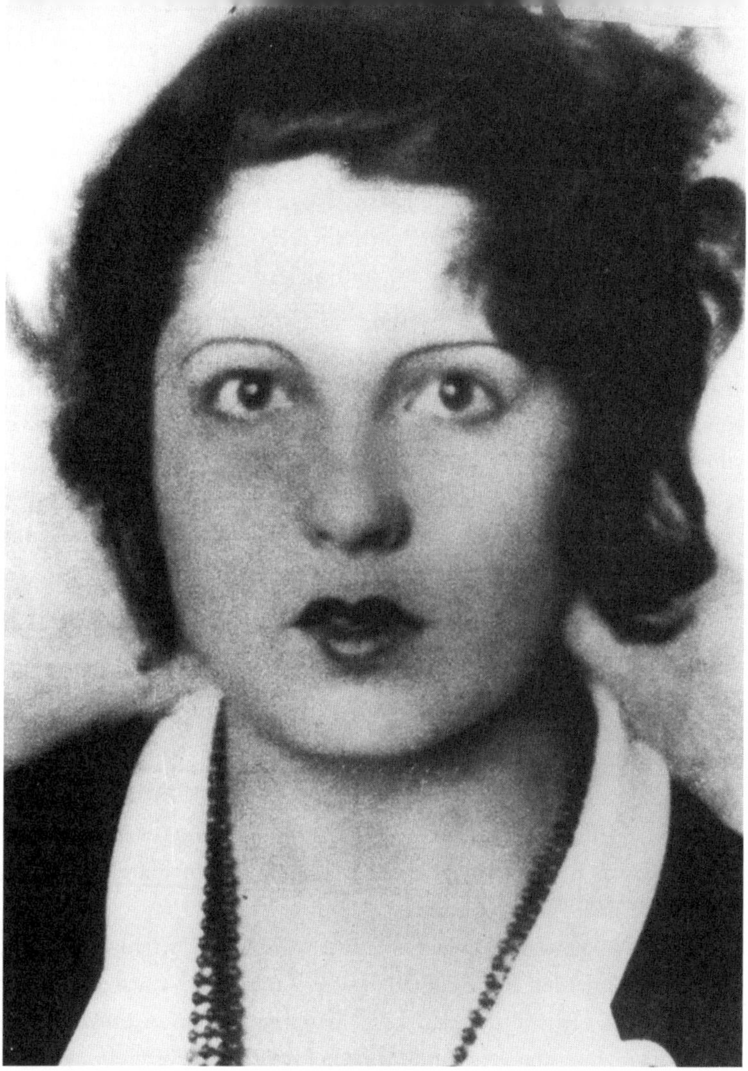

Porträt von Carola Neher, um 1925

Die Eheleute sahen sich wenig, denn die Schauspielerin hatte zunehmend Gastspiele auf diversen großen Bühnen des deutschsprachigen Raumes zu absolvieren, der Dichter musste mehr Zeit in Sanatorien verbringen als außerhalb. In den drei Jahren, die ihre Ehe nur währte, waren es hauptsächlich die Urlaube, in denen sie wirklich Zeit füreinander hatten und zueinander fanden. Am Mittelmeer, dessen Klima Klabund guttat und wo Neher fernab aller Theaterbühnen zur Ruhe kommen konnte, verbrachten sie wohl ihre schönsten Wochen miteinander.

Im Mai 1928, um ihren dritten Hochzeitstag herum, machten Klabund und Neher einmal mehr Urlaub in Italien. Hier, ausgerechnet, zog er sich eine Lungenentzündung zu, und als er sich nach diesen Ferien wieder einmal gezwungen sah, eilig zur Rekonvaleszenz nach Davos zu reisen, erkannten die Ärzte sofort, wie es um ihn stand: Eine Hirnhautentzündung war dazugekommen, und es war klar, dass der 37-Jährige sterben würde. Klabund ließ seine Eltern und seine Frau nach Davos rufen, und sie kamen – in Nehers Fall gegen den Willen des genervten Brecht, der gerade die *Dreigroschenoper* mit ihr probte (sie sollte die Polly spielen). Tatsächlich verpasste sie die legendäre Premiere und übernahm die Rolle erst in späteren Vorstellungen.

Um halb fünf Uhr am frühen Morgen des 5. August 1928 starb Klabund nach qualvollen Tagen. Seine Frau Carola Neher wachte an seiner Seite, als er seine letzten Atemzüge tat. Ihre gesamte Beziehung hatte nur vier Jahre gedauert, und sie waren ein sehr ungleiches Paar gewesen – optisch, vom Temperament und von der Lebensgestaltung her –, und doch waren sie füreinander bestimmt gewesen. Die Klatschpresse, die die Ehe des illustren Paares mit großer Aufmerksamkeit verfolgt hatte, hatte sie zwar immer wieder als überhaupt nicht zueinander passend hingestellt, aber sie beide hatten es besser gewusst.

Carola Neher war 27, als sie Witwe wurde, eine strahlend schöne junge Frau mit den besten Karriereaussichten. Doch auch ihr weiterer Weg war nicht allzu lang: 1932 heiratete sie einen rumänischen Kommunisten, emigrierte mit ihm nach Hitlers Machtergreifung 1933 in die Tschechoslowakei und 1934 weiter in die Sowjetunion, wo sie einen Sohn bekamen und eine politische Heimat zu finden glaubten. Doch im Zuge von Stalins »Säuberungen« wurden sie 1936 als angebliche Trotzkisten verhaftet, ihr Mann wurde erschossen, ihr Kind in ein Heim gesteckt (sie sah es nie wieder), und sie selbst zu zehn Jahren Arbeitslager verurteilt. 1942 starb sie in einem Gefangenenlager in Sol-Ilezk, einem Flecken am Südural nahe der kasachischen Grenze, an Typhus. Sie wurde 41, nur vier Jahre älter als ihr erster Mann Klabund.

Künstler und ihre Musen

Die Muse der vielen

Gustav und Alma Mahler

Das Leben der 1879 geborenen Alma Schindler würde, das war früh klar, der Kunst gewidmet sein. Ihr Vater war Maler, ihre Mutter Sängerin, ihr Stiefvater, den die Mutter nach dem frühen Tod ihres Mannes geheiratet hatte, war ebenfalls Maler. Schon als Kind wurden ihre musikalischen Talente gefördert, sie wurde mit Malerei und Literatur vertraut gemacht und zeigte auf all diesen Gebieten nicht nur Interesse, sondern Begabung. In ihrem Elternhaus in Wien gingen die berühmtesten Maler, Schriftsteller und Komponisten jener Zeit ein und aus, und als Alma zur jungen Frau erblühte, verfiel so ziemlich jeder dieser Herren ihrer Schönheit und Ausstrahlung. Gustav Klimt reiste ihr bis nach Italien nach; der Direktor des Burgtheaters Max Burckhard bombardierte sie mit Theaterkarten, um ihre Gunst zu gewinnen; dem Komponisten und Dirigenten Alexander von Zemlinsky schließlich, bei dem sie Kompositionsunterricht nahm, gelang es, sie in eine stürmische Liebesbeziehung zu verwickeln. Da war Alma 20 Jahre alt.

Zwei Jahre dauerte diese Liaison, die von großen Ausbrüchen der Leidenschaft ebenso wie von wechselseitigen Quälereien geprägt war; vor einer Ehe schreckte Alma jedoch zurück, nicht zuletzt weil Zemlinsky jüdischer Abstammung war. Ende 1901 war dann sowieso mit einem Schlag Schluss: Alma verliebte sich in einen anderen Mann. Und was für einen: Es war der 19 Jahre ältere gefeierte Komponist und Dirigent Gustav Mahler.

Mahler war 41, als er auf einer Abendgesellschaft der jungen Alma Schindler vorgestellt wurde. Er hatte eine steile Karriere hinter sich und mit dem Posten des Direktors der Wiener Hofoper eine herausragende Stellung in der europäischen Musikszene inne. Alma verdrehte ihm den Kopf, er verliebte sich direkt an diesem ersten Abend rasend in sie und machte ihr nach gerade einmal drei Wochen einen Heiratsantrag. Und Alma? Obwohl ihr alle davon abrieten, den konservativen, eher kränklichen und viel zu alten Mann zu heiraten, sagte sie Ja.

Wie verliebt sie in ihn war, ist schwer zu ermessen; vielleicht war Bewunderung für seine Stellung, seine Kunst und seine Persönlichkeit das vorherrschende Gefühl. Er jedenfalls liebte sie leidenschaftlich, und das wird ihr – auch wenn Leidenschaftsbezeugungen von älteren Männern nichts Neues für sie waren – geschmeichelt haben.

Mahler verlangte viel von seiner Frau: Sie müsse ihr eigenes Komponieren aufgeben. Noch vor der Hochzeit schrieb er ihr in einem uns heute unglaublich anmaßend erscheinenden Brief: »Wie stellst du dir so ein komponierendes Ehepaar vor? (...) Wie ist es, wenn du gerade in ›Stimmung‹ bist und aber für mich das Haus, oder was ich gerade brauche, besorgen, wenn du mir die Kleinigkeiten des Lebens abnehmen sollst?« Alma war also gewarnt. Und doch ließ sie sich auf die Ehe ein. Am 9. März 1902 fand die Hochzeit in der Wiener Karlskirche statt.

Im November desselben Jahres wurde die Tochter Maria geboren, anderthalb Jahre später die zweite Tochter Anna. Eine glückliche Familie – sollte man meinen. Doch dem war nicht so. Auch wenn Alma und Gustav sich als Personen schätzten und liebten, so waren ihre Vorstellungen vom Leben doch unvereinbar. Mahler waren Abendgesellschaften und andere Vergnügungen verhasst; er hatte ein riesiges Arbeitspensum zu bewältigen und brauchte dafür Zeit und einen geregelten Tagesablauf. Er wollte eine Frau, die ihm den Haushalt führte und den Rücken freihielt. Alma fehlten dazu nicht nur die Kenntnisse (sie hatte keine Ahnung, wie man wirtschaftete und mit Dienstboten umging), sondern auch die Veranlagung: Zwar hatte sie freiwillig für ihren Mann ihr Komponieren aufgegeben, aber sie war sicher von einem abwechslungsreichen Gesellschaftsleben voller anregender Begegnungen an der Seite ihres berühmten Mannes ausgegangen und nicht von einem Dasein als bessere Haushälterin. Alma langweilte sich.

Die Kluft zwischen den Eheleuten vertiefte sich, als nach fünf Ehejahren die ältere Tochter Maria an Diphtherie starb. Gerade Mahler traf dies tief, zudem wurde im selben Jahr bei ihm ein Herzfehler diagnostiziert, der ihn ängstigte und ihn einschränkte. Er brach nach zehn höchst erfolgreichen Jahren in Wien überstürzt seine Zelte ab und nahm ein Engagement an der Metropolitan Opera in New York an –

Gustav Mahler und seine Frau Alma bei einem Spaziergang nahe ihrem Sommerdomizil im italienischen Toblach, 1909

selbstverständlich voraussetzend, dass seine Frau mitkommen würde. Das tat sie auch, doch das Zusammenleben blieb konfliktbeladen. Alma fühlte sich auch in New York einsam und vernachlässigt, und als der erste Europa-Urlaub anstand, reiste sie die meiste Zeit davon getrennt von ihrem Mann.

So ging das die nächsten zwei Jahre über weiter – isolierte, langweilige Monate in New York, dazwischen immer wieder lange Aufenthalte in Europa, in denen Alma eine Kur nach der anderen absolvierte (Kuren waren offenbar die beste Ausrede, warum sie ohne ihren Mann unterwegs war). Auf einer dieser Kuren, im Mai 1910 in der Steiermark, ließ sie sich auf eine leidenschaftliche Affäre mit einem vier Jahre jüngeren Architekten ein: Der Mann hieß Walter Gropius und sollte nach dem

Weltkrieg als Begründer des Bauhaus einer der bedeutendsten Vertreter der Moderne werden. Doch das war zu diesem Zeitpunkt noch nicht abzusehen. Für Alma war er vor allem ein Mann, der sie als Frau ernst nahm und viele ihrer Sehnsüchte befriedigte.

Als Mahler von dieser Affäre erfuhr, wurde ihm empfohlen, Sigmund Freud aufzusuchen. Der empfing ihn im August 1910 zu einer vierstündigen Kurzanalyse und durchschaute die eheliche Konstellation offenbar sofort – in einem Brief an eine Schülerin äußerte er: »Mahlers Frau Alma liebte ihren Vater Rudolf Schindler und konnte nur diesen Typus suchen und lieben. Mahlers Alter, das er so fürchtete, war gerade das, was ihn seiner Frau so anziehend machte. Mahler liebte seine Mutter und hat in jeder Frau deren Typus gesucht. Seine Mutter war vergrämt und leidend, und dies wollte er unbewusst auch von seiner Frau Alma.« Touché.

Mit dieser Analyse und dem Wissen um den Nebenbuhler Gropius im Kopf, begann sich Mahler in der Folge wirklich um Alma zu bemühen – erstmals vielleicht. Er ging mehr auf sie ein, widmete Alma auch seine 8. Sinfonie (die sein größter Triumph werden würde) und würdigte sie – das war vielleicht das Wichtigste – erstmals öffentlich als Komponistin, indem er einige der von ihr geschriebenen Lieder drucken ließ. Ob es zu einer Renaissance der früheren Leidenschaft und Zuneigung kam, lässt sich nicht sagen, dafür war vielleicht auch die Zeit zu kurz: Denn bereits Anfang 1911 erkrankte Mahler schwer, und er starb am 18. Mai 1911 im Alter von nur 51 Jahren an einer Herzinnenhautentzündung.

Alma Mahler war 32, als sie Witwe wurde. Sie war eine wohlhabende Frau und eine strahlende Schönheit, noch immer. Sie hatte ihr eigenes musikalisches Talent für ihre Ehe geopfert, damit ihr Mann sich voll entfalten konnte, und hatte ihn trotz aller Spannungen zu so manchem großen Werk inspiriert.

Mit Mahlers Tod war ihr Weg als Muse indes lange noch nicht zu Ende. Zunächst hatte sie eine wilde Affäre mit dem sieben Jahre jüngeren Enfant terrible der Wiener Kunstszene Oskar Kokoschka, von dem sie sogar schwanger wurde – doch sie trieb das Kind ab und widersetzte sich auch allen Versuchen des Malers, sie zur Heirat zu überreden. 1915 kehrte sie zu Walter Gropius zurück, heiratete ihn und gebar ihm eine Tochter. Doch die Ehe hielt nicht lange; bereits Ende 1917 begann Alma eine Affäre mit dem expressionistischen Schriftsteller Franz Werfel – abermals ein Mann, der jünger war als sie, ganze elf Jahre sogar. Anfang 1918 wurde sie von Werfel schwanger; als Gropius erfuhr, dass das Kind (das noch im ersten Lebensjahr starb) nicht von ihm war, leitete er die Scheidung ein. Alma lebte nun mit Werfel zusammen; geheiratet hat sie ihn allerdings erst 1929, kurz vor ihrem 50. Geburtstag, als Werfel einer der meistgelesenen (und bestverdienenden!) deutschsprachigen Schriftsteller war. Obwohl auch diese Beziehung in den 1930er-Jahren in eine Krise geriet, folgte Alma Mahler-Werfel ihrem jüdischstämmigen Mann ins Exil, zunächst nach Südfrankreich, dann nach Kalifornien. Hier wurde Alma zur Grande Dame der deutschen Emigrantenszene; bei ihr verkehrten alle in den USA ansässigen deutschen Geistesgrößen, von Thomas Mann und Lion Feuchtwanger über Alfred Döblin und Erich Maria Remarque bis Max Reinhardt und Arnold Schönberg. 1945 starb Werfel, zudem kehrten viele deutsche Exilanten nach Kriegsende in ihre Heimat zurück, doch Alma blieb. Bis zu ihrem Tod 1964 lebte sie in den USA.

Ob aus ihr eine Komponistin von Rang geworden wäre, wenn Gustav Mahler ihre Entfaltung nicht so erbarmungslos unterdrückt hätte, ist eine akademische Frage. Fest steht jedoch, dass sie so viele große Künstler von Weltrang wie eine Muse begleitet und inspiriert hat wie kaum eine andere Frau vor oder nach ihr. Und Gustav Mahler war dabei sicherlich der Mann, der sie am meisten gebraucht, den sie am stärksten künstlerisch befruchtet und der sie vielleicht auch am meisten geliebt hat.

Eine Liebe in Murnau

Wassily Kandinsky und Gabriele Münter

Begonnen hatte alles als Lehrer-Schüler-Beziehung: Die 1877 geborene Gabriele Münter wollte unbedingt Malerin werden, und da ihr Vater früh verstorben war und ihre Mutter sich wenig um die Kinder kümmerte, ließ man sie – ungewöhnlich für eine junge Frau in diesen Jahren – von Seiten der Familie auch gewähren. Das Problem war nur: Die staatlichen Kunstakademien waren Frauen verschlossen. Doch Gabriele wusste sich zu helfen: Finanziell unabhängig – 1897 war auch die Mutter gestorben, und das Erbe war ordentlich – zog sie 1901 nach München und schrieb sich an einer kleinen, elitären privaten Kunstschule namens »Phalanx« ein. Münters Lehrer wurde ein Russe namens Wassily Kandinsky.

Kandinsky, gut zehn Jahre älter als seine Schülerin, war 1897 nach München gekommen und gab, da er von seiner eigenen Malerei noch nicht leben konnte, Unterricht in der »Phalanx«. Als er auf seine Schülerin traf, wurde bald, sehr bald eine Liebesbeziehung daraus – es sollte eine der inspirierendsten Künstlerbeziehungen des frühen 20. Jahrhunderts werden. »Es hängt sehr viel ab von Dir. Du kannst nicht alles, aber nur durch Dich kann ich zu wirklich Großem kommen«, schrieb er ihr. Das galt wohl auch umgekehrt: Sich gegenseitig künstlerisch befruchtend, sollten der Maler und die Malerin zu Vorreitern und herausragenden Protagonisten des Expressionismus werden.

Allerdings war Wassily Kandinsky bereits verheiratet, mit einer Russin, die in Moskau geblieben war, als er nach München ging – und als verheirateter Mann sah er sich gezwungen, seine Beziehung zu Gabriele Münter geheim zu halten. Und so verheimlichten die beiden ihre Liaison über zwei Jahre lang. Auch während der mehrwöchigen Sommerkurse, die Kandinsky mit seiner Malklasse abhielt, um Landschaftsmalerei zu studieren – 1902 in Murnau am Staffelsee, 1903 in Kallmünz in der Oberpfalz –, merkte niemand etwas. In Kallmünz verlobten sich die beiden sogar (obwohl Kandinsky immer noch verheiratet war!), doch ihre Beziehung führten sie weiterhin im Verborgenen.

1904 wurde die »Phalanx« mangels Schülernachfrage wieder geschlossen, was Kandinsky und Münter zum Anlass nahmen, gemeinsam ausgiebige, teilweise mehrmonatige Reisen zu unternehmen – unter anderem in die Niederlande, nach Frankreich, Italien und Tunesien. Vier Jahre währte diese Zeit, und das Paar bekannte sich jetzt offen zueinander und nahm in München auch eine gemeinsame Wohnung – ein mutiger Schritt, zumal für die junge Gabriele Münter in diesen prüden Zeiten. Doch Kandinsky hatte sich inzwischen einen Namen als Maler gemacht, und einem Künstler sah man solch ein bohemienhaftes Leben wohl noch am ehesten nach.

1908, die beiden waren gerade aus Südtirol nach München zurückgekehrt, fanden sie einen Brief eines befreundeten Maler-Paares vor, Marianne von Werefkin und Alexej von Jawlensky, die sie nach Murnau an den Staffelsee einluden. Dort hatten Kandinsky und Münter sechs Jahre zuvor, wenn man so will, ihre ersten gemeinsamen Ferien verbracht (auch wenn sie die Beziehung damals noch geheim hielten), und so sagten sie freudig zu. Es war eine Entscheidung mit weitreichenden Folgen – für sie beide und für die Kunstgeschichte.

Denn in der Zusammenarbeit mit dem deutlich avantgardistischer ausgerichteten russischen Künstlerpaar gelang sowohl Gabriele Münter als auch Wassily Kandinsky der bedeutungsvolle Schritt vom eher impressionistischen zum abstrakteren expressiven Malstil, indem sie mit leuchtenden Farben Gefühle, Erinnerungen, Gedanken und Träume auf die Leinwand bannten. Hier nahm ihrer beider Kunst die große Wende, die sie zu bis heute unvergessenen Malern macht, und hier entstand auch das Netzwerk mit anderen progressiven Malern, das drei Jahre später zur Gründung der Künstlervereinigung »Der Blaue Reiter« führen würde.

Auch privat wurde Murnau zum Lebenszentrum des Paares. 1909 hatte Gabriele Münter, die weiterhin über gute Einkünfte aus dem elterlichen Erbe verfügte, in Murnau ein neu erbautes Haus gekauft, herrlich gelegen mit Blick nach Osten über den Talkessel und den Ort. Bis 1914 verbrachten sie hier jeden Sommer, schufen bedeutende Werke und beherbergten prominente Künstlerfreunde – das kleine, be-

Gabriele Münter und andere Mitglieder der Künstlervereinigung »Der blaue Reiter« auf dem Balkon von Kandinskys Wohnung, 1911 (v. li. Gabriele Münter, Maria Marc, Bernhard Koehler sen., Thomas von Hartmann, Heinrich Campendonk; sitzend: Franz Marc)

schauliche Murnau am Staffelsee wurde dank Kandinsky und Münter im zweiten Jahrzehnt des 20. Jahrhunderts nicht weniger als ein Zentrum der europäischen Kunst.

Der Erste Weltkrieg veränderte alles. Der Russe Kandinsky wurde als »feindlicher Ausländer« betrachtet und musste Deutschland verlassen. Am 3. August 1914 zogen Münter und er in die Schweiz. Lange blieben sie dort nicht: Kandinsky beschloss schließlich, nach Russland zurückzukehren – alleine.

Das war ein harter Schlag für Gabriele Münter, vielleicht der härteste ihres Lebens, und sie brauchte Jahre, um diese Trennung – nichts anderes war es – zu verarbeiten. Sie zog nach Stockholm (vermutlich sogar, um Kandinsky näher zu sein, denn ins neutrale Schweden hätte er einreisen können) und lebte dort fünf Jahre lang in weitgehender

Einsamkeit. Einmal besuchte er sie dort, 1916, doch nur, um endgültig mit ihr zu brechen. Danach verweigerte er jeden Kontakt mit ihr. Dass er sich bereits 1911 von seiner ersten Frau hatte scheiden lassen und 1917, wenige Monate nach seiner Stockholm-Reise, in Moskau ein zweites Mal geheiratet hatte, erfuhr Gabriele Münter erst Jahre später.

So endete diese Liebesbeziehung, die so zart und im Verborgenen aufgeblüht war und sich zu einer der fruchtbarsten Zusammenarbeiten der europäischen Kunstgeschichte entwickelt hatte, nach gut zwölf Jahren mit einem harten Schnitt. Kandinsky kam zu Weltruhm, lebte von 1922 bis 1933 als Lehrer für Wandmalerei am Weimarer Bauhaus sogar noch einmal in Deutschland, doch er sah Münter nie wieder. Sie kehrte 1920 aus Schweden nach Deutschland zurück, unter Depressionen und einer Schaffenskrise leidend, von der sie sich erst am Ende des Jahrzehnts wieder erholte; erst um 1930 begann sie wieder zu malen. Mit ihrem neuen Lebensgefährten, dem Kunsthistoriker Johannes Eichner, zog sie 1931 in ihr Haus nach Murnau – ausgerechnet. Hier verbrachte sie, weitgehend zurückgezogen, die letzten gut 30 Jahre ihres Lebens, bis sie 1962 hochbetagt starb.

Fünf Jahre vor ihrem Tod, 1957, machte sie anlässlich ihres 80. Geburtstags der Welt noch ein Geschenk, das ihre ein halbes Jahrhundert zurückliegende Beziehung zu Wassily Kandinsky ins Bewusstsein der Öffentlichkeit zurückbrachte: Sie schenkte der Münchner Galerie im Lenbachhaus nicht nur zahlreiche eigene Werke und einige Arbeiten von Mitgliedern des »Blauen Reiter«, sondern vor allem mehr als 80 Gemälde von Wassily Kandinsky aus ihrer gemeinsamen Zeit, von denen die Kunstgeschichte allgemein geglaubt hatte, sie seien in den Wirren des Zweiten Weltkriegs zerstört worden oder untergegangen. Doch Gabriele Münter hatte diese Kunstschätze ihres einstigen Geliebten über die Zeit der nationalsozialistischen Schreckensherrschaft gerettet – versteckt im Keller ihres Hauses in Murnau. Wo auch sonst.

Ein altes Ehepaar

Gertrude Stein und Alice B. Toklas

Es hätte die Gemüter erhitzen müssen: eine berühmte Schriftstellerin, die Anfang des 20. Jahrhunderts völlig ungeniert und offen in einer lesbischen Beziehung lebte – welch Skandal! Doch niemand erregte sich über Gertrude Stein, die mit ihrer Sekretärin Alice B. Toklas jahrzehntelang in einer eheähnlichen Beziehung lebte. Dafür war das Paar einfach viel zu normal.

Die aus vermögenden Verhältnissen stammende Amerikanerin Gertrude Stein war früh davon überzeugt, etwas Besonderes zu sein: Sie fühlte sich zu Höherem berufen, ja als Genie. Ein Studium der Philosophie und Psychologie brach sie ab, ebenso das im zweiten Anlauf begonnene Studium der Medizin. Nein, das war alles nichts für sie, zu banal. Sie wolle und würde Schriftstellerin werden, beschloss sie um 1900; da war sie bereits 26 und hatte noch nichts Rechtes aus ihrem Leben gemacht. Wie man es als Amerikanerin in solch einer Situation gerne tat, wenn man es sich leisten konnte, ging sie nach Europa: Ihr Bruder, Leo Stein, hatte sich in Paris als Kunsthändler und -sammler niedergelassen, in seine Wohnung in der rue de Fleurus in der Nähe von Montparnasse zog sie 1903 ein. Während Leo das elterliche Geld in den Aufbau einer Kunstsammlung steckte und dabei ein erstaunliches Händchen bewies (er erwarb Werke noch relativ unbekannter Maler, von denen es viele zu Weltruhm bringen würden, unter anderem Picasso, Matisse, Cézanne, Monet, Renoir und Gauguin), widmete sich Gertrude ihrer Schriftstellerei. Dafür brauchte sie, daran bestand für sie kein Zweifel, eine Sekretärin.

Diese fand sie 1907 – sie war inzwischen 33 – in der 30-jährigen Amerikanerin Alice B. Toklas, die wie sie aus einer großbürgerlichen jüdischen Familie stammte und auch nach Europa gereist war, weil sie nicht so recht wusste, wohin mit sich. Zwei Tage nach dem Kennenlernen zog Toklas bei den Stein-Geschwistern ein – ob das ein rein praktisches Arrangement war oder zu diesem Zeitpunkt bereits die große

Liebe entflammt war, ist nicht klar und letztlich auch egal. Jedenfalls: Gertrude Stein und Alice Toklas wurden bald ein Paar.

Zu keiner Zeit verheimlichten sie dies. Alice nahm sofort den Part einer Ehefrau ein, hielt sich im Hintergrund, kochte, besorgte den Haushalt und erledigte mit großer Sorgfalt ihre Sekretärinnenpflichten: Texte abtippen, mit Verlagen sprechen, die Korrespondenz erledigen. Gertrude hingegen war – obwohl sie zu diesen Anfangszeiten noch keine Zeile veröffentlicht hatte – das große Genie, dem Alice den Rücken freizuhalten hatte, wie das zumindest in der damaligen Zeit eine Frau für ihren Ehemann machte. Eine ganz konservative Rollenverteilung, in die sich Alice selbstverständlich und klaglos fügte. Bei dem allsamstäglichen Salon, den die Geschwister Stein führten – ein Jour fixe für die avantgardistische Pariser Künstlerszene, den neben bedeutenden Malern auch Schriftsteller wie Cocteau, Apollinaire, Hemingway, Wilder, Fitzgerald und Dos Passos besuchten –, war es mit der größten Natürlichkeit Gertrude, die zwischen all den Genies saß und mit ihnen geistreiche Gespräche über Kunst und Kultur führte, während Alice die Aufgabe zufiel, sich um die Ehefrauen zu kümmern: Meist plauderten die Damen in einem Nebenraum.

1913 zog Leo aus der gemeinsamen Wohnung aus, vermutlich weil er sich als fünftes Rad am Wagen fühlte. Sollte die Beziehung von Stein und Toklas durch das ungewöhnliche Leben zu dritt bis dahin noch etwas Provisorisch-Bohemehaftes gehabt haben, so kehrte spätestens jetzt »Ehe-Alltag« ein. In dieser Zeit begann Gertrude Stein auch endlich, schriftstellerisch Aufmerksamkeit zu erregen, wobei ihr experimenteller, hermetisch verschlossener Stil außerhalb avantgardistischer Kreise nie ein großes Publikum fand. Obwohl sie heute als einer der großen Pioniere (und neben Virginia Woolf als erste Frau) der literarischen Moderne gilt, wurde keines ihrer Bücher auch nur annähernd ein Verkaufserfolg – bis auf eines: Das einzige Buch, das wirklich seinen Weg zum Publikum fand, waren ausgerechnet die 1933 veröffentlichten fingierten Memoiren ihrer Lebensgefährtin, ein Werk mit dem Titel *Die Autobiografie der Alice B. Toklas*, das vorgibt, aus Toklas' Feder zu stammen (erst im letzten Satz wird aufgelöst, dass Stein es geschrieben hat), und das aus deren Perspektive das gemeinsame Leben, um nicht zu sagen: das Leben der Gertrude Stein beschreibt. Das kann man als originellen Kunstgriff ansehen, aber auch als verschraubte Art, das eigene Leben zu überhöhen, indem man es aus der Sicht eines liebenden und bewundernden Menschen beschreibt.

Wer sich spektakuläre Enthüllungen über das Liebesleben des lesbischen Paares erhoffte, wurde allerdings enttäuscht. Das lag aber weniger an einem Bemühen um Diskretion als vielmehr daran, dass es nichts zu enthüllen gab: So wie ein Mann in seiner Autobiografie vielleicht schildert, wie er seine Frau kennengelernt und geheiratet hat, und es dabei dann auch bewenden lässt, weil Szenen einer Ehe viel zu banal und alltäglich sind, so gab es auch in der Beziehung von Gertrude Stein und Alice B. Toklas einfach nichts Besonderes, wenn man eben von ihrer Gleichgeschlechtlichkeit absieht. All das, was man (zumindest in heterosexuellen Kreisen) homosexuellen Menschen gerne klischeehaft zuschreibt – Überbetonung der Sexualität, häufige Partnerwechsel, wildeste Orgien –, fand bei den beiden in keiner Weise statt; Stein und Toklas waren keine vamphaft-promiskuitiven Lesbierinnen, sondern führten quasi eine klassische Ehe in Pantoffeln. Die Rollen waren verteilt, man hatte ein geregeltes Leben, und beide waren damit zufrieden.

Und so ging das fast 40 Jahre, zwar mit äußeren Erschütterungen (allen voran die beiden Weltkriege), aber ganz ohne innere. Das Paar blieb zusammen, bis dass der Tod sie schied: 1946 starb Gertrude Stein 72-jährig an Magenkrebs. Alice B. Toklas überlebte sie um fast 20 Jahre und widmete auch diese Zeit ganz dem Andenken ihrer Lebensgefährtin, indem sie vor allem den literarischen Nachlass verwaltete und für die Veröffentlichung der noch unpublizierten Werke sorgte.

Als Alice B. Toklas 1967 knapp 90-jährig starb, wurde sie in Gertrude Steins Grab auf dem Pariser Friedhof Père Lachaise beerdigt, wo auch sonst. Ihr letzter Wille ist sinnbildlich für die ganze Beziehung dieses bemerkenswerten Paares: Toklas' Wunsch gemäß wurde ihr Name in goldenen Buchstaben auf Gertrude Steins Grabstein eingefügt – auf der Rückseite.

Muse, Modell, Managerin

Salvador Dalí und Gala

Die Ehe dieser beiden dauerte fast 50 Jahre und kann als perfekte Symbiose betrachtet werden, denn die Verbindung brachte den Partnern nicht nur privates Glück, sondern auch exorbitant großen geschäftlichen Erfolg, der sich – diese These sei erlaubt – ohne den jeweils anderen nicht eingestellt hätte: Salvador Dalí und seine Frau Gala.

Als sie sich 1929 kennenlernten, war der erst 25-jährige, sich stets exzentrisch kleidende spanische Maler noch weitgehend unbekannt: Er hatte zwar bereits mit einigen Bildern Aufmerksamkeit erregt und auch schon zwei kleine Einzelausstellungen in Barcelona hinter sich, doch von echter Beachtung oder gar lukrativen Verkäufen war er noch weit entfernt. Er war ein aufstrebendes Talent, mehr nicht.

Die aus Russland stammende Helena Dmitrievna Diakonova, die sich Gala nannte, war zehn Jahre älter als Dalí und zum Zeitpunkt ihrer ersten Begegnung bereits seit zwölf Jahren verheiratet: mit dem surrealistischen französischen Dichter Paul Éluard. So schwach und empfindsam Éluard war, so herrisch und aggressiv war Gala; er war dieser in jeder Hinsicht – auch erotisch – überlegenen Frau verfallen und duldete fügsam ihre zahlreichen außerehelichen Affären, unter anderem mit seinem Freund Max Ernst.

Als das Ehepaar Éluard im August 1929 gemeinsam mit René Magritte nach Spanien reiste, um Salvador Dalí zu besuchen, auf den sie wegen seiner Bilder neugierig geworden waren, verliebte sich dieser augenblicklich in die selbstbewusst-dominante, genau wie er selbst stets extravagant auftretende Gala. Auch sie fand Gefallen an dem jungen Maler. Eine leidenschaftliche Affäre entspann sich – quasi im Beisein von Galas Mann –, und als Éluard abreisen wollte, beschloss Gala zu bleiben. Paul Éluard ertrug Galas Seitensprung wie immer widerstandslos, kehrte allein nach Paris zurück und wartete, bis seine Frau zu ihm zurückkehren würde – das hatte sie ja bisher immer getan. Doch Gala kam nicht zurück, nie mehr. Die Ehe wurde drei Jahre später geschie-

Salvador Dalí posiert hinter seiner Frau Gala für den Fotografen

den, auf das Sorgerecht für die gemeinsame Tochter Cécile, für die sie sich ohnehin nie recht interessiert hatte, verzichtete Gala, ohne mit der Wimper zu zucken.

Gala hatte sich für Dalí entschieden, bei dem sie nicht nur sexuelle Erfüllung fand – sie war, soweit man weiß, promiskuitiv veranlagt und im höchsten Grad experimentierfreudig –, sondern dessen Talent als Maler sie auch erkannt hatte und den sie mit großer Geschäftstüchtigkeit zu fördern und zu managen begann. Und sie wurde sein Modell: Immer wieder malte er sie, fast alle seine Frauenfiguren – darunter viele Madonnen – tragen Galas Züge.

Die beiden zogen nach Paris (ein Hoffnungsschimmer für Éluard, der sich aber als trügerisch erwies) und heirateten 1934 – da war er 30, sie 40 Jahre alt. Mit strenger Hand begann Gala nun, Dalí zu vermarkten: Sie organisierte unzählige Ausstellungen in Europa und den USA, handelte für ihn Verträge aus, verkaufte seine Bilder zu immer höheren Preisen, zog ein regelrechtes Dalí-Merchandising auf und verwaltete das rapide wachsende Vermögen – und ihm, ihr völlig ergeben, gefiel's. Als der Pariser Zirkel der Surrealisten, zu dem Dalí gehörte (ja dessen Protagonist er mittlerweile war), ihn Ende der 1930er-Jahre empört ausschloss, weil er nach Ausbruch des Spanischen Bürgerkriegs für Franco Partei ergriffen und auch Sympathien für Hitler bekundet hatte, störte Gala und ihn das wenig: Statt in bohemienhaften Künstlerkreisen verkehrten sie eben nun mit betuchten Kunstsammlern in teuren Galerien. Dass sie ihm dabei das Rampenlicht überlassen musste, hatte Gala schnell begriffen: Während sie neben dem schüchternen Éluard stets den schrillen, exaltierten Auftritt gesucht hatte, hielt sie sich nun, an Dalís Seite, im Hintergrund, meist brav in ein schwarzes Chanel-Kostüm gekleidet, was den Kontrast zu seinem glamourösen Erscheinungsbild nur vergrößerte. Dalí war ein Gesamtkunstwerk, und sie, Gala, inszenierte und vermarktete es.

Als die deutschen Truppen in Paris einmarschierten, beschloss das Ehepaar Dalí, Frankreich zu verlassen. 1940 trafen sie in New York ein. Hier zündete Gala die nächste Stufe des Dalí-Kults; sie organisierte nicht nur einige spektakuläre Ausstellungen (unter anderem eine große Retrospektive im Museum of Modern Art), sondern es gelang ihr auch, ihren Mann zum Liebling der amerikanischen High Society zu machen. Finanzkräftige Berühmtheiten ließen sich nun von »Mister Surrealism« porträtieren, die Preise für seine Bilder schossen in astronomische Höhen, und das Paar lebte pompös in luxuriösen Hotelsuiten. Dalí war während dieser Jahre noch stärker auf Gala fixiert als zuvor schon, denn er sprach kein Wort Englisch und weigerte sich auch, es zu lernen. Wenn man so will, unterhielt er sich acht Jahre lang fast nur mit seiner Frau.

1948 kehrten die beiden nach Europa zurück und bauten eine kleine Fischerkate in Portlligat, Dalís spanischer Heimat, die er bereits 1930 gekauft hatte, zu einem Wohnhaus aus. Das Paar lebte jetzt abwechselnd dort, in Paris und in New York. Das »Unternehmen Dalí« war inzwischen ein Selbstläufer, warf Millionenerträge ab, und das jahre-, ja jahrzehntelang.

Erst Mitte der 1960er-Jahre wandelte sich das Leben für den weltberühmten Künstler und seine Frau: Gala, inzwischen schon über 70, hatte einfach nicht mehr die Kraft, um all die Aufgaben, die sie sich selbst zugedacht hatte, zu erfüllen. Sie agierte weiterhin im Hintergrund als

Dalís Managerin, zog sich jedoch weitgehend aus der Öffentlichkeit zurück – all die Empfänge, Feste, Ehrungen und Vernissagen waren ihr zu anstrengend geworden. Ab 1965 trat Dalí mit einer neuen Muse auf, der 19-jährigen Amanda Lear, die ihm sowohl Modell stand als auch bei gesellschaftlichen Anlässen an seiner Seite war, und Gala akzeptierte das; ja, nach einer kurzen Phase der Eifersucht war sie froh über dieses sie entlastende Arrangement.

Gala verschanzte sich in der Folge richtiggehend auf einer Burg, knapp 100 Kilometer von Portlligat entfernt, die Dalí ihr 1968 gekauft hatte. Hier lebte sie völlig zurückgezogen; auch ihr Mann durfte ihr Refugium nur betreten, wenn er sich vorher schriftlich angekündigt hatte. Aber in der ersten Hälfte der 1970er-Jahre musste Gala feststellen, dass es ohne sie eben doch nicht lief im Hause Dalí: Amanda Lear wandte sich mehr und mehr von ihrem Gönner ab und ihrer Musikkarriere zu, und Dalí selbst – inzwischen auch kein junger Mann mehr – malte kaum noch, was inakzeptabel war, denn er hatte Verträge zu erfüllen, und wenn er diese brach, wurde das teuer, auch für sie. Als Dalí 1975 erkrankte, kehrte die über 80-jährige Gala zu ihm zurück.

Ab 1981 zeigten sich bei Dalí Symptome der Parkinson-Krankheit. Das damit einhergehende Zittern der Hände machte es ihm unmöglich, einen Pinsel zu halten. Der Mittsiebziger wurde ein Pflegefall, und seine zehn Jahre ältere Frau war inzwischen auch einer: Nach mehreren Stürzen konnte Gala das Bett nicht mehr verlassen. Als sie 1982 im betagten Alter von 87 Jahren starb, war Dalí untröstlich und verfiel in tiefe Depressionen, aus denen er sich auch nicht mehr befreien konnte oder wollte. Er lebte zwar noch sechseinhalb Jahre, doch ohne Gala war ihm alles nichts.

53 Jahre waren Salvador Dalí und Gala zusammen gewesen, fast 50 davon als Ehemann und Ehefrau; und auch wenn man die zehn Jahre, in denen sie quasi getrennt gelebt hatten, abzieht, bleibt das eine beeindruckende Bilanz. Eine bessere, passendere Frau hätte er sich aber auch nicht wünschen können: Gala war seine Geliebte, seine Gefährtin, seine Managerin, sein Modell, seine Inspiration. Sie war geradezu das Urbild der perfekten Muse.

Der junge und der alte Jean

Jean Cocteau und Jean Marais

Der 1889 geborene Jean Cocteau galt schon in jungen Jahren als künstlerisches Multitalent: Als Teenager hatte er einen ersten Gedichtband veröffentlicht, es folgten Opernlibretti, Theaterstücke, Ballette, Romane, Zeichnungen. Mit Mitte 20 war er bereits eine schillernde Figur der Pariser Künstler- und Literatenszene der Zwischenkriegszeit; zu seinen Freunden zählten neben vielen anderen Pablo Picasso, Eric Satie und André Gide. Dass er homosexuell war, musste er in diesen Kreisen nicht groß verbergen.

1937 – Cocteau war inzwischen 48 Jahre alt und mit seiner avantgardistisch-surrealistischen Kunst ein arrivierter Star – suchte er einen Darsteller für die Titelrolle in einer von ihm geleiteten Inszenierung von Sophokles' *König Ödipus*. Obwohl sich namhafte Schauspieler um die Rolle bemühten, entschied Cocteau sich für einen völlig unbekannten 23-jährigen Jungmimen, der kaum Bühnenerfahrung mitbrachte und dessen wenig volle Stimme fürs Theater eher ungeeignet schien. Doch das war ihm egal, denn dieser junge Mann war mit das Schönste, was er je gesehen hatte – ein großer, blonder, mit einem ebenmäßigen Gesicht und einem makellosen Körper gesegneter Götterknabe. Sein Name: Jean Marais.

Die Klatschpresse stürzte sich umgehend auf die Frage, warum Cocteau sich wohl ausgerechnet für diesen jungen Adonis entschieden hatte. Viele Möglichkeiten gab es nicht. Und tatsächlich rief Cocteau eines Abends bei Marais an: »Kommen Sie schnell, es ist etwas Schreckliches passiert!« Der junge Mann eilte umgehend zu seinem Regisseur. Der bat ihn herein und eröffnete ihm: »Etwas Entsetzliches. Ich bin in Sie verliebt.«

Damit hatte Jean Marais, der ebenfalls homosexuell war, fast gerechnet. Mit seinem Aussehen und seiner Ausstrahlung war er es richtiggehend gewohnt, dass ihm ältere Männer Avancen machten; er konnte damit umgehen, und es wäre ihm vermutlich nicht schwer-

Jean Cocteau (links), die Schauspielerin Andree Debar (Mitte) und Jean Marais (rechts) am Bahnhof Gare de Lyon, Paris 1949

gefallen, dem mehr als doppelt so alten Cocteau eine Abfuhr zu erteilen. Doch obwohl er selbst keineswegs in Cocteau verliebt war oder sich sexuell von ihm angezogen fühlte, tat er nichts dergleichen. Im Gegenteil: Er erwiderte Cocteaus Annäherungsversuche. Der dürfte darüber nicht nur besonders glücklich, sondern auch ziemlich erstaunt gewesen sein.

Es gab zwei Gründe für Marais' Verhalten, die er Jahrzehnte später in seiner Autobiografie freimütig eingestand: Zum einen war er ehrlich begeistert von Jean Cocteaus Kunst, er verehrte ihn als Dramatiker und Regisseur, Cocteau war für ihn ein Idol, ein Held, eine Lichtgestalt. Zum anderen war es blankes Kalkül: Marais wollte Karriere als Schauspieler machen; was konnte ihm da Besseres widerfahren als die Protektion des großen Jean Cocteau? Dass Jean Marais sich auf Jean Cocteau einließ, war auch Berechnung.

Doch nun geschah das Wunder: Aus gespielter wurde wirkliche Liebe, aus Hingabe mit Hintergedanken wurde Leidenschaft ohne Wenn und Aber. Jean und Jean wurden ein echtes Liebespaar. Bald bezogen sie eine gemeinsame Wohnung.

In ihrem gemeinsamen Leben verschmolzen private Liebe und künstlerische Zusammenarbeit zunehmend miteinander. Beide profitierten ungemein vom anderen; Cocteau wurde im gleichen Maße zu Marais' Mentor wie Marais zu Cocteaus Muse. In den 1930er-Jahren entdeckte Cocteau den Film für sich – Regiearbeiten und Drehbücher sollten neben der Lyrik fortan sein hauptsächliches Betätigungsfeld bilden. Der Ältere schrieb seinem jungen Geliebten ganze Drehbücher auf den Leib, die diesem eine kometengleiche Karriere verschafften; Jean Marais war bald einer der großen Stars des französischen Kinos. Umgekehrt wertete Marais die Arbeiten seines Lebensgefährten auf – es war eine perfekte Symbiose. Filme wie *Die Schöne und die Bestie* (1946), *Der Doppeladler* (1947) oder *Orphée* (1950), in denen Marais jeweils die Hauptrolle spielte, zeugen von dieser fruchtbaren Zusammenarbeit. Jean Cocteau und Jean Marais waren nicht nur als Paar, sondern auch beruflich ohne einander nicht denkbar.

Doch der Altersunterschied war irgendwann nicht mehr überbrückbar. Cocteau hatte das kommen sehen und versucht, seine leidenschaftliche Liebe in eine Art väterliche Fürsorge umzuwandeln. Anfangs hatte Marais diese Bemühungen weggelächelt, aber unausweichlich kam der Tag, an dem er sich neu verliebte, in einen jungen Tänzer. Etwa 1948 zog Marais aus der gemeinsamen Wohnung aus, um 1950 – Cocteau war da schon über 60 – trennten sie sich voneinander: in aller Freundschaft, mit Takt und Respekt.

Jean Marais emanzipierte sich als Schauspieler von dem übergroßen Cocteau und drehte seit den 1950er-Jahren sowohl anspruchsvolle Filme unter anderen bedeutenden Regisseuren, etwa Renoir oder Visconti, als auch große Mantel-und-Degen-Filme, von denen nicht wenige zu Kassenschlagern wurden, allen voran *Der Graf von Monte Christo* (1953). Die enge Freundschaft zu seinem Entdecker, Förderer und Mentor Jean Cocteau hielt indes bis an dessen Lebensende 1963.

Gescheitert

Zwei Diven sind eine zu viel

Frank Sinatra und Ava Gardner

Es war eine laue Nacht im Jahr 1948, als der 32-jährige Sänger und Schauspieler Frank Sinatra, der sich zu dieser Zeit auf dem Höhepunkt seiner Karriere befand, mit einem Freund auf dem Balkon seines Penthouse in Hollywood stand, beide vermutlich nicht mehr ganz nüchtern. »Wusstest du, dass da unten Ava Gardner wohnt?«, fragte ihn der Freund und zeigte auf ein Häuschen am Sunset Strip. Der Name der 25-jährigen Schauspielerin ließ Sinatra aufhorchen: Die Ausnahmeschönheit verzauberte seit etwa zwei Jahren die Traumfabrik und war im Begriff, Rita Hayworth den Rang der Hollywooddiva Nummer eins streitig zu machen. Sie war eine dieser wenigen Frauen, nach denen ausnahmslos alle Männer die Hälse reckten, und ihre zwei bereits nach jeweils nur etwa einem Jahr wieder geschiedenen Ehen mit dem Schauspieler Mickey Rooney und dem Bandleader Artie Shaw hatten ihren Nimbus als Femme fatale noch verfestigt. »Ava! Ava Gardner!«, rief Sinatra einem Impuls folgend in die Nacht hinein. »Wir wissen, dass du da unten bist. Hallo Ava!« Während die beiden Männer noch lachten, geschah das Unwahrscheinliche: In Ava Gardners Haus wurde ein Vorhang beiseitegeschoben, ein Fenster öffnete sich, die Schauspielerin streckte den Kopf heraus und winkte zu ihnen hoch.

Das war nur das Vorspiel. Aber sie sollten sich daran erinnern, als sie sich einige Zeit später auf einer Party begegneten. Jeder war für den anderen eine Eroberung erster Güte, und auch wenn sie in dieser Nacht noch nicht miteinander schliefen, wie Ava Gardner Jahre später in ihrer Autobiografie betonte, wurden sie fast sofort ein Paar. Und zwar eines dieser schillernden Paare zweier Hollywood-Alphatiere, wie die Boulevardpresse sie normalerweise liebt.

Doch in diesem Fall liebte die Presse sie nicht. Ava Gardner schadete die Beziehung zu Sinatra nicht, im Gegenteil, für sie begannen die besten Jahre ihrer Laufbahn. Doch für »Frankieboy«, der von seinem Saubermann-Image gelebt hatte, war die Affäre mit Ava Gardner der

Sargnagel seiner Karriere. Er hatte Probleme mit den Stimmbändern, geriet außerdem immer wieder mit Alkoholgeschichten in die Schlagzeilen, dubiose Verbindungen zur italoamerikanischen Cosa Nostra wurden ihm nachgesagt, und nachdem er seine Frau Nancy vor Ava Gardner schon mit Lana Turner betrogen hatte (was die Presse ihm übelnahm), brachte die Sache mit Gardner nun das Fass zum Überlaufen. Er verließ Nancy, kurz nachdem diese das dritte gemeinsame Kind zur Welt gebracht hatte, für seine neue Freundin Ava, und die Boulevardmedien stürzten sich wie die Geier auf ihn. Seine Platten verkauften sich nicht mehr, seine Filme floppten, er bekam keine Engagements mehr. Um 1950 war der große Frank Sinatra abgestürzt.

Die Beziehung mit Ava Gardner, die diese Entwicklung zumindest mitverursacht hatte, verlief nicht gerade in ruhigen Bahnen. Beide waren exzessiv in allem, was sie taten – essen, trinken, rauchen, Sex –, und beide waren viel zu temperamentvoll und dominant, um einen Partner mit den gleichen Charaktereigenschaften vertragen zu können. Ständig gab es Streit, sie schrien sich an, Türen wurden geschlagen. Und dann, immer wieder, Versöhnungssex. Der hielt sie zusammen, könnte man überspitzt sagen. Ava Gardner brachte es auf den Punkt, als sie schrieb: »Im Bett hatten wir nie Probleme. Die Probleme begannen auf dem Weg ins Badezimmer.«

Fast starrsinnig planten sie trotzdem zu heiraten. 1951 wurde Sinatras Ehe mit Nancy geschieden, kurz danach fand die Hochzeit statt. In völliger Verkennung ihres eigenen Wesens und wohl auch in dem seltsam weltfremd wirkenden Glauben, dass die Ehe alles komplett verändern würde, jubelte Ava: »Wir werden Franks Haus neu dekorieren. Und ich werde lernen, alle seine Leibgerichte zu kochen. Mama Sinatra hat mir versprochen, mir die Rezepte zu schicken. Oh, es ist alles so aufregend und wunderbar! Mrs. Frank Sinatra ist das glücklichste Mädchen der Welt!«

Doch natürlich änderte die Ehe nichts. Weiterhin wurden Türen geschlagen, Beleidigungen geschrien, Versöhnungen im Bett begangen. Hinzu kam jetzt aber eine neue Komponente: Eifersucht. Ava war wegen Dreharbeiten viel unterwegs, und sie war keine Frau, die

In glücklichen Zeiten: Ava Gardner und Frank Sinatra

den Abend gerne allein verbrachte. Als sie einen Western in den Rocky Mountains drehte, wo es abends einfach nichts zu tun gab, außer zu trinken und Sex zu haben, tat sie Ersteres ausgiebig, Letzteres auch nicht zu knapp, mit dem Regisseur, mit den Stuntmen, egal. »Komm, nimm einen Drink mit mir, ich langweile mich so«, war ein Satz Ava Gardners, der auf einem anderen Filmset fast schon zur stehenden Redewendung wurde. War sie zu Hause beim weitgehend beschäftigungslosen Frank in Hollywood (der von nicht wenigen ihrer Eskapaden aus der Presse erfuhr), eskalierte die Situation immer häufiger. Es blieb nun nicht mehr bei zugeschlagenen Türen; gepackte Koffer flogen aus dem Fenster, es wurden Trennungen ausgesprochen, die Polizei musste mehr als ein Mal einschreiten. Das Paar lieferte den hämischen Boulevardmedien Schlagzeilen en masse.

1953, nach gut zwei unverheirateten und zwei verheirateten Jahren, war es endgültig vorbei. Die Scheidung erfolgte zwar erst 1957, aber Ava Gardner schuf vollendete Tatsachen, indem sie ein Filmengagement in Europa annahm und wenige Monate später Hollywood schlagartig den Rücken kehrte – mit Mitte 30! – und nach Europa übersiedelte, erst nach Madrid, 1968 dann nach London, wo sie bis zu ihrem Tod 1990 lebte.

Frank Sinatra trauerte nicht lange um seine Verflossene; zahlreiche Affären mit Schauspielerinnen und Sängerinnen sollten folgen, schließlich 1966 eine dritte Ehe mit der 30 Jahre jüngeren Mia Farrow (die auch nur zwei Jahre hielt) und 1976 eine vierte Ehe mit Barbara Blakely, der Exfrau von Zeppo Marx (einem der Marx Brothers), mit der er bis zu seinem Tod 1998 verheiratet blieb. Vor allem aber gelang ihm ein fulminantes Comeback: Er erhielt 1953 eine kleine Rolle in Frank Zinnemanns Kriegsfilm *Verdammt in alle Ewigkeit*, für die er den Oscar als bester Nebendarsteller erhielt; plötzlich war er wieder im Geschäft und startete eine zweite, ungeheuer erfolgreiche Karriere als anerkannter Schauspieler und Entertainer, der er bis zu seinem Abschied von der Showbühne an seinem 80. Geburtstag 1995 blieb. Vermittelt hatte ihm diese Rolle, wie eine Art Abschiedsgeschenk, Ava Gardner.

Kopf und Körper

Marilyn Monroe und Arthur Miller

Weniger kann man kaum gemeinsam haben: Als die Filmschauspielerin Marilyn Monroe und der Dramatiker Arthur Miller einander 1950 in New York begegneten, trafen zwei Welten aufeinander. Miller war nicht nur neun Jahre älter als sie, seit über einem Jahrzehnt verheiratet und zweifacher Familienvater, sondern auch einer der scharfsinnigsten Intellektuellen Amerikas: Er war ein gefeierter und viel gespielter Dramatiker, hatte für *Tod eines Handlungsreisenden* gerade den Pulitzerpreis verliehen bekommen, war politisch aktiv und gehörte zur linken geistigen Elite. Und sie? Sie war Anfang zwanzig, sehr schön, sehr blond und sehr sexy, aber eben »nur« eine Hollywoodschauspielerin, und noch nicht einmal eine besonders berühmte. Ein paar Nebenrollen hatte sie erst gespielt, meist als süßes Dummchen, und genau als solches empfand sie sich auch. Als sie Miller traf, fühlte sie sich ihm hoffnungslos unterlegen – dass er sie hübsch finden würde, war klar, so wie alle Männer, aber er würde sich doch nie im Leben mit ihr unterhalten wollen. Dachte sie. Und er war sich sicher, dass sich so eine Sexbombe wie Marilyn nie im Leben mit einem deutlich älteren, knöchrigen und vergeistigten Langweiler wie ihm würde abgeben wollen. Dachte er.

Doch als sie dann von einem gemeinsamen Freund, dem Regisseur Elia Kazan (der zu dieser Zeit Monroes Geliebter war, sie aber loswerden wollte, weil er seine Ehe in Gefahr sah), einander vorgestellt wurden, fühlten sie sich auf merkwürdige Weise verbunden. Monroe, die ohne Eltern aufgewachsen war und eine eher schreckliche Kindheit zwischen Waisenhäusern und Pflegefamilien hinter sich hatte, war unbewusst auf der Suche nach einem Vaterersatz, einem Beschützer, nach Geborgenheit – für sie war Arthur Miller genau der Richtige, und dass er sie dummes Ding nicht von vornherein ablehnte, grenzte für sie an ein kleines Wunder und machte ihn umso liebenswerter. Miller seinerseits spürte ihre Verletzlichkeit, ihre Traurigkeit und ihren Mangel an Selbstvertrauen, und das brachte eine Saite in ihm zum Schwingen.

Unfassbar verführerisch war sie natürlich auch noch, darüber braucht man nicht zu reden. Waren sie doch füreinander geschaffen?

Jedenfalls unternahmen sie viel miteinander in diesen Wochen in New York, wo sie beide nicht lebten, aber beruflich für längere Zeit zu tun hatten. Marilyn stellte irritiert fest, dass dieser berühmte Mann gern mit ihr zusammen war, ohne gleich mit ihr ins Bett zu wollen – das kannte sie so bisher nicht. Er genoss ihre Gesellschaft, fühlte sich wohl in der Beschützerrolle, die sie ihm automatisch zuwies, zeigte sich gerne mit ihr in der Öffentlichkeit, verzichtete aber tatsächlich auf jeden Annäherungsversuch – ob aus ehelicher Treue oder weil er nicht glauben konnte, dass er eine Chance hätte, bei ihr zu landen, ist nicht gewiss, vermutlich trifft beides zu. Jedenfalls war die gemeinsame Zeit irgendwann vorbei, Miller verabschiedete sich und flog heim zu Frau und Kindern, nichts Dramatisches war passiert.

Leicht hätte die Geschichte hier zu Ende sein können, bevor sie wirklich angefangen hatte. Marilyn Monroe legte in den nächsten drei, vier Jahren eine steile Karriere als Filmschauspielerin hin und heiratete Anfang 1954 den Baseball-Superstar Joe DiMaggio, ein von der sich überschlagenden Boulevardpresse als Sensation gefeiertes Ereignis, und Miller befand sich, seit er in dem Stück *Hexenjagd* eine schonungslose Abrechnung mit der McCarthy-Ära und ihrer Kommunistenhatz vorgelegt hatte, ebenfalls auf dem Höhepunkt seiner Karriere und wurde als Star der Kulturszene herumgereicht. Das Leben ging weiter, für jeden von ihnen.

Und doch gingen sie sich nicht aus dem Kopf. Mit Millers Ehe stand es längst nicht mehr zum Besten, und auch Monroes Ehe mit DiMaggio stellte sich als katastrophaler Fehler heraus – nach gerade einmal neun Monaten wurde sie wieder geschieden. Faktisch waren beide solo, als sie sich 1955 wiederbegegneten, abermals in New York. Diesmal begannen sie eine Liebesaffäre.

Reine, tiefe Liebe war es nicht. Beide saßen sie einem Irrtum auf (von außen und im Nachhinein hat man immer leicht reden): Er glaubte diese Geborgenheit und Halt suchende Frau, deren fast kindlicher Mangel an Selbstbewusstsein in Verbindung mit ihrem überwäl-

Marilyn Monroe umarmt Arthur Miller in Roxbury, wenige Tage vor ihrer Hochzeit 1956

tigenden Sex-Appeal sie so begehrenswert machte, zu lieben, doch er verwechselte Liebe mit Mitleid: Das war es, was er eigentlich für sie empfand. Sie umgekehrt liebte nicht ihn, war vielleicht zu echter aktiver Liebe gar nicht fähig, sondern liebte nur passiv die Gewissheit, von einem bewunderten, beschützenden Mann umschwärmt zu werden.

Es war ein einziges Missverständnis. Sie sahen dies wohl beide bald, doch der Lauf der Dinge ließ sich nicht mehr recht anhalten: Sie waren das neue Traumpaar der Regenbogenpresse (die in ihnen »Kopf und Körper« zu einer Symbiose vereinigt sah), Miller hatte sich scheiden lassen, Marilyn war extra zum jüdischen Glauben konvertiert, und am 29. Juni 1956 heirateten sie. Wahrscheinlich wussten sie da beide schon, dass es ein Fehler war.

Aber sie versuchten es tapfer miteinander, immerhin. Marilyn fand Anschluss an Millers Familie (sie war geradezu vernarrt in ihren Schwiegervater), freute sich, wenn sie Millers Kinder aus erster Ehe bemuttern durfte, bemühte sich, ihm jüdische Gerichte zu kochen. Sie wollte unbedingt selbst Kinder, war sogar bereit, dafür ihre Hollywoodkarriere zu opfern – ihr Kosename für Miller war »Daddy«. Doch es klappte nicht, weder mit Kindern noch mit der Ehe insgesamt. Der Versuch, sie über eine berufliche Zusammenarbeit wieder stärker aneinander zu binden (Miller schrieb ein Drehbuch, in dessen Verfilmung sie die Hauptrolle spielen sollte), scheiterte grandios; bei der gemeinsamen Arbeit merkten sie erst recht, wie unterschiedlich sie tickten, und die Dreharbeiten zu *Misfits – Nicht gesellschaftsfähig* markierten den Anfang vom Ende.

Ihre Eheprobleme, ihre Kinderlosigkeit (sie hatte zwei Fehlgeburten und litt fürchterlich darunter) und ihre beruflichen Selbstzweifel (sie meinte, als Schauspielerin nicht ernst genommen zu werden, weil sie sich nach wie vor auf sexy-naive Blondinen beschränkt glaubte) machten Marilyn Monroe krank. Sie litt unter Depressionen, war fast die ganze Ehe mit Miller hindurch in psychotherapeutischer Behandlung, betäubte sich immer öfter mit Tabletten und Alkohol. In den fünf Jahren als Arthur Millers Ehefrau brachte sie gerade einmal vier Filme zustande, einer davon der von ihrem Mann geschriebene. Marilyn wurde zu einem Wrack.

Jetsetleben – das Paar in den 1950er-Jahren

Für die Beziehung, die diese Entwicklung mit angestoßen hatte, bedeutete das das endgültige Aus. Im November 1961 wurde die Ehe einvernehmlich wieder geschieden, ohne gegenseitige Ansprüche, wie die Juristen es formulierten. Kopf und Körper gehörten nicht mehr zusammen.

Arthur Miller heiratete nur Wochen später die österreichische Fotografin Inge Morath. Die Ehe hielt 40 Jahre, bis zu Moraths Tod 2002.

Marilyn Monroe starb ein gutes halbes Jahr nach der Scheidung von Miller, am 5. August 1962, an einer Überdosis Schlaftabletten. Sie wurde nur 36 Jahre alt. Die Beerdigung fand im kleinen Kreis statt. Arthur Miller war eingeladen, kam aber nicht.

Ein kapitales Missverständnis

Aristoteles Onassis und Maria Callas

Nicht ihre einzigartige Gesangskunst war es, die den griechischen Multimillionär Aristoteles Onassis für die berühmteste Opernsängerin des 20. Jahrhunderts einnahm: »Ich hasse die Oper«, verkündete er in seiner brachialen Art einmal, »es hört sich an wie ein Haufen italienischer Köche, die einander Risotto-Rezepte zuschreien.« Es war auch nicht die Weiblichkeit der Callas, die ihn anzog – zwar hatte sie sich seit dem Beginn ihrer großen Karriere, als sie annähernd hundert Kilogramm auf die Waage brachte, um 30 Kilo schlankgehungert, doch attraktiv im engeren Sinne war sie auch danach nicht; ihre fatalerweise auch noch stark behaarten »Elefantenbeine« würde der rüpelhafte Onassis ihr später immer mal wieder unter die Nase reiben. Nein, es war einzig ihre Berühmtheit, deretwegen er Maria Callas an sich binden wollte. Wie ein Schmuckstück wollte und würde er sie besitzen – eines in seiner großen Sammlung.

Onassis war kalt und berechnend, und sein Erfolg gab ihm recht, denn genau so hatte er es zu einem der reichsten Männer der Welt gebracht. Und das aus dem Nichts heraus, wie er immer wieder gern erzählte. Mit Geschick, Glück und Skrupellosigkeit hatte der 1906 geborene Grieche eine der größten Tankerflotten der Welt aufgebaut, wobei er anfangs rücksichtslos den Konkurs von Verlierern der Weltwirtschaftskrise ausgenutzt hatte und auch später alles dem Aufbau seines Imperiums unterordnete, bis hin zur Wahl seiner Ehefrau: 1946 hatte er, 40-jährig, die Tochter eines griechischen Reeders geheiratet, was ihm hauptsächlich Geld und Marktanteile brachte – und eine Kindsbraut noch dazu, denn seine Frau, Tina, war gerade mal 17.

Nun, in den 1950er-Jahren, war Aristoteles Onassis wirtschaftlich am Ziel – viel reicher konnte er kaum noch werden –, wollte das Leben genießen und seinen Erfolg zur Schau stellen. Für ihn, die Inkarnation des selbstgefälligen Selfmade-Multimillionärs, hieß das: die größten Häuser in den mondänsten Orten, die teuersten Autos, die längsten

Yachten. Und auf der größten dieser Privatyachten, der *Christina*, die nur so strotzte von absurden Geschmacklosigkeiten, fand eine einzige, nie endende Party statt. Je prominenter die Gäste, desto stolzer der 1,58 Meter kleine Grieche mit der dicken Sonnenbrille. »Madame, Sie sitzen auf dem größten Penis der Welt«, brüskierte Onassis einmal die sprachlose Greta Garbo – die Sitzflächen der Barhocker waren mit den Vorhäuten von Walen bezogen ...

1959 hatte dieser Mann ein Auge auf die Callas geworfen. Als sie im Londoner Covent Garden die *Medea* gesungen hatte, ein Höhepunkt ihrer Karriere, hatte er ihr zu Ehren kurzerhand ein Bankett veranstaltet, zu dem 5000 Gäste geladen waren (in das Konzert selbst war er erst zum Schlussapplaus gekommen; die Oper als solche interessierte ihn, wie wir wissen, nicht), und anschließend hatte er sie und ihren Mann für den Sommer zu einer dreiwöchigen Kreuzfahrt auf die *Christina* eingeladen. Alles Weitere würde sich dort schon finden, dachte er. Und er behielt wie immer recht.

Maria Callas hatte mit 25 den damals 53-jährigen italienischen Industriellen Giovanni Meneghini geheiratet, der sie zwar aufrichtig verehrte, aber mehr als Sängerin denn als Frau. Der Musikliebhaber und Opernmäzen hatte sie unter seine Fittiche genommen, sie gefördert, ihm verdankte sie ihren Durchbruch in Italien und damit im Grunde ihre Karriere. Doch er war immer mehr ihr Manager als ihr Ehemann gewesen, und das hatte ihr – aufgrund ihres Körperumfangs ohnehin angeknackstes – Selbstwertgefühl als Frau nicht gerade vergrößert. Als nun dieser auf den ersten Blick etwas lächerliche Onassis, auch noch ein Landsmann von ihr, sie augenscheinlich zu umwerben begann, war Maria Callas 36 Jahre alt, die berühmteste Sopranistin der Welt und fühlte sich zum ersten Mal in ihrem Leben begehrt.

Und so kam, was kommen musste: Meneghini und Maria Callas gingen Ende Juli 1959 an Bord der *Christina*, auf der sich noch einige andere illustre Gäste befanden, und schon nach wenigen Tagen erwischte Tina Onassis ihren Mann mit der Callas, wie sie sich in einem der Salons nackt auf dem Teppich wälzten. Die gehörnte Ehefrau berichtete dies brühwarm dem gehörnten Ehemann, und damit war es in der

Welt: Aristoteles Onassis und Maria Callas hatten etwas miteinander. Der Rest der Kreuzfahrt verlief, außer zwischen dem neuen Paar, eisig, und kaum an Land, leiteten sowohl Giovanni Meneghini als auch Tina Onassis die Scheidung ein.

Maria Callas fühlte sich unendlich geliebt und begehrt, und sie fühlte sich durch die Scheidung von ihrem Mann befreit: Sie würde ihrem »Ari«, wie sie Onassis nannte, die Frau sein, die er brauchte; sie würde ihn wie einen Pascha bedienen, so wie es griechische Männer ihrer Meinung nach von ihren Frauen wollten; sie würde ihm Kinder gebären, und sie würde sogar für ihn auf ihre Gesangskarriere verzichten.

Was für ein kolossales Missverständnis! Erstens hatte Onassis vermutlich niemals die Absicht, Maria Callas zu heiraten (er flehte sogar seine Frau Tina an, ihn nicht zu verlassen, wovon Callas nichts mitbekam). Und zweitens wollte er sich mit ihr schmücken, sich in ihrem Ruhm sonnen, als der Eroberer des Weltstars Maria Callas in der Boulevardpresse glänzen – da half es wenig, dass sie ihm ihre Karriere opfern wollte. Man könnte darüber lachen, wenn es nicht so traurig wäre: Er interessierte sich kein bisschen für ihre Kunst, woraus sie schloss, dass er sie als Frau liebte (in ihren Augen der erste Mann überhaupt, der das tat!), und so warf sie sich ihm mit allem, was sie hatte, in die Arme und hörte fast von einem Tag auf den anderen auf zu singen – das war das größte Opfer, das sie bringen konnte. Er hingegen liebte vor allem ihre Prominenz, und je weniger sie sang und von der Musikwelt gefeiert wurde, desto lästiger wurde sie ihm. Es war nicht so, dass er sie, kaum dass er sie einmal im Bett gehabt hatte, wieder loswerden wollte, nein, er wollte durchaus der Mann an ihrer Seite sein, darin bestand ja das Prestige. Aber mit ihrem Ruhm schwand auch das, was für Onassis ihre Attraktivität ausmachte; er wurde ihr gegenüber immer gehässiger und kommandierte sie zunehmend herum. Das wiederum deutete sie als den typischen Despotismus eines heißblütigen griechischen Mannes seiner geliebten Frau gegenüber, was in ihren Augen die Beziehung nur noch verfestigte – der perfekte Teufelskreis.

Callas' »künstlerische Pause« dauerte etwa ein Jahr, dann hatte sie wohl begriffen, dass es mit Onassis nichts werden würde beziehungsweise dass es mit Onassis nur etwas werden würde, wenn sie wieder sang. Doch es war zu spät. Sie war aus der Übung, ihre berühmte Stimme hatte an Volumen und Umfang verloren. Maria Callas' Karriere war zu Ende. Spätere Comeback-Versuche scheiterten. 1964 war es dann auch mit Onassis vorbei: Er war auf der Suche nach einem neuen Prestigeobjekt fündig geworden und bandelte mit Jackie Kennedy an, der Witwe des kurz zuvor ermordeten amerikanischen Präsidenten. 1968 heirateten die beiden – Maria Callas erfuhr davon aus der Zeitung.

Diese Ehe war nicht glücklich und eigentlich nur ein Onassis-typischer Deal: Prestige gegen Geld. Doch Maria Callas verwand es nie, dass er die andere geheiratet hatte und sie nicht. Dass es »Jackie O.« gab und nicht »Maria O.«, das hing ihr bis ans Lebensende nach, trotz des vielen Kummers, den er ihr bereitet hatte.

Zuletzt wollte er kaum mehr mit ihr zu tun haben; vielleicht hatte er das, von den ersten ein, zwei Jahren ihrer Beziehung abgesehen, nie wirklich gewollt. Und doch: Als Onassis 1975 starb, sagte Maria Callas: »Jetzt bin ich Witwe.« Von außen betrachtet eine groteske Äußerung, doch für sie stimmte das wohl. Und so war es auch folgerichtig, dass nach ihrem Tod gerade einmal zwei Jahre später (sie starb 1977 einsam und mit nur noch wenig Lebenswillen 53-jährig in Paris) ihre Asche über der Ägäisinsel verstreut wurde, auf der Aristoteles Onassis begraben worden war. Wenigstens im Tod wollte sie ihm nah sein.

Der Neurotiker, die Muse und eine »Ansammlung von Kindern«

Woody Allen und Mia Farrow

Dass sie, um es vorsichtig auszudrücken, in punkto Beziehungsführung beide nicht ganz einfach waren, wird Woody Allen und Mia Farrow bewusst gewesen sein, als sie sich Anfang der 1980er-Jahre ineinander verliebten: Der zu diesem Zeitpunkt bereits mit zwei Oscars dekorierte Ausnahmeregisseur, -drehbuchschreiber und -schauspieler, damals Mitte 40, hatte schon zwei Ehen hinter sich (seine erste Gattin, eine Jugendliebe, war zum Zeitpunkt der Hochzeit 16 Jahre alt gewesen), und er hatte sein etwas verkorkstes Verhältnis zu Frauen im Allgemeinen und zur Sexualität im Besonderen in mehreren seiner Filme thematisiert – Biografie und Werk verschmolzen bei ihm ja oft miteinander.

Die Schauspielerin Mia Farrow, zehn Jahre jünger als er, die 1968 mit der Hauptrolle in Roman Polanskis Horrorfilm *Rosemaries Baby* einen phänomenalen Durchbruch gefeiert hatte, danach aber beruflich eher auf der Stelle getreten war, hatte umgekehrt auch schon einiges erlebt: Die Tochter der »Jane«-Darstellerin in den *Tarzan*-Filmen mit Johnny Weissmüller war in der Scheinwelt Hollywoods aufgewachsen, ihr erster Freund mit 17 war der über 40 Jahre ältere Salvador Dalí gewesen, ihr erster Ehemann der mehr als 30 Jahre ältere Frank Sinatra (eine Skandalehe, die nur zwei Jahre hielt). Ihren zweiten Gatten, den vielbeschäftigten Komponisten und Dirigenten André Previn, sah sie schon im zweiten Jahr ihrer Ehe nur noch 15 Tage; dennoch gingen aus dieser Beziehung drei leibliche Söhne hervor. Hinzu kamen drei Adoptivtöchter aus Vietnam und Südkorea, in denen sich Farrows soziales Engagement für Waisenkinder aus Krisengebieten manifestierte, aber auch ihre Neigung, ihre aufgrund einer schlecht funktionierenden Beziehung »überschüssige« Liebe auf Kinder umzuleiten. 1979 ließen sich Farrow und Previn scheiden.

Da trafen also bei den Dreharbeiten für Woody Allens neuen Film *Eine Sommernachts-Sexkomödie*, für den er Mia Farrow als seinen weiblichen Gegenpart besetzt hatte (nachdem er seine langjährige Film- und Lebenspartnerin Diane Keaton sozusagen aussortiert hatte), zwei sehr schwierige Charaktere aufeinander. Das konnte nur schiefgehen. Und es ging schief.

Obwohl sie nicht heirateten, nie in eine gemeinsame Wohnung zogen und Woody Allen »null Interesse an Kindern« hatte, wie Mia Farrow später in ihren Erinnerungen schrieb, war die Liebe groß und die Beziehung zunächst durchaus symbiotisch. Das galt auch in beruflicher Hinsicht: Farrow wurde zu Allens inspirierender Muse und drehte im nächsten Jahrzehnt ausschließlich unter seiner Regie; in ihrer Zusammenarbeit entstanden zehn Filme, unter anderem Perlen wie *Zelig* (1983), *The Purple Rose of Cairo* (1985), *Hannah und ihre Schwestern* (1986), *Radio Days* (1987) und *Ehemänner und Ehefrauen* (1992).

Derweil vergrößerte sich die Familie: Zusammen adoptierten sie zwei weitere Kinder (was damals ein Präzedenzfall in der US-Justiz war, da sie nicht verheiratet waren), und 1987 bekamen sie einen leiblichen Sohn. Der Clan bestand nun aus dem gemeinsamen Kind, drei leiblichen Kindern Farrows aus ihrer vorherigen Ehe und fünf Adoptivkindern. Diese fast unübersichtliche »Ansammlung von Kindern«, wie Allen die Schar später abfällig nannte, lebte bei Farrow auf der West Side von Manhattan, während Allen, sich in der Rolle des alternativ-unkonventionellen Vaters gefallend, in seinem Apartment auf der East Side jederzeit die Ruhe finden konnte, nach der ihm verlangte. Trotz dieser nicht gerade ausgewogenen Rollenverteilung galt ihre Lebensform – eine Liebe ohne Trauschein in gegenseitigem Vertrauen – nicht nur in den Kreisen der New Yorker Boheme als vorbildhaft. Wenn die wüssten.

Denn der Schein trog. Der Neurotiker und seine Muse waren in vieler Hinsicht tatsächlich wie Figuren in Allens Filmen – nur dass man im Kino darüber lachte, während es im echten Leben traurig war. Mia liebte das Landleben; Woody fuhr aufgrund einer Hirsch-Phobie nicht mit. Sport mit den Jungs zu treiben lehnte er ab, da er aufgrund einer Dusch-Phobie nichts Schweißtreibendes unternehmen mochte (tatsächlich hatte er Angst, im Abfluss zu verschwinden). Der zweijährige (!)

Sohn wurde zum Psychiater geschickt, weil man an ihm Symptome von »Beziehungsunfähigkeit« zum Vater entdeckt zu haben glaubte. Kinder, die sich in der Schule etwas Verbotenes geleistet hatten, wurden mit Sitzungen beim Therapeuten bestraft. Es war ein einziger Psycho-Wahnsinn.

Darüber zu spekulieren, wie sich die Dinge in dieser Familie weiterentwickelt hätten, wenn es 1992 nicht zum großen Knall gekommen wäre, ist müßig. Jedenfalls flog alles auseinander, als Mia Farrow Nacktfotos ihrer 21-jährigen Adoptivtochter Soon-Yi entdeckte, aufgenommen von Woody Allen, der, damit konfrontiert, sofort eingestand, ein Verhältnis mit ihr zu haben. Der 35 Jahre ältere Allen war zwar streng genommen nicht ihr Stiefvater (Soon-Yi war seinerzeit von Farrow und Previn adoptiert worden), doch für sie genau wie für ihre Adoptivgeschwister über elf Jahre das gewesen, was man »sozialer Vater« nennt. Farrow machte den Skandal öffentlich, und die Empörung über diesen »gefühlten« Inzest war gigantisch.

Die augenblicklich vollzogene Trennung von Mia Farrow und Woody Allen wurde zur Schlammschlacht. Juristisch konnte man Allen die Beziehung zu Farrows Adoptivtochter nicht vorwerfen, doch moralisch war er unten durch. Zudem bezichtigte Farrow ihn des sexuellen Missbrauchs seiner eigenen Adoptivtochter Dylan, die damals sechs Jahre alt war. Die Wellen der Empörung konnten nicht größer sein. Als Farrow das Sorgerecht für die drei gemeinsamen Kinder einklagte, stand die Weltöffentlichkeit auf ihrer Seite.

Im bald eröffneten Gerichtsverfahren offenbarten sich die oben genannten Abgründe des Familienlebens. Der Richter kam zu einem für Woody Allen vernichtenden Urteil: Der sexuelle Missbrauch seiner Adoptivtochter Dylan konnte ihm zwar nicht nachgewiesen werden, doch man entzog ihm das Sorgerecht, und es wurde ihm explizit verboten, sich ihr zu nähern, solange sie in therapeutischer Behandlung war (und wie lange das sein konnte, wusste wohl niemand besser als Woody Allen). Das Sorgerecht für seinen fünfjährigen leiblichen Sohn verlor er ebenfalls; es wurde ihm lediglich gestattet, ihn dreimal die Woche zu sehen, in Begleitung eines Psychologen. Das dritte Kind, der Adoptivsohn Moses, der mit 15 Jahren schon einordnen konnte, um was es ging, durfte selbst wählen, bei wem er leben wollte – er entschied sich nicht nur für Mia Farrow, sondern tat auch kund, seinen Adoptivvater nie wiedersehen zu wollen.

Es war das bittere Ende einer merkwürdigen, über weite Strecken wohl unglücklichen Beziehung, unter der die Kinder vermutlich am meisten gelitten hatten. Woody Allen zog fast trotzig die Beziehung zu Soon-Yi durch; die beiden heirateten 1997, adoptierten ihrerseits zwei Kinder und sind bis heute ein Paar. Soweit man weiß, hatte Mia Farrow nach Woody Allen keinen festen Partner mehr, adoptierte dafür im Verlauf der 1990er-Jahre weitere fünf Kinder – vielleicht ebenfalls aus einer Art Trotz heraus.

In dem Sorgerechtsprozess hatte der Richter Woody Allen in fast jeder Hinsicht die Eignung als Erziehungsberechtigter abgesprochen, während er Mia Farrow keinerlei Versäumnisse als Mutter bescheinigte – bis auf eines. Der vielleicht wahrste Satz in der Urteilsbegründung, der selbst aus einem Woody-Allen-Film stammen könnte, lautete: »Frau Farrows einzige Unzulänglichkeit als verantwortliche Erziehungsperson war wohl ihre fortgesetzte Beziehung mit Herrn Allen.«

Liebe auf Droge

Kurt Cobain und Courtney Love

Jede Generation hat ihre viel zu früh verstorbenen Idole: Für die 68er waren es Jimi Hendrix, Janis Joplin und Jim Morrison, für die Gegenwart ist es Amy Winehouse, und für die Generation dazwischen, die sogenannte »Generation X«, war es Kurt Cobain, der Kopf der vielleicht einflussreichsten Band der frühen 1990er-Jahre, Nirvana. Sein Tod 1994 löste eine weltweite Schockreaktion aus, vergleichbar der nach der Ermordung John Lennons. Es gibt eine weitere Parallele zwischen diesen beiden musikalischen Genies: Beiden Witwen, Yoko Ono bei John Lennon und Courtney Love bei Kurt Cobain, wird bis heute von vielen Seiten vorgeworfen, die Schuld daran zu tragen, dass ihre Männer viel zu früh damit aufhörten, epochale Musik in die Welt zu setzen.

Kurt Cobain und die zweieinhalb Jahre ältere Courtney Love (eigentlich Courtney Harrison) hatten einiges gemeinsam: Beide stammten von der amerikanischen Westküste (er aus dem Bundesstaat Washington, sie aus Kalifornien). Beide waren Scheidungskinder, hielten es nach der Trennung ihrer Eltern weder bei Mutter noch Vater aus und wurden anschließend zwischen Verwandten, Pflegefamilien und Heimen hin und her geschoben (Kurt brachte es auf zehn verschiedene Familien in vier Jahren, Courtney auf nicht ganz so viele, dafür hatte sie in den ersten acht Jahren ihres Lebens aufgrund der Ehen ihrer Mutter drei verschiedene Nachnamen). Und beide hatten mit 17, 18 Jahren angefangen, die Schäden und Verletzungen, die ihnen aus dieser verpfuschten Kindheit erwachsen waren, in der es vor allem an elterlicher Liebe, festen Strukturen und Konstanz gemangelt hatte, in Musik umzuwandeln: in Courtney Loves Fall in wütend herausgeschrienen Hardcore-Punk, in Kurt Cobains Fall in nicht minder wütenden, aber schwermütigeren und persönliche Verunsicherung und Orientierungslosigkeit ausdrückenden Gitarrenrock, der bald als »Grunge« einen ganz neuen Musikstil begründen sollte.

Kurt Cobain und seine Frau Courtney Love mit Töchterchen Frances, Los Angeles 1993

Im April 1989 begegneten sich der 22-jährige Cobain und die 24-jährige Love in Portland auf einem Konzert. Beide waren noch völlig unbekannt: Courtney Love hatte vier Bands gegründet und – zumeist wegen Drogenproblemen – wieder aufgelöst, nun stand sie gerade im Begriff, die Punkband Hole zu gründen (als deren Frontfrau sie ihre erfolgreichste Zeit als Musikerin haben würde). Cobains Band Nirvana gab es schon seit zwei Jahren, aber die bisherigen Konzerttourneen waren nur mäßig besucht gewesen, und die Veröffentlichung des ersten Albums *Bleach* stand noch bevor. Sie teilten eine ähnliche Vergangenheit, einen ähnlichen Musikgeschmack und ähnliche Hoffnungen auf den großen Durchbruch. Courtney Love und Kurt Cobain wurden ein Paar.

Wie fest diese Beziehung in den ersten beiden Jahren wirklich war, ist schwer zu sagen. Beide hatten mit ihren Bands zwar noch bescheidenen, aber immerhin sichtlich wachsenden Erfolg und waren entsprechend viel unterwegs; inwieweit sie da den süßen Versuchungen, die das Rockstarleben mit sich bringt, erlegen waren, ist nicht überliefert.

Sicher ist nur, dass Courtney Love an Kurt Cobains Seite war, als die zweite Nirvana-Platte *Nevermind* mit ihrem phänomenalen Singlehit *Smells Like Teen Spirit* 1991 erschien und durch die Decke ging: Das Album, das heute als Meilenstein der Rockgeschichte gilt, stürmte auf allen Kontinenten die Spitzen der Charts und machte aus Cobain über Nacht nicht nur einen Weltstar, sondern einen neuen Jesus, den Verkünder eines neuen Lebenskonzepts, an dessen Lippen die Jugend der Welt hing.

Kurt Cobain konnte mit diesem plötzlichen Erfolg nicht umgehen. Und der Ausweg, den seine Freundin Courtney ihm bot, war kein kluger: Heroin. Die beiden, nun im Rampenlicht der Weltöffentlichkeit stehend, wurden zum Skandalpaar der 1990er-Jahre; Drogen, Drogen und immer wieder Drogen bestimmten die Schlagzeilen. Im Februar 1992, fünf Monate nach dem Erscheinen von *Nevermind*, heirateten Cobain und Love auf Hawaii, im August desselben Jahres wurde Tochter Frances Bean geboren. Weder während der Schwangerschaft noch als junge Mutter verzichtete Courtney Love auf Drogen, und Kurt Cobain tat es ihr nach.

Sie waren erst drei Jahre ein Paar, hatten gerade geheiratet und ein Kind bekommen, er hatte gerade erst den großen Durchbruch gefeiert – und doch war das Ende jetzt schon unausweichlich, vielleicht nicht *das* Ende, aber auf jeden Fall irgendein Ende. Die Drogen hatten alles zerstört, unwiderruflich. Und so ist der Rest ein Abgesang.

Im Herbst 1993 erschien das dritte (und letzte) Nirvana-Album, *In Utero*, wiederum ein Welterfolg. Im Februar 1994 ging die Band auf Europatournee, die eigentlich bis in den April hinein dauern sollte, doch nach einem Konzert in München am 1. März brach Cobain die Tour ab – dieses Datum markierte faktisch die Auflösung von Nirvana. Am 2. März flogen Cobain und Love nach Rom, zwei Tage später wurde er dort im Koma in ein Krankenhaus eingeliefert – die Ärzte diagnostizierten eine Überdosis Beruhigungsmittel und werteten es als Suizidversuch. Anschließend wies Cobain sich selbst in eine Entzugsklinik im kalifornischen Marina del Rey ein, sein fünfter oder sechster Versuch eines Drogenentzugs. Am 1. April floh er von dort,

Der Sänger der amerikanischen Kult-Rockband Nirvana gilt als Held einer ganzen Generation.

keiner wusste wohin. Am 3. April stellte seine Mutter eine Vermisstenanzeige. Am 5. April kam Cobain in sein Haus in Seattle, setzte sich eine Überdosis Heroin und schoss sich im Raum über seiner Garage mit seiner Schrotflinte in den Kopf.

Kurt Cobain wurde – genau wie Jimi Hendrix, Janis Joplin, Jim Morrison und Amy Winehouse – gerade einmal 27 Jahre alt. Als eine Art Abschiedsbrief hinterließ er eine Zeile aus einem Neil-Young-Song: »It's better to burn out than to fade away« – es ist besser auszubrennen als langsam zu verblassen.

Es wurde viel schmutzige Wäsche gewaschen nach Kurt Cobains Tod, und immer stand seine Witwe Courtney Love dabei im Zentrum. Es gab einen gigantischen Streit zwischen ihr und den verbliebenen Nirvana-Mitgliedern um das Erbe, das enorm war und bis heute anwächst (2006 stand Kurt Cobain auf einer *Forbes*-Liste der »am besten verdienenden Toten« auf Platz eins). Es gab Ärger um das Sorgerecht für die Tochter Frances, das Courtney Love immer wieder entzogen werden sollte und das sie 2009 tatsächlich verlor (da war Frances bereits 17). Es gab Ärger um Cobains sterbliche Überreste (die Behörden von Seattle verweigerten jahrelang eine Bestattung, weil sie keine Pilgerstätte wie das Pariser Grab von Jim Morrison haben wollten, woraufhin Courtney Love einen Teil der Asche verstreute, den Großteil aber in einer rosafarbenen Teddytasche bei sich trug, bis ihr diese 2008 gestohlen wurde). Und vor allem gab es fast unmittelbar nach Cobains Tod einsetzende und bis heute nicht verstummte Spekulationen darüber, dass er gar nicht Selbstmord begangen habe, sondern dass Courtney Love ihn von einem Auftragskiller hatte ermorden lassen oder ihn gar eigenhändig erschoss.

Außer kleineren Ungereimtheiten bezüglich des Selbstmord-Hergangs gibt es keine Hinweise darauf, dass an diesen Verschwörungstheorien etwas dran sein könnte; dass Cobain Suizid begangen hat, gilt als erwiesen. So oder so: Die Beziehung von Kurt Cobain und Courtney Love war von dem Punkt an, an dem sie beide zur Nadel griffen, zerstört. Die Liebe kann ein Rausch sein, aber Drogen verträgt sie schlecht.

Bildnachweis

Archiv Bucher: S. 18, 22, 40, 43, 61, 106, 127, 134; Alle folgenden Bilder bezogen über die dpa Picture – Alliance GmbH, Frankfurt a.M.: AFP: S. 84; akg-images: S. 10, 57, 114, 123, 143 (Archie Miller), 149, 165, 179, 189, 201; CTK: S. 90; dpa: S. 33, 34 (UPI), 66, 97, 99, 163 (UPI), 195, 208, 220 (Marcel Noecker); Everett Collection: S. 146, 210; image state/HIP: S. 37 (Art Media), 181; imagno: S. 77, 130, 184; Mary Evans Picture Library: S. 30, 101, 150, 222; maxppp: S. 48 (Jaime Abecasis); picture-alliance: S. 49, 87, 140 (Klaus Rose); United Archives: S. 25 (TopFoto/91050), 154, 199 (TopFoto), 204 (91060).

Impressum

© 2012 Bucher Verlag, München
Alle Rechte vorbehalten
www.bucher-verlag.de

Der ganze oder teilweise Abdruck und die elektronische Vervielfältigung, gleich welcher Art, sind nicht erlaubt. Abdruckgenehmigungen für Fotos und Text in Verbindung mit der Buchausgabe erteilt Fredeking & Thaler Verlag..

Produktmanagement: Dorothea Teubner
Lektorat: Michael Konze, Köln
Satz und Gestaltung: comtex mediendesign, Augsburg
Umschlaggestaltung: coverdesign uhlig, Augsburg
Lithografie: Repro Ludwig, Zell am See
Herstellung: Bettina Schippel
Druck und Bindung: CPI books GmbH, Ulm

Bibliografische Angaben der Deutschen Nationalbibliothek
Die deutsche Nationalbibliografie verzeichnet diese Publikation in der Deutschen Nationalbiografie; detaillierte bibliografische Daten sind im Internet über
http://dnb.d-nb.de abrufbar.

ISBN 978-3-7658-1897-4

Ebenfalls erhältlich ...

ISBN 978-3-7658-1896-7

BUCHER
www.bucher-verlag.de